人力资源管理基础与实务

主　编　朱凤丽
副主编　高其军　王凤鸣　缪　惠　朱　畅
参　编　艾永冠　杨　阳　张　芹　徐心瑶
　　　　周安琪　王俊峰　程　晨

华中科技大学出版社
http://press.hust.edu.cn
中国·武汉

内容简介

本教材以人力资源管理流程为主线,改变传统教材只注重知识介绍的现状,注重案例对学生的渗透效果,突出实操性、实务性环节和内容以及技能训练。本教材涵盖认知人力资源管理、制定人力资源规划、做好工作分析、员工素质测评、招聘甄选人才、员工培训、职业生涯管理、绩效管理、薪酬管理以及劳动关系管理等内容。本教材可供高等院校人力资源管理与其他经管类专业大学生、企事业单位从事人力资源管理工作的人员,以及对人力资源管理感兴趣的人士使用。

图书在版编目(CIP)数据

人力资源管理基础与实务/朱凤丽主编. —武汉:华中科技大学出版社,2022.11
ISBN 978-7-5680-8827-5

Ⅰ.①人… Ⅱ.①朱… Ⅲ.①人力资源管理-高等职业教育-教材 Ⅳ.①F243

中国版本图书馆 CIP 数据核字(2022)第 216737 号

人力资源管理基础与实务
Renli Ziyuan Guanli Jichu yu Shiwu

朱凤丽　主编

策划编辑:袁　冲
责任编辑:段亚萍
封面设计:孢　子
责任监印:朱　玢
出版发行:华中科技大学出版社(中国·武汉)　　电话:(027)81321913
　　　　　武汉市东湖新技术开发区华工科技园　　邮编:430223
录　　排:武汉创易图文工作室
印　　刷:武汉市籍缘印刷厂
开　　本:787mm×1092mm　1/16
印　　张:18.5
字　　数:401千字
版　　次:2022年11月第1版第1次印刷
定　　价:49.00元

本书若有印装质量问题,请向出版社营销中心调换
全国免费服务热线:400-6679-118　竭诚为您服务
版权所有　侵权必究

前言

信息科技时代,小到企事业单位,大到地区、社会和国家的竞争归根结底是人才的竞争,拥有雄厚的人力资源是其制胜的法宝。人力资源管理是以"人"为核心的复杂性协调组织工作,有效的管理可以实现团队合作,增强组织的凝聚力,实现组织经营目标。现今人们逐渐认识到人力资源管理的重要性,重视人力资源的开发与管理,以期提升组织的核心竞争力。

本教材力争提升从业人员的管理能力,从"人力资源管理"岗位入手,结合学生学习需求、一线教师多年教改经验,采用任务驱动的编写模式,对人力资源管理行业的岗位进行任务分解,根据任务情境从知识点、素养、方法和技能等方面重构教材资源。

目前市场上各层次的人力资源管理理论教材相对较为丰富,而对于专科层次的教学来说,系统全面的知识体系虽严谨但缺少高职实务特点的针对性和实效性。本教材改变传统教材重知识介绍、轻职业素养和技能方法培训的一贯做法,突出人力资源管理理念的转变,重在塑造职业素养,提升学生人力资源管理的实务能力。

本教材立足于当前市场经济和企事业单位的新特点,注意借鉴和吸收发达国家人力资源管理方面的研究成果和经验,并与我国的实际情况相结合,以人力资源管理流程为主线,突出案例对学生的渗透效果,突出实操性、实务性环节和内容以及技能训练。本教材体例新颖,编写特色如下。

1. 活泼性

本教材立足高职院校的实情,尽量回避晦涩难懂的专业理论体系的形式,采取灵活多样、新颖的形式深入浅出地处理教材内容,加入一些形象生动的小故事、小游戏、贴近生活的案例材料,让学生从工作情境中体验,遵循理念转变、方法突破,以及在工作流程中提升能力的自然学习规律。

2. 操作性

编写体例采用操作化的任务驱动模式,将传统的章节知识转化为人力资源管理具体的项目任务,通过案例导入、知识介绍、工作模式、流程以及方法拓展、延伸阅读和任务小结,注重对学生操作技能与职业素质的培养。

3. 双主体

注重教材编者双主体,编者除了一线的专业教师,还涵盖了行业人才;注重师生双主体,编写方面强调学生从被动地位到主动地位的转变,提供多种素材和平台让学生主动地去学习,通过师生互动提升沟通能力。

4. 工作解构

知识、方法、素养以及能力的融合是以解构人力资源管理岗位为基础的。教学条件、环境、流程及考核与实际行业岗位的相关要求实现完全无缝对接。

5. 融媒体

以二维码形式将丰富的音、视频动态资源融入文本教材中，实现了在线课程、教学内容和教材一体化设计，是一本新形态融媒体教材。

本教材由全国人力资源和社会保障职业教育教学指导委员会委员、安徽省教学名师、安徽职业技术学院王培俊教授指导，朱凤丽编写教材大纲。团队成员具体编写分工如下：安徽职业技术学院朱凤丽、周安琪编写项目一"拨开迷雾　认知人力资源管理"；安徽职业技术学院艾永冠编写项目二"未雨绸缪　制定人力资源规划"；安徽城市管理职业学院张芹编写项目三"打好根基　做好工作分析"；安徽城市管理职业学院徐心瑶编写项目四"慧眼识才　员工素质测评"；安徽职业技术学院王俊峰、程晨编写项目五"严把进口　招聘甄选人才"；安徽职业技术学院朱畅编写项目六"操练有术　员工培训"；安徽职业技术学院杨阳编写项目七"精准定位　职业生涯管理"；安徽城市管理职业学院王凤鸣编写项目八"安人之本　绩效管理"；中国铁建二十四局集团有限公司高其军编写项目九"动力之源　薪酬管理"；安徽职业技术学院缪惠编写项目十"团结之术　劳动关系管理"。

本教材系提质培优项目省域高水平公共管理专业群（2021xjtz079）、"课程思政教育案例"——人力资源管理课程思政育人案例项目（2021xjtz070）以及安徽省示范基层公共管理教研室研究成果，得到了华中科技大学出版社，安徽职业技术学院张剑桥、龙丹，安徽能源技术学校丁莹莹，安徽城市管理职业学院沈春秋以及相关行业企业的大力支持。最后，本教材的最终形成离不开有关教材和学界研究成果的文献支持，在此对相关作者一并表示真挚的感谢。

由于编者水平有限，本教材的编写难免有不足之处，恳请读者批评指正，以便对本教材进一步修订完善。

反馈邮箱：zhufengli@163.com。

联系电话：0551-64680182。

编　者

2022 年 3 月 1 日

目录

项目一 拨开迷雾 认知人力资源管理 ……………………………………… (1)
  任务一 认知人力资源 ………………………………………………… (1)
  任务二 了解人力资源管理 …………………………………………… (8)
  任务三 塑造优秀人力资源管理者 …………………………………… (19)

项目二 未雨绸缪 制定人力资源规划 …………………………………… (30)
  任务一 了解人力资源规划 …………………………………………… (31)
  任务二 预测人力资源需求与供给 …………………………………… (38)
  任务三 制定人力资源规划 …………………………………………… (47)

项目三 打好根基 做好工作分析 ………………………………………… (55)
  任务一 了解工作分析 ………………………………………………… (55)
  任务二 搜集岗位信息 ………………………………………………… (63)
  任务三 编制工作说明书 ……………………………………………… (73)

项目四 慧眼识才 员工素质测评 ………………………………………… (80)
  任务一 组织员工素质测评 …………………………………………… (80)
  任务二 评估测评的信度与效度 ……………………………………… (90)

项目五 严把进口 招聘甄选人才 ………………………………………… (100)
  任务一 开展员工招聘 ………………………………………………… (101)
  任务二 进行员工甄选 ………………………………………………… (111)
  任务三 组织员工面试 ………………………………………………… (119)
  任务四 实施员工配置 ………………………………………………… (134)

项目六 操练有术 员工培训 ……………………………………………… (143)
  任务一 认知员工培训 ………………………………………………… (143)
  任务二 实施员工培训 ………………………………………………… (149)
  任务三 评估员工培训 ………………………………………………… (158)

项目七 精准定位 职业生涯管理 ………………………………………… (164)
  任务一 认知职业生涯 ………………………………………………… (165)
  任务二 设计规划职业生涯 …………………………………………… (172)
  任务三 管理职业生涯 ………………………………………………… (179)

项目八　安人之本　绩效管理 ………………………………………………（187）
　　任务一　认知绩效管理 ……………………………………………………（187）
　　任务二　选择绩效考核方法 ………………………………………………（194）
　　任务三　实施绩效管理 ……………………………………………………（203）
项目九　动力之源　薪酬管理 ………………………………………………（222）
　　任务一　了解薪酬管理 ……………………………………………………（223）
　　任务二　设计薪酬体系 ……………………………………………………（231）
　　任务三　实施薪酬管理 ……………………………………………………（239）
项目十　团结之术　劳动关系管理 …………………………………………（249）
　　任务一　厘定劳动关系 ……………………………………………………（250）
　　任务二　进行劳动管理 ……………………………………………………（253）
　　任务三　制定社会保险 ……………………………………………………（268）
　　任务四　处理劳动争议 ……………………………………………………（276）
附录　企业人力资源管理师报考指南 ………………………………………（283）
参考文献 ………………………………………………………………………（286）

项目一　拨开迷雾　认知人力资源管理

项目概述

随着市场竞争的加剧,人才的获取、开发、维持和激励等人力资源管理变得越来越重要,成为支撑组织核心能力和竞争优势的重要力量。因此,每一个人都应该学习一些人力资源管理方面的理论、技术和方法。该项目对人力资源、人力资源特点、人力资源管理进行了界定,重点阐述了人力资源管理者的胜任力模型。塑造优秀的人力资源管理从业人员,必须对胜任力模型的个人知识、技能、经验、素质、价值观等进行多维度提升。

项目目标

- **认知目标**
  ◆ 了解人力资源的内涵及其特点;
  ◆ 了解人力资源管理的内涵;
  ◆ 了解人力资源管理的目标与内容。
- **技能目标**
  ◆ 了解人力资源管理经理的角色;
  ◆ 掌握人力资源管理专业人员的胜任力模型。
- **情感目标**
  ◆ 了解优秀人力资源管理者的思想理念;
  ◆ 培养优秀人力资源管理者的政治素养;
  ◆ 塑造优秀人力资源管理者的性格。

任务一　认知人力资源

任务故事

听一听:鸬鹚的反抗

小故事《鸬鹚的反抗》揭示人力资源大道理

  一群鸬鹚辛辛苦苦跟着一位渔民十几年,立下了汗马功劳。不过随着年龄的增长,腿脚不灵便,眼睛也不好使了,捕鱼的数量越来越少。不得已,渔民又买了几只小鸬鹚,经过简单训练,便让新老鸬鹚一起捕鱼。很快,新来的鸬鹚学会了捕鱼的本领,渔民很高兴。新来的鸬鹚很知足:只干了一点微不足道的工作,主人就对自己这么好,于是一个个拼命地为主人工作。而那几只老鸬鹚就惨了,吃的住的都比新来的鸬鹚差远了。不久,几只老鸬鹚瘦得只剩皮包骨头,奄奄一息,被主人杀掉炖了汤。一日,几只年轻的鸬鹚个个蜷缩在船头,任凭渔民如何驱赶,也不肯下水捕鱼。渔民抱怨说:"我待你们不薄呀,每天让你们吃着鲜嫩的小鱼,住着舒适的窝棚,时不时还让你们休息一天半天,你们不思回报,怎么这么没良心呀!"一只年轻的鸬鹚发话了:"主人呀,现在我们身强力壮,有吃有喝,但老了,还不是会落个像那群老鸬鹚一样的下场!"

  故事启发:目前,组织都提倡对员工要施行人性化管理,充分尊重员工,考虑员工的需求,给予员工物质激励和精神激励。这个故事告诉我们,组织的管理者对人力资源的人性化管理,不仅要满足员工当前的需求,还应当满足员工长远的需求。

(来源:http://www.hrsee.com/?id=498,有改动)

看一看:专家谈人力资源发展趋势

 知识讲坛

  通用汽车公司前总裁史龙·亚佛德说过:"你可以拿走我全部的资产,但是你只要把我的组织人员留下来给我,五年内我就能够把所有失去的资产赚回来。"宝洁公司总裁也说:"假若你拿走了宝洁的人才,却留下了金钱、厂房和产品,宝洁将会失败;假若拿走了宝洁的金钱、厂房和产品,留下了人才,宝洁将在10年内重建王国。"这深刻地说明了一个道理:在组织的各种要素和资源中,人是最宝贵的。

一、人力资源的内涵和特点

  21世纪,人类进入知识经济时代,在这样一个日新月异的社会,人力资源发挥着无与伦比的作用。到底什么是人力资源?人力资源与其他资源相比,具有什么与众不同的特点呢?

(一)人力资源的内涵

  从内涵上看,人力资源是在一定的时间和空间条件下,现实和潜在的劳动力数量和质量的总和。因此,把具有智力劳动和体力劳动能力的人的总和称为人力资源。一个社会的人力资源由以下八个部分构成。

(1)处于劳动年龄之内、正在从事社会劳动的人口,它占据人力资源的大部分,可称为"适龄就业人口"。

(2)尚未达到劳动年龄、已经从事社会劳动的人口,即"未成年劳动者"或"未成年就业人口"。

(3)已经超过劳动年龄、继续从事社会劳动的人口,即"老年劳动者"或"老年就业人口"。

上述三部分人口,构成了"就业人口"总体。

(4)处于劳动年龄之内,具有劳动能力并要求参加社会劳动的人口,这部分可以称为"求业人口"。

求业人口与前三部分一起,构成"经济活动人口"。

(5)处于劳动年龄之内、正在从事学习的人口,即"就学人口"。

(6)处于劳动年龄之内、正在从事家务劳动的人口。

(7)处于劳动年龄之内、正在军队服役的人口。

(8)处于劳动年龄之内的其他人口。

(二)人力资源的特点

人力资源是进行社会化生产最重要的资源,人力资源具有以下特点。

(1)生物性。人力资源存在于人体之中,是一种"活"的资源,它与人的自然生理特征密切相关。人力资源的再生产、人力资源的使用,都受到人的自然生命特征的限制,如身体健康、人体安全、劳动卫生、工作时间等。

(2)能动性。人力资源与物力资源不同,人力资源既是开发的对象,又是开发的主体。人具有思想、感情,有主观能动性,能够有目的、有意识地认识和改造客观世界。在改造世界的过程中,人能通过意识对所采取的行为、手段及结果进行分析、判断以及预测,如自我强化、选择职业及积极劳动等。

(3)社会性。从社会经济运动的角度看,人类劳动是群体性劳动,不同的人一般都分别处于各个劳动组织之中,这构成了人力资源的微观基础。从宏观上看,人力资源是处于一定范围的,它的形成要依赖社会,它的配置要通过社会,它的使用要处于社会的劳动分工体系之中。

(4)资本性。人力资源作为一种经济性资源,它具有资本属性,与一般的物质资本有共同之处。任何人的能力都不可能是先天就有的,为了形成能力,必须接受教育和培训,必须投入财富和时间。人力资源也是在一定时期内可能源源不断地带来收益的资源,它一旦形成,一定能够在适当的时期内为投资者带来收益。人力资源在使用过程中也会出现有形磨损和无形磨损。

(5)高增值性。目前在国民经济中,人力资源收益的份额正在迅速超过自然资源和资本资源。在现代市场经济国家,劳动力的市场价格不断上升,人力资源投资收益率不断上升,同时劳动者的可支配收入也不断上升。与此同时出现的还有一种变动,就是高质量人力资源与低质量人力资源的收入差距也在扩大。

(6) 再生性。人力资源的再生性,主要基于人口的再生产和劳动力的再生产,通过人口总体内个体的不断更替和"劳动力耗费→劳动力生产→劳动力再次耗费→劳动力再次生产"的过程得以实现。当然,人力资源的再生性不同于一般生物资源的再生性,除了遵守一般生物学规律外,它还受人类意识的支配和人类活动的影响。

(7) 时效性。任何生命都是有生命周期的。因此,人力资源的形成、开发和利用都受到时间方面限制。作为生物有机体的人,都要经过幼年期、青壮年期、老年期等各个不同时期;作为社会的一员,人力资源都要经过培训期、成长期、成熟期和老化期等各个不同时期。因此,人力资源长期闲置或学非所用,都会造成极大的浪费。

二、人力资源相关概念

1. 人口

人口指一个国家或者地区在一定时期内所有人的总和。在人口范围内,有具有劳动能力者、暂时不具备劳动能力而将来会具备劳动能力者以及丧失劳动能力者。

2. 劳动力

劳动力是指人口中达到法定的劳动年龄、具有现实的劳动能力并且参加社会就业的那一部分人。劳动力是劳动力市场的主体,代表着劳动力的总体供给数量,其中不包括尚未进入就业领域的学生、失业者以及丧失劳动能力者。关于劳动年龄,由于各国的社会经济条件不同,对劳动年龄的规定不尽相同。

3. 人才

人才是指人力资源中层次较高的那一部分人。相对于普通劳动力来说,人才就是较高层次的复杂劳动力。人才资源的数量较人力资源少,但其质量较高。目前,什么是人才尚无统一的说法,只是在定义上确认人才是具有特定的知识技能和专长的劳动力。至于对知识、技能和专长的衡量,一般以学历学位、专业技术职称和各种专业技术证书或资格证书作为认定的标准。

三、人力资源包含的内容

(一) 体质

衡量体质主要有以下六个指标。

(1) 身体素质:主要指身体内外各部分的健康程度和营养程度。

(2) 忍耐力:指身体抵御艰苦环境的能力。忍耐力与一个人的意志力相关联,意志力包含了身体忍耐力和精神忍耐力,身体忍耐力是坚强意志的基础。

(3) 适应力:指适应落差较大的自然环境、居住环境、工作环境、生活环境的能力。身体的适应力与人的意志力也有关联,一个人的身体如不能"随遇而安",必然带来工作的困扰,从而严重地挑战人的意志力。适应力是坚强意志力必备的条件,同时又是应变能力的基础。

（4）抗病力：指抵抗各种疾病的能力。疾病是人类的大敌，对疾病的抵抗能力能使人保持健康的身体以完成各种工作。

（5）体能：指体力所能承受的强度。体能既包含了诸多指标，又是一个独立的指标，表明体力的强度。

（6）健美度：指健康的素质和匀称美丽外表的统一。

（二）智质

智质包含以下八种能力，即记忆力、理解力、思维能力、应变能力、接受能力、感知能力、幽默感、条理性。这八种能力是宽口径的，包含了各行各业的能力，但不包含某些特殊领域的能力。

拥有健全的思维，能正确理解环境的变化，富有同情心，能爱人和被人爱，这就是劳动者良好的智质所要求的。相反，感知迟钝，不近情理，无法应对周围的环境变化，就是较低的智质。

（三）心理素质

良好的心理素质包含情绪的稳定性、平常心、能正确把握角色地位、有较强的心理的应变力和适应力、能爱他人和被人爱等。

（1）情绪的稳定性。情绪的稳定性指在任何情况和环境下，均能处变不乱、处乱不惊、不急不躁，保持稳定的情绪去面对各种可能的变化。稳定的情绪能感染他人，使他人的情绪也得以稳定，从而妥善处理好人与人的关系、人与事的关系。

（2）平常心。保持平常心的人对富贵贫贱、成功、失败均能很好地把握。胜不骄、败不馁，无论他将处于人生的任何状态，均能以一颗平常的心去对待不平常的事、不平常的人，从而使自己成功时依然得人心，失败时依然得助力。

（3）正确把握角色地位。正确把握角色地位是一件很难的事情，尤其是角色变化时，需要准确进行角色定位和角色转换。比如从单位的第一把手调任至第二把手，能否做到"到位而不逾位"，能否全力协助第一把手完成工作；当得到上司的特别信任时，是否会偏离自己的角色而擅用职权；当受到上司的特别排斥时，是否会自暴自弃而放弃自己的职责和权利。正确把握角色地位是一个人心理素质中相当困难的那一部分，也是相当重要的一部分。

（4）心理的应变力和适应力。身体的忍耐力和适应力与心理的应变力和适应力是一个人具备应变能力的两个方面。心理的应变力和适应力表现为对突如其来的环境变化、社会地位变化、职务变化、家庭变故、身体恶疾、情感变化等多种始料未及的变化的应变力和适应力，它被赋予的概念和前面几个要素不一样，更多的是心理上承受变故和承受挫折的能力。

（5）爱他人和被人爱。爱他人指爱家人、爱朋友、爱同事，爱所有值得爱的人，是一个人心理健康的重要标志。通过关心他人，了解他们的需要，理解他们的各种特别的行为和语言。被人爱是要有健康的心理去接受他人的爱，接受他人的关心、帮助、爱护,感谢他人为自己所做的每一件事、给自己的每一份爱心。

（四）道德品质

一个人的道德品质应包含以下几个方面:

(1) 热爱祖国和人民,热爱历史悠久的中华民族和中国文化;

(2) 有事业心,有崇高的事业追求和敬业精神;

(3) 有责任心,对工作、对家人、对朋友均有很高的责任心和信誉度;

(4) 有友爱之心,善于团结、信任、理解和帮助他人;

(5) 心胸坦荡,热情,忠诚,正直,有容人之雅量,有纳谏之心怀。

（五）能力和素养

能力和素养是一个人"四历"的结晶。这"四历"为学历、经历、阅历、心路历程。学历是一个客观的学习历程,它包含了小学、初中、高中、大学专科、大学本科、硕士研究生、博士研究生等的学习历程。学历代表了一个人受教育的程度,是一个人知识总量和理论功底的重要标志。经历是一个人从出生到就学、从业的全部经过历程。它除了包含学历之外,更多的是指从业的过程。阅历是一个比经历包含更广的概念,阅历未必全部是自己的亲身经历,阅历包含了他身边的人、他了解的人、他见到的人的经历和经验。心路历程是思想转变的过程,也是心境成长的过程。

（六）情商

情商的通俗提法是EQ。EQ是由美国耶鲁大学心理学家彼得·塞拉维和新罕布什尔大学的约翰·梅耶于1990年首次提出的,并于1996年对其含义进行了修订。许多学者认为,IQ是被用来预测一个人的学业成就的,而EQ则被用来预测人生成功和职业成功的指数。EQ是与自身、环境、他人这三个要素紧密联结在一起的。

读一读 & 想一想:刘邦得天下的用人之道

 案例导入

识才案例:一双筷子放弃了周亚夫

如果说引才只需态度友好就够了,识才却是很神秘的工作。所谓识才不只是看谁是人才、谁不是人才这么简单,而要从小的方面推断大的方面,从今天的行为推断以后的行为,得出用人策略。周亚夫是汉景帝的重臣,在平定七国之乱时,立下了赫赫战功,官至丞相,为汉景帝献言献策,忠心耿耿。一天汉景帝宴请周亚夫,给他准备了一块大肉,但是没有切开,也没有准备筷子。周亚夫很不高兴,就向内侍官员要了双筷子。汉景帝笑着说:"丞相,我赏你这么大块肉吃,你还不满足吗?还向内侍要筷子,很讲究啊!"周亚夫闻言,急忙跪下谢罪。汉景帝说:"既然丞相不习惯不用筷子吃肉,也就算了,宴席到此结束。"于是,周亚夫只能告退,但心里很郁闷。这一切汉景帝都看在眼里,叹息道:"周亚夫连我对他的不礼貌都不能忍受,如何能忍受少主年轻气盛呢。"汉景帝通过吃肉这件小事,试探出周亚夫不适合做太子的辅政大臣。汉景帝认为,周亚夫应把赏他的肉用手拿着吃下去,才是一个臣子安守本分的品德,周亚夫要筷子是非分的做法。汉景帝依此推断,周亚夫如果辅佐太子,肯定会生出些非分的要求,所以趁早放弃了让他做太子辅政大臣的打算。识才的策略与传说贯穿中国五千年,汉景帝只是其中的一个代表。识才的学问深奥,当今我们要向汉景帝学点什么呢?

(来源:http://wenku.baidu.com/view/c8993046a8956bec0975e360.html,有改动)

  任务拓展

自我人力资源认知

1. 了解人力资源的定义与特征

人力资源的分类特征如图1-1所示。

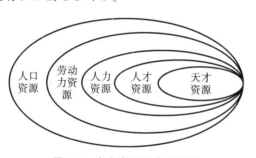

图 1-1 人力资源的分类特征

2. 大学生自我人力资源认知

(1) 分析自我的优势、劣势、机遇与挑战;

(2) 进行科学定位,确定自己的职业目标。

大学生处于在学校学习专业知识、塑造职业素养、提升职业技能阶段,正在规划自己的职业生涯,但并没有实际工作经验。

由上可知:大学生是潜在的人力资源,少数是人才,只有极个别属于天才。

做一做:性格大解剖

任务二　了解人力资源管理

 任务故事

听一听:星巴克的人力资源管理

星巴克的人力资源管理

一个公司若想成功,员工至关重要,因为他们代表了公司形象,特别对于星巴克这样的公司来讲,员工与顾客之间有积极的互动,那么顾客还会回头,反之则顾客就会消失。幸运的是,它的创始人霍华德·舒尔茨也是这么认为的,所以才有了星巴克今日的成功。常说的人力资源管理实际上就是一个组织采取行动来吸引、发展和留住优秀员工的过程。具体到星巴克,就需要招募到合适的人选,把员工培训好,并激励和留住他们,就像我们国内 HR 所说的选、用、育、留。下面从这几个方面介绍星巴克的人力资源管理案例。

星巴克的价值观和管理原则

霍华德·舒尔茨和高管们在星巴克文化中赋予了一些重要的价值观和原则。比如,舒尔茨坚决反对特许经营以确保产品的质量得到控制,他也反对星巴克进入超市销售,这样咖啡豆的质量才能在控制范围之内。星巴克的管理层对取悦顾客有着严格的规定,每名员工必须接受严格的训练。只有这样,每当遇到关键的时候,员工才会以正确的态度以及正确的行为,来确保顾客满意。面对顾客的种种要求,星巴克员工要时常想起那句座右铭"Just say yes",但是对于顾客的无理要求,员工也应该直言不讳。(最近就看到一个视频,美国一星巴克咖啡店里,一白人老太辱骂亚裔称"讨厌东方语言",结果被店员撵走。)高管们也给予员工表达对星巴克的看法或意见的权利。

招聘工作

招聘对于雇用到岗位合适的人选是至关重要的,有效的招聘一般是评估候选人的技能和任职资格。在星巴克,招聘过程中也有一句有名的座右铭,那就是"用正确的人去招聘正确的人"。要做好招聘,面试候选人是收集必要信息的最佳途径。简历提供了申请人的知识、经验和技能的基本概要。面试环节则让星巴克获得候选人更详细的信息,例如:个性特点、一点隐私(美国对这方面有严格的规定,有些个人隐私问题面试官是不能问的)、对面试官的期望、对公司的了解、过去在咖啡店行业的经验、职业道德等,以及是否适合星巴克等。

新员工培训

星巴克每名受雇的员工（星巴克也称其为"伙伴"）通过一系列强化训练才能上岗。以咖啡师为例，培训课程包括咖啡历史、客户服务、基本的销售技巧，咖啡师甚至被教导要满足顾客的"特殊要求"。在与顾客进行沟通方面，咖啡师被指导了三条原则：①增强自尊；②始终专注；③寻求帮助。在每一个零售星巴克开张之前，他们会在开业前8～10周开始招聘，而一个有经验的指导小组将被派到新开的店去指导新员工。

职工的福利待遇

霍华德·舒尔茨总是想着他的员工和伙伴，因为他认为善待自己的员工，员工就会善待他的顾客。他提出了不同类型的监督和非监控福利项目，以激励员工，这样他们就可以为星巴克提供充分的服务。星巴克为所有全职和兼职员工提供了享受高工资、全面医疗的福利。他为他们的父母提供养老计划，公司的股票以"Bean Stock"的形式奖励给优秀的员工；CUP基金是一个帮助员工在困难或危机时期获得财务支持的项目。除此之外，星巴克还提供给员工工作与生活之间一种和谐的关系，健康保险、视力保险和牙齿保健等。

通过以上星巴克的人力资源管理案例，可以发现星巴克只雇佣和招募合适的人，培训他们，激励他们尽最大的努力，保持他们的竞争优势，这样星巴克就能调动人力资源。

（来源：http://www.hrsee.com/?id=564，有改动）

看一看：什么是人力资源管理

 知识讲坛

一、人力资源管理的基本概念

20世纪60年代，西奥多·舒尔茨提出人力资本理论，之后越来越多的经济学家都认识到人力资源作为第一资源的作用和意义，它成为组织、国家和社会财富的根本源泉。21世纪，人类进入知识经济时代，在这样一个日新月异的社会，人力资源管理发挥着无与伦比的作用。

人力资源管理是管理学中的一个崭新的和重要的领域。它作为对一种特殊的经济性和社会性资源进行管理而存在。人力资源管理是指组织对员工的有效管理和使用的思想和行为，它远远超出了传统的人事管理范畴。正因如此，这种新型的、具有主动性的人员管理模式越来越受到重视。与此相适应,各组织的人事部门就成为决策部门的重要伙伴,从而提高了人事部门在决策中的地位。有效的人力资源管理是各种社会和各个组织都需要的。

业界主要从两个方面来理解人力资源管理。一是对人力资源外在要素——量的管理。对人力资源进行量的管理,就是根据人力和物力及其变化,对人力进行恰当的培训、组织和协调,使两者经常保持最佳比例和进行有机的结合,使人和物都充分发挥出最佳效应。二是对人力资源内在要素——质的管理,主要是指采用现代化的科学方法,对人的思想、心理和行为进行有效的管理(包括对个体和群体的思想、心理和行为的协调、控制和管理),充分发挥人的主观能动性,以达到组织目标。

综上所述,人力资源管理是指运用现代化的科学方法,对与一定物力相结合的人力进行合理的培训、组织和调配,使人力、物力经常保持最佳比例,同时对人的思想、心理和行为进行恰当的诱导、控制和协调,充分发挥人的主观能动性,使人尽其才,事得其人,人事相宜,以实现组织目标。

二、人力资源管理的主要目标

人力资源管理目标包括全体管理人员在人力资源管理方面的目标与任务以及专门的人力资源部门的目标与任务。显然两者有所不同,属于专业的人力资源部门的目标与任务不一定是全体管理人员的人力资源管理目标与任务,而属于全体管理人员承担的人力资源管理目标与任务,一般都是专业的人力资源部门应该完成的目标与任务。

无论是专门的人力资源管理部门还是其他非人力资源管理部门,进行人力资源管理的目标与任务,主要包括以下三个方面:

(1) 保证组织对人力资源的需求得到最大限度的满足;

(2) 最大限度地开发与管理组织内外的人力资源,促进组织的持续发展;

(3) 维护与激励组织内部人力资源,使其潜能得到最大限度的发挥,使其人力资本得到应有的提升与扩充。

1. 人力资源管理的总体目标

人力资源管理的总体目标是指通过人力资源管理活动所争取达到的一种未来状态,它是开展各项人力资源管理活动的依据和动力。

人力资源管理的最高目标是促进人的发展。从生理学的角度看,人的发展包括生理发展与心理发展。前者是后者的基础,后者的发展则进一步影响和促进前者的发展。从教育学的角度看,人的发展包括全面发展与个性发展。全面发展是指人的体力和智力以及人的活动能力与道德品质等多方面的发展,个性发展是指基于个性差异的个人兴趣、特长的开发与发展。全面发展和个性发展是相互促进的关系,两者有机结合是社会高度发展的产物,也是人力资源开发与管理的最高目标。

2. 人力资源管理的根本目标

人力资源管理的目标是为充分、科学、合理地发挥和运用人力资源对社会经济发展的积极作用而进行的资源配置、素质提高、能力利用、开发规划等。而发挥并有效地运用人的潜能是其根本目标,因为已经存在的人力并不等于现实的生产力,现实的生产力常常是以潜在的形态存在的。因此,人力资源管理的根本目标就是采用各种有效的措施充分发挥劳动者的潜力,提高劳动者的素质,改善劳动者的结构,合理配置和管理使用,以促进劳动者与生产资料的最佳结合。

3. 人力资源管理的具体目标

经济目标。使人力与物力经常保持最佳比例和进行有机结合,使人和物都充分发挥出最佳效应。

社会目标。培养高素质人才,促进经济增长,提高社会生产力,以保证国家、民族、区域、组织的兴旺发达。

个人目标。通过对职业生涯的设计、个人潜能开发、技能存量和知识存量的提高,使人力适应社会、融入组织、创造价值、奉献社会。

技术目标。不断完善和充分使用素质测评、工作职务分析等技术手段和方法,并以此作为强化和提高人力资源管理工作的前提和基础。

价值目标。通过合理的开发与管理,实现人力资源的精干和高效。正如马克思所说,真正的财富在于用尽量少的价值创造出尽量多的使用价值,即在尽量少的劳动时间内用尽量低的成本创造出尽量丰富的物质财富。

因此,人力资源开发与管理的重要目标就是取得人力资源的最大使用价值,发挥其最大的主观能动性,培养全面发展的人才。

三、人力资源管理的内容

(1) 制订人力资源计划。根据组织的发展战略和经营计划,评估组织的人力资源现状及发展趋势,收集和分析人力资源供给与需求方面的信息和资料,预测人力资源供给与需求的发展趋势,制订人力资源计划、培训与发展计划等政策与措施。

(2) 工作设计和岗位分析。对组织的各个工作和岗位进行分析,确定每一个工作和岗位对员工的具体要求,包括技术及种类、范围与熟悉程度、工作与生活经验、身体健康状况、培训与教育等方面的情况。这种具体要求必须形成书面的材料,也就是工作岗位职责说明书。工作岗位职责说明书不仅是招聘工作的依据,而且是未来对员工工作表现进行评价的标准。

(3) 人力资源招聘与甄选。根据组织内的岗位需要及工作岗位职责说明书,利用各种方法和手段(如接受推荐、刊登广告、举办人才交流会、到职业介绍所登记等)从组织内部或外部吸引应聘人员,并根据平等就业、择优录用的原则招聘所需要的各种人才。

(4) 入职教育。入职教育是帮助新员工了解和适应组织或雇主的第一步工作。一般而言,这种教育内容包括组织的历史发展状况和未来发展规划、职业道德和组织纪律、劳动安全和质量管理知识与要求、岗位工作要求、员工权益及工资福利状况等。

(5) 培训和发展。为促使员工在工作岗位上提高工作效能,对新工人或技能较低的人员开展岗位培训,大多是有针对性的短期培训,有人称之为适应性培训。对于管理人员,尤其是对即将晋升者开展提高性的培训和教育,目的是促使他们尽快具有在更高一级职位上工作的全面知识、熟练技能和应变能力。

(6) 工作绩效评价。一般而言,由员工个人对照工作岗位职责说明书和工作任务进行自我总结,然后交直接管理部门审核并打分,最后做出工作绩效评价。这种评价涉及员工的工作表现、工作成果等,而且定期进行,并与奖惩挂钩。开展工作绩效评价的目的是调动员工的积极性,检查和改进人力资源管理工作。

(7) 员工工资报酬。工资报酬问题是关系到组织能否稳定员工队伍的重大问题,人力资源管理部门要从员工的资历、职级、岗位及实际表现和工作成绩等方面考虑制定相应的、具有吸引力的工资报酬标准和制度。工资报酬将随着员工工作职务的升降、工作岗位的变换、工作表现的优劣与工作成绩的好坏进行相应的调整,不能只升不降。

(8) 员工福利。员工福利是社会和组织保障的一部分,是工资报酬的补充或延续。它包括政府规定的退休金或养老金、医疗保险、工伤保险、节假日补助、停车场费用等。

(9) 劳动保护。人力资源管理部门应根据国家、政府有关劳动保护(如安全和卫生)条例与规定,拟定本组织确保员工在工作岗位上安全和健康的条例和措施,并进行这方面的教育与培训,开展这方面的工作检查与监督。

(10) 劳资关系。工会代表员工与资方就有关员工的报酬、福利、工作条件和环境等事宜进行谈判。

(11) 保管员工档案。人力资源管理部门应保管员工入职时的简历、表格以及入职后有关工作主动性、工作表现、工作成绩、工资报酬、职务升降、奖惩、接受培训和教育等方面的书面记录性材料。员工可以查阅自己的档案和材料,但无权查阅别人的档案和材料。

(12) 帮助员工制订个人发展计划。人力资源管理部门和管理人员有责任鼓励和关心员工的个人发展,帮助其制订个人发展计划,并及时进行监督和考察。这样做的目的是促进组织的发展,有利于使员工产生作为组织一员的良好感觉,进而激发其工作积极性和创造性,提高组织效益。

(13) 人力资源会计工作。人力资源管理部门应与财务部门合作,建立人力资源会计体系,开展人力资源投入成本与产出效益的核算工作。人力资源会计工作不仅可以改进人力资源管理工作本身,而且可以为决策部门提供确实的和数量化的依据。

(14) 国家法律和政府政策。国家法律和政府政策,像有关人权条例、平等就业和同工同酬(特别是女性和少数民族者)以及关于卫生、安全、环境的条例等,都会给人力资源管理提出新的和更高的要求。这些要求都会在某种程度上影响人力资源管理。

(15) 技术发展环境。科学技术的发展,促使很多工作过程自动化和计算机化。

这既减少了对普通人力资源的需求,又提高了对人力资源素质和专业技能与科学知识的要求。人力资源管理部门面临着两个方面的问题:既要创造新的职业和工作岗位,并制定新的政策与措施,又要培训适应这种职业和工作岗位需要、具有新型知识层次和专业技能的人才。

四、人力资源管理基本原理

(一)系统优化原理

系统优化原理是指人力资源系统经过组织、协调、运行、控制,使其整体功能获得最优绩效的过程。系统论的创始人、美籍学者贝塔朗菲最早提出的系统观点,其核心就是整体大于部分之和。

通常可能遇到的情况有下述三种:①$1+1>2$;②$1+1=2$;③$1+1<2$。第一种情况符合系统优化原理,整体功能大于部分功能之和。第二种情况属于整体功能与部分功能之和相等的情况。第三种情况是人才内部的消耗、摩擦,使彼此的能力相互抵消,严重的情况还会出现小于零的负效应,即组织亏损,公司倒闭,或组织内人员矛盾重重、互相拆台。所以系统优化原理要求系统内各部分相互协调,使整体功能大于部分功能之和。

系统优化原理就是指人的群体功效达到最优,它是人力资源管理最重要的原理,要达到人的群体功效最优,必须注意协调、提倡理解、反对内耗。

(二)激励强化原理

激励强化原理是指组织的高层管理者根据组织的发展目标,确定组织人员的行为准则,并对遵守这些行为准则和对组织做出贡献的人给予奖励和激励,使他们能保持旺盛的精力,继续遵守组织的行为准则并努力为组织做出更大的贡献。另一方面,组织根据人们需求的变化,激励逐步往个性化方向发展。组织根据不同层次、不同性格员工的不同需求,采用多样化、个性化的激励方式,以达到激励员工完成组织目标的目的。

人们的需求包含以下几个方面:一份能够胜任的工作,合理的薪酬,职业的安全,发展的空间,获得信任和认可,公正而有能力的领导,融洽的同事关系等。

(三)反馈控制原理

反馈控制原理是根据组织对人力资源的需求而确定主要变化,通过正反馈环或负反馈环的运行,使组织对某些人力资源的需求向正向强化,对某些人力资源的需求向负向转化,从而得到控制。反馈控制原理创造性地应用了系统动力学的反馈环原理于人力资源管理中。

(四)弹性冗余原理

弹性冗余原理是指人力资源在聘任、使用、解雇、辞退、晋升等过程中要留有充分的余地,使人力资源整体运行过程具有一定的弹性,当某一决策发生偏差时,留有纠偏和重新决策的可能。

(五) 互补增值原理

互补增值原理是指通过团队成员的气质、性格、知识、专业、能力等各因素之间的长处的相互补充,从而扬长避短,使整个团队的战斗力更强,达到互补增值效应。互补增值原理要求我们建立任何一支团队时均要注意成员的能力、知识、专业等各方面的结构和配置。

互补增值原理与其他原理不同,如选择不准,不但不能达到互补效果,反而会引起能力、精力的内耗,使整体工作受到很大的影响。因此要注意以下几点:

(1) 选择互补的一组人必须有共同的理想、事业和追求。

(2) 在注意知识、能力、气质、技能等互补时,尤其要注意合作者的道德品质,注意其品行和修养。

(3) 互补增值原理最重要的是"增值",因此要求合作者诚意待人,对周围的合作者必须能理解、多友爱,彼此的心互相沟通,劲往一处使。

(4) 互补增值原理要追求动态的平衡,要允许人才的流动、人才的相互选择和人才的重新组合。

(六) 利益相容原理

利益冲突通常在一个系统内在两个群体或若干个个体间产生。当系统中一方(群体或个体)的利益影响另一方(群体或个体)的利益时,双方就产生了利益冲突。利益冲突通常有如下几种情况:系统中一方的利益影响了另一方的物质利益;系统中一方的利益影响了另一方的安全和健康;系统中一方的利益影响了另一方的发展;系统中一方的利益影响了另一方的权利。

利益相容原理是指当双方利益发生冲突时,寻求一种方案,该方案在原来的基础上,经过适当的修改、让步、补充或者提出另一个方案,使双方均能接受从而获得相容。利益相容原理揭示了矛盾统一规律的内容:某种方案可能导致人们之间互相冲突,彼此对立,但经过若干修改和让步后,又可能彼此理解相容于一个统一体中。

读一读 & 想一想:惠普公司用人之道

 案例导入

人力资源管理领域十大颠覆性趋势

"颠覆性人力资源技术"报告显示,人力资源技术的进展比以往任何时候都要迅速,呈现出十大颠覆性的趋势。

从"自动化"到"生产力"

人力资源技术的自动化涉及人力资源管理的方方面面。而除了自动化外,当今商业中的另一大主题是生产力。现在都是高度敏捷的、以团队为中心的组织,但是并不知道如何去应对这一情况。员工的倦怠、专注和敬业程度的不足都会给企业带来很大的问题,员工需要去处理各种邮件以及来自于大量沟通工具的海量信息,这无疑会将他们"压垮"。对众多供应商来说,能否为客户带来提升组织生产力并同时协助团队工作的全新HR软件将是一大挑战。

云端HRMS和HCM发展增速,但它们并不是一切的核心

在过去的几年中,基于云计算的HR服务始终处于高速发展中,对于公司来说,问题的关键已经不是"上不上云",而是"何时"和"如何"上云。公司的HR架构可以被替代,看起来更像是一套"服务集",所有的重心都将围绕如何让员工工作变得更为轻松,而不是那种单一云供应商提供的单一系统解决方案。

项目持续性管理

目前业内有一个认识就是,持续性的绩效管理是可行又有效的,并且它可以对公司进行改革。当然这并不是说公司要取消当前的评级系统,而是需要去建立或购买一个全新可持续的目标设定、指导、评估和反馈流程体系产品。

反馈、员工敬业度和分析工具将统治市场

员工敬业调查市场已与实时调查系统、情绪分析软件、组织网络分析(ONA)以及自动反馈工具一起构成了一套完整的监控与管理系统。开放性的反馈工具数量也正在激增,这也为员工提供了另一个意见反馈渠道。另一个出现爆发式增长的方面来自于那些可以帮助员工"找到自我价值"的基准测试工具。同时出现全新的职业脉搏调查、基于AI的分析与意见系统以及全市场文化评估系统。无论是从创业公司还是大型ERP供应商或人力管理供应商那里获得这些服务,公司都可以将它们嵌入自身全新的绩效管理系统中,这将是一个全新的应用世界。

企业学习工具的再造

一些全新的企业学习工具正在出现,而公司正在推动它们的发展。其中包括"体验平台",这是新一代的"微型学习平台",具有基于AI的现代化LM系统,可为员工提供学习指导与建议,并可以让他们寻找学习资源与共享学习内容。同时,基于VR的学习服务正变得愈发普及,而随着更为智能的技术的出现,人们将找到那些"自己真正所需的东西"。目前,公司已经可以通过购买系统让员工进行内容的发布与共享,而无须付出过多的工作。

招聘服务市场将蓬勃发展

招聘永远是HR领域最大的市场之一。各大公司每年会花费数十亿美元进行招聘,这是一场围绕就业品牌、候选人、候选人经验和战略收购而不断升级的战争。大量的招聘工作(如酒店、服务、医疗与零售)通过聊天机器人和其他新工具以实现自动化完成;而同时这些招聘工作又通过开源工具、自动化水平更高的求知者追踪系统(招聘管理系统)以及更好的评估系统得以实现革新。目前,视频评估与文化评

估工具技术已经成熟,因而所有客户都能使用它们。

福利市场爆发

公司需要"驱动力"与数据以提升员工幸福感。供应商正在为他们的客户带来更多这方面的价值,一些员工(特别是年轻员工)表示,在公司应用福利工具后,他们的敬业度和身心健康得到了改善。德勤认为,公司的健康方案正在从"健康"转向"减轻职业倦怠",成为一种"人力绩效"的新焦点。这是大多数HR部门正在经历的过程,也是供应商正大力发展的领域。

人力分析的成熟与发展

与员工相关的数据(所有方面的)正在变得与客户数据一样重要或更重要。在公司层面上,ONA(组织网络分析)软件市场也正在高速发展,所以一个全新"关系分析"的世界正在形成。所以我们可以看到各种核心的HRMS数据(人力流转、任职情况、绩效评级)、关系数据、幸福指数以及情绪数据。所有这些数据都将被HR部门获取,并使得整个公司的HR管理变得更为透明。人力分析将是未来数年内HR系统成功的关键因素,因为所有新技术的发展都伴随着海量数据的产生。

智能自助工具的出现

在如今的HR技术环境中,或许一个最重要的新兴市场将会是那些快速增长的自助式员工体验平台。不断变化的HR系统正在将案例管理、文档管理、员工沟通管理和帮助台交互功能集成到一个统一的架构中。这些服务将位于员工应用和后台应用之间,它们是员工服务中最核心的内容。而AI也会在此提供助力。基于AI,员工将获得各种职业"教练",比如职业认知教练和招聘认知教练。这些都将为员工进行自助性的学习与工作提供帮助。

HR自身的创新

最后的趋势将有关于HR团队内各种创新项目的快速增长。HR从业人员正在成为"颠覆者"。曾经HR部门总是等待科技公司的创新,再去进行购买与应用。而如今的HR部门正在尝试开发出新的绩效管理模式、新的学习策略、减少偏见的方法以及进行招聘的方式和指导员工的新技术。而后他们进入市场,去寻找是否有厂商有意于合作。这种模式,本身就是一种颠覆,这也让HR技术社区的发展速度比以往都要迅速。

(来源:https://www.iyiou.com/p/62468,有改动)

 任务拓展

从传统人事管理到人力资源管理

人事管理的起源可以追溯到非常久远的年代,对人和事的管理是伴随组织的出现而产生的。现代意义上的人事管理是伴随工业革命的产生而发展起来的,并且从美国的人事管理演变而来。20世纪70年代后,人力资源在组织中所起的作用越来越大。传统的人事管理已经不适用,它从管理的观念、模式、内容、方法等全方位向人力资源管理转变。从20世纪80年代开始,西方人本主义管理的理念与模式逐步凸显。人本主义管理就是以人为中心的管理。人本主义管理将人看作组织的第一资源,现代人力资源管理便应运而生。它与传统的人事管理的差别,已经不仅是名词的转变,两者在性质上已经有了较本质的转变。

1. 传统人事管理

(1) 传统人事管理活动。早期的人事管理工作只限于人员招聘、选拔、分派、工资发放、档案管理之类琐碎的工作。后来逐渐涉及职务分析、绩效评估、奖酬制度的设计与管理、人事制度的制定、员工培训活动的规划与组织等。

(2) 传统的人事管理工作的性质。传统人事管理基本上属于行政事务性的工作,活动范围有限,以短期导向为主,主要由人事部门职员执行,很少涉及组织高层战略决策。

(3) 传统人事管理在组织中的地位。由于人事活动被认为是低档的、技术含量低的、无须特殊专长的工作,因而传统人事管理工作的重要性并不被人们所重视,人事管理只属于执行层面的工作,无决策权力可言。

2. 现代人力资源管理与传统人事管理的主要区别

(1) 现代人力资源管理是将传统人事管理的职能予以提高扩大,从行政的事务性的员工控制工作转变为:为实现组织的目标,建立一个人力资源规划、开发、利用与管理的系统,以提高组织的竞争能力。因而,现代人力资源管理与传统人事管理的最根本区别在于现代人力资源管理具有战略性、整体性和未来性。它被看作是一种单纯的业务管理,从技术性管理活动的架构中分离出来。

(2) 现代人力资源管理将人看作组织的第一资源,更注重对其的开发,因而更具有主动性。这也是现代人力资源管理与早期人力资源管理的区别。早期人力资源管理往往只强调人力资源的管理,而忽略人力作为一种资源具有可开发的特征,忽略人力资源具有能动性的特征,忽略能动性的开发。现在,组织对人力资源的培训与继续教育越来越重视。其投资在不断增大,从一般管理的基本理论与方法到人力资源规划。组织中参加培训与教育的人员越来越多,从高层到基层员工,从新员工到即将退休的老员工,每一个层次与年龄段的员工均参加培训与教育。人力资源开发的方式也有较大的改变,工作内容的丰富化、岗位的轮换、更多机会的提供、员工职业生涯的规划均成为新型的人力资源开发方法;传统的院校培训、组织使用,或者组织自己培养、自己使用的方式,也转变为更注重对员工的有效使用。

(3) 人力资源管理部门成为组织的生产效益部门。人力资源管理的根本任务就是用最少的投入来实现组织的目标,即通过职务分析和人力资源规划,确定组织所需要的最少的人力数量和最低的人员标准,通过招聘与录用规划,控制招聘成本,为组织创造效益。

人力资源开发功能则更加能够为组织创造经济效益。一方面,人力资源开发的最终结果就是为组织带来远大于投入的产出。另一方面,通过制订切实可行的人力资源开发计划,可在成本上为组织节约更多的投入。

人力资源的整合与调控的目的在于实现员工的满足感,提高其劳动积极性,发挥人力资源的整体优势,为组织创造效益。组织是一个开放的社会系统,是一个与社会环境互相作用与影响的投入-产出系统,因此我们不仅要注重人力资源的自然属性,注重员工能力的识别、发掘、提高与发挥,而且要注重人力资源的社会属性,注重员工的社会心理。注重组织与社会的协调发展,注重员工与组织的协调发展。既要着眼于生产力与效益的提高,又要着眼于员工满意度与工作生活质量的提高。同时,组织是一个"整体增长"的系统。组织在对人力资源的开发与管理的过程中,既要注重员工个体的作用,又要注重员工与员工之间的合作与协调,强调团队的整体优势与组织的整体优势;既要注重员工在岗位上发挥其应有的作用,又要注重员工在组织中最适合其潜能发挥的岗位上为组织效力。

　　人力资源的补偿功能同样也能够为组织带来效益。激励是人力资源管理的核心工作,目的在于激发员工的工作动机。合理的奖酬与福利作为激励最直接的手段,可以调动员工工作的积极性,发挥员工的作用,使他们为组织效力。合理的奖酬与福利也可以为组织节约成本,因为合理的奖酬与福利由两个方面的因素决定:一是报酬与福利能起到奖勤罚懒的作用;二是应该能够反映出本地区同行业相应的报酬与福利水平。

　　(4) 人力资源管理对员工实行人本化的管理。现代人力资源管理视员工为"社会人",它不同于传统人事管理视员工为"经济人",它认为,组织的首要目标是满足员工自我发展的需要。在当今人本化的管理模式下,人力资源部门在对员工进行管理时,更多地实行"人格化"管理,注重员工的工作满意度和工作生活质量的提高,尽可能减少对员工的控制和约束。更多地为员工提供帮助与咨询,帮助个人在组织中成长与发展。业界形成了比较成熟的人事管理模式,但是这一传统的、被动的、事务化的、缺乏前沿性的劳动力管理方式,随着组织发展的内外部环境的变化和市场竞争的日益激烈,在现代人力资本理论推动下,逐渐向现代人力资源管理方式转变。

　　人力资源是现代组织的第一资源,是组织获得竞争优势的根本,关系到组织的生死存亡,这已成为中外组织管理者的共识。当前我国正处于经济转型的关键时期,组织改革和发展过程中的许多问题,最深层次的原因应该归结于人力资源管理。中国企业亟待变革人力资源模式,实现由传统、落后的人力资源模式向现代人力资源模式的转变。

做一做:角色模拟练习——人力资源部如何应对变化的环境

任务三 塑造优秀人力资源管理者

任务故事

听一听：三个小动物合作开冰箱拿啤酒

有一幅三个小动物开冰箱拿啤酒的图片在网上传播：

主人夜深睡了或者不在家,三个小动物要开冰箱拿六听啤酒。它们怎么合作才能拿到这些啤酒呢? 底下的那条大狗负责放哨,中间的小狗充当梯子,最上面的小猫负责执行,这就是它们的分工。但是,那条大狗站起来有一人多高,它不用那两个小动物,自己站起来也一样能取到,为什么大狗不自己干,还要拉上这俩小家伙? 因为它一旦不给这些小动物们锻炼的机会,当它老了,就没有人帮它干了。同时,也有责任分摊的因素。

组织老总就应该是这条大狗,他在底下垫底,而且只干两件事,一个是定方向,一个是提供自己坚实的臂膀,提供激励。组织老总不能自己替代员工和管理者,一人独揽,否则就会发生"向下错位",也就是很多的民营组织里经常发生的现象——老总在做中层的事,中层在做基层的事,基层在做老板的事。

中间那小狗应该是人力资源部,承上启下,像组织里一个骨头架子。换句话说,也就是人力资源部制定各种各样的规章制度、行为规范、流程、表格、手册等,用来定位。

最上面的那只小猫,是直线的管理层,也就是业务部门的经理,在老板路走对、人力资源部各项规章制度到位的前提下,负责执行,实现共赢。

(来源:http://blog.sina.com.cn/s/blog_630613dd0100qplx.html,有改动)

看一看：人力资源管理者的重要能力之激励

知识讲坛

一、人力资源管理者的角色定位

(一)组织战略支撑者

战略人力资源管理已经成为人力资源管理角色的核心和主要价值所在,人力资源管理者的战略角色是无可取代的,他们是组织战略强有力的支撑者。

(二)人力资源管理专家

做一个人力资源管理专家是人力资源管理者最本职的工作,也是一个人力资源从业者的基础性工作。人力资源管理者必须通过推行人力资源管理的最佳实践来证明自己处于该领域的专家地位。人力资源管理者作为组织内人力资源管理实践的推行者,有责任也有义务为组织的高层管理者提供人力资源方面的咨询和指导,帮助管理者在最短的时间内掌握最新、最优秀的人力资源管理理念和管理技术、技巧,帮助管理者提高理论修养和实际操作能力。

(三)业务部门的忠诚伙伴

有效的人力资源管理已经成为企业发展的核心竞争力所在。人力资源部门绝非单纯的"成本中心",而是逐渐成为高层管理者和直线经理们的业务伙伴,与他们共同制定、贯彻和执行组织的战略目标和战略计划,共同承担绩效责任,成为最终的"利润中心"。

(四)员工利益代言人

人才是企业发展的根本,员工是人力资源管理者的最大客户,人力资源管理的灵魂在于激发员工的积极性,不断挖掘员工的潜能,使员工自发地为实现企业目标而努力。这也是人力资源管理这一学科建立和发展的初衷与根本。

(五)组织文化管理者

组织文化体现为人本管理理论的最高层次,人力资源管理者作为组织中管理人的角色,管理着组织文化的方方面面。人力资源管理者通过重视人的因素,强调精神文化的力量,用意识形态的力量构建一种组织行为准则和价值观,从而构建组织成员的归属感,激发其积极性和创造性,并通过各种渠道进一步对社会文化的大环境产生影响。

(六)组织变革的推动者

人力资源管理者是变革中无可争议的主角,是组织内部整合与重组、结构转型、组织文化构建以及人力资源因素产生相关变革的生力军,我们称其为"组织变革的推动者"。

(七)监督控制者

人力资源管理者在人力资源管理实践和促进组织目标实现过程中担负着监督和控制的职能。要提高人力资源管理对组织目标实现的贡献率,要对组织进行科学的结构设计、变革与重组、文化建设与转型以及岗位与人事调整、员工管理等,必须对组织进行科学的监督和有效的控制。要履行好自己的监督控制职能,对组织成员进行有效的绩效管理,人力资源管理者必须意识到监督控制对组织目标实现的巨大意义,明确监督与控制的目的和方法,把握监督与控制的原则。在做好本部门内部控制的同时,也要对整个组织的人力资源监督与控制负责。

(八)正直诚信者

每一个人力资源管理者都必须正直诚信、大公无私,具有健康的个性和与组织文化相符的价值观;具有极强的组织认同感和较高的工作满意度;具有良好的工作动机;同时,要公正处事不带偏见,要诚实守信信守承诺,还必须要注重自我形象管理和个人操行;而且要尊重他人,保持宽容。

二、人力资源管理者的胜任素质及其获取方法

(一)胜任素质模型

20世纪50年代,哈佛大学教授戴维·麦克利兰为美国国务院选拔能当美国外交官的学生。麦克利兰认为:当外交官应该情商(EQ)特别高;智商(IQ)只要中等偏上,比正常人聪明点就行了;但是逆商(AQ)要求高,因为各种各样的突发事件,随时都有可能发生。能当外交官的人选,以上这三个"商"应该倒序排列。结论是既然逆商排第一,在哈佛选就不合适,三流的学校依然会出很棒的外交官人选,因为智商在选拔要求中是排在最后的。他于1973年在《哈佛商业评论》上发表了一篇文章,建议应该测一个人的胜任素质,而不是这个人的智力。这篇文章标志着胜任素质运动的开始。

胜任素质的构成比例,就像冰山,上面很小,下面很大。人力资源管理者的胜任素质,既需要有"冰山"上面那些知识技能,还要有"冰山"下面这些软性的技巧,如图1-2所示。

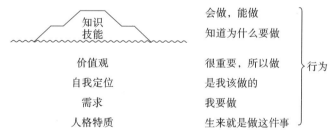

图 1-2 冰山模型

冰山上面是从事人力资源工作的人应该具有的知识技能,包括组织的产品业务知识等,是能够通过听课、自学等形式学到的。冰山下面是一些软性的技巧,它们是相对主观的东西,具有个性化的特点,不是一朝一夕可以学会的。就胜任素质而言,冰山下面的东西更重要,它能直接影响员工的绩效,具体包括以下几点:

价值观。在冰山上面的知识技能差不太多的时候,工作热情的差异就主要取决于冰山下面。有些组织招聘到了非常优秀的人才,但是没有带来相应的公司绩效,

就是因为招聘的时候只注重人员的知识技能,而忽视了应聘者的价值观是否和公司的价值观相吻合。

自我定位和需求。员工招聘进来之后,还有个自我定位的问题,即员工的需求是否得到满足等,这些也是冰山下面的东西。

人格特质。生来就对人感兴趣,对人特别敏感,对人的蛛丝马迹都有察觉,这样的人更适合从事人力资源管理;而善于动手摆弄工具,喜欢自己研究的人,比如机械师、数学家就不适合做人力资源管理者。一个人的知识和态度是一方面,性格是另一方面,性格与职位要求越吻合,出绩效的可能性越大。

当人自身的素质和其工作、职位的要求产生很大重叠时,就容易成功。

(二)人力资源四种角色的素质模型

从事人力资源管理的关键素质是个人可信度(29%)。这是冰山下面的东西,不容易通过培训得到。除个人可信度,其他关键素质还有:了解公司业务(12%);人力资源实务操作能力(16%);管理组织文化的能力(占19%);管理变革的能力(24%)。人力资源管理者作为战略伙伴、变革先锋、专业的基础管理者、员工的主心骨这四种角色分别需要什么技能和素质呢?

1. "战略伙伴"角色所需的技能和素质

冰山之上(知识技能方面):应该懂一些财务知识和业务知识,比如,除组织的产品知识之外,行业动态和竞争对手分析也非常重要。因为产品知识通过阅读手册就能获得,而行业的前景直接影响人力资源部门对劳动力市场的预测准确度,以及对竞争对手的分析。要到竞争对手那儿挖人,就要知道它们的强项和弱项,而这些都不是一朝一夕能学会的。

冰山之下(软性技巧方面):要有较强的沟通能力,这种能力专指非权威性的影响力和说服力;能跨部门合作,不推诿责任;对业务敏感,还要有能力做人力资源规划,从而把人力资源管理和组织战略统一起来。员工是组织的基础,因此,战略性选才和员工长效培养的管理也很重要。除此之外,还要有设计和开发薪酬福利项目,以激励员工的能力等。

2. "变革先锋"角色所需的技能和素质

冰山之上(知识技能方面):当组织发生了重组、上市或者业务萎缩裁员等变革时,人力资源部就需要懂得资产评估的知识。这不是专才而是通才需要具备的知识。此外,还要有设计变革管理的流程以及组织行为学的知识,并且还应该熟悉相关的劳动法规。

冰山之下(软性技巧方面):首先要有危机意识,这是采取变革的前提条件。其次,还要有对人的敏感度,一旦变革涉及裁员,员工出现紧张、冲动、焦虑等情况的时候,能够及时发现并加以解决。再次要了解人的行为思维方式和变革时的心理。然后要有团队建设的能力。最后要有沟通能力,也指非权威性的影响力和说服力。

3. "专业基础管理者"角色所需的技能和素质

冰山之上(知识技能方面):做好专业基础管理者的角色,要有人力资源专才的能力,比如:应该具有人力资源规划、工作分析、面试与测评能力以及组织培训和授课能力,熟悉绩效考核设计的原理,掌握人力资源的电子化技术等。

冰山之下(软性技巧方面):在做人力资源规划时,要有一定的预见性;进行招聘面试时,要有一定的沟通能力;掌握人力资源的电子化技术,需要有很快接纳新事物的能力。

4."员工的主心骨"角色所需的技能和素质

冰山之上(知识技能方面):要懂得福利设计的原理。员工主心骨更多牵扯的是员工的福利,而不是薪酬,薪酬管理是由专业的日常管理者角色来承担的,福利是能留住人心的东西。除此之外,还要有矛盾管理和冲突管理的能力。

冰山之下(软性技巧方面):需要理解公司文化和价值观;有沟通能力,特别是在员工遇到困境的时候,能够帮助他们解压;还要掌握促进组织发展所需要的各种激励理论、组织发展工具、训练技巧和咨询技巧等。

(三)获取四种角色所需能力的方法

1. 战略伙伴角色能力的获取

作为战略伙伴,应该对组织的经营模式和业务有较深的了解。这些知识,一方面可以通过自学获得。比如,本组织产品知识,可以通过阅读产品手册获得;本行业竞争对手分析,可以通过上网查找了解。另外,还可以通过参加各业务部门组织的专业培训获得。人力资源部应该组织这种跨部门的互相学习,比如,研发部到销售部讲课,销售部到研发部讲课,互相分享知识。这能够有效地减少组织内耗,节省时间。另一方面,有些知识需要通过专门的课程学习。比如如何做 HR 规划,如何进行工作分析,如何做培训和人才测评,以及非财务经理的财务管理、领导力培养等,这些知识靠自学是不容易获得的。

2. 变革先锋角色能力的获取

变革先锋角色能力的获取,更多地依赖于外部的课程,仅靠自学很难获得。此外,还可以通过网上购买相关课程向员工们讲授,这样也有利于提高人力资源部员工变革管理的能力。除了变革管理课程外,还需要学习项目管理、组织行为学、社会心理学等知识,以及更为关键的技巧训练。当公司发生变革的时候,人力资源部的职责不仅是辅导员工,更关键的是要辅导员工的领导,即部门经理。

3. 专业基础管理者角色能力的获取

专业基础管理者所需的精深的专业知识和操作技巧,包括人力资源规划知识和技能、职位分析知识和技能、行为面试技巧、培训师技能等可以通过培训和多参与操作获得。而公司战略、流程、工具,劳动法规、劳动仲裁的案例,可以通过自学获得。一些电子化操作软件的使用技巧,应该从供应商那里获得。

4. 员工主心骨角色能力的获取

员工主心骨角色能力的获取,需要对普通心理学、组织行为学、激励理论有较深的认识和理解,此外,还应该接受关于辅导技巧、教练技巧等完整的技巧培训。

人力资源管理基础与实务

读一读 & 想一想：HR 的自我救赎

 案例导入

一名优秀的 HR 应当具备唐僧师徒的素质

一、行动像唐僧

（1）专业的知识。唐僧少年学佛，对大乘教义的理解与研修已达一定的高度。作为 HR，不管做哪个模块，至少要对这个模块的知识表现出足够的专业度，这样才能让人信服。

（2）坚定的信仰。观音指路，唐王下旨，唐僧奉命西行取经，历经八十一难，不放弃、不动摇，最终完成唐王使命。对于 HR，必须要热爱自己的工作，把工作当事业来做，不管处于什么样的环境，要始终相信自己的选择，坚持有可能成功，放弃一定会失败！

（3）卓越的执行。唐王的使命、观音的点化、个人的信仰造就了唐僧的执行，更难能可贵的是，西行路上，收编四个有"前科"的徒弟，并一路教化、引导，最终和徒弟一起成功。实际管理中，HR 也会根据老板的指示，把一些不服管或一些待调整人员调至 HR 部门，如何引导这些人员在新的岗位上发挥才能确实是个难题。

二、能力像孙悟空

（1）技能突出。孙悟空本领高强，筋斗云、七十二变加上金箍棒，让孙悟空在西天路上尽展雄风，不管是逢山开路还是遇水搭桥，无论是降妖除魔还是问路化缘，其核心战斗力无人匹敌！不管遇到何种困难，孙悟空都能凭借自身本领使整个团队化险为夷，只要有孙悟空在，唐僧就不会担心。对于 HR，不管做人力资源哪个模块，就算你不精通，但是必须要有自己独特的风格与方法，让别人不可复制，这是你生存与发展必不可少的技能，你必须能为企业解决各种各样的问题。HR 就像老板手中的一把刀，当刀钝了，就失去了存在的意义。

（2）善于沟通。不管是西方诸佛还是天庭各神，无论是修仙之士还是人间王侯，孙悟空均能海聊神侃一番。不管是刺探敌情，还是搬兵求救，孙悟空都能收放自如，得心应手地达到既定目的。对于 HR 来说，沟通能力是必备条件，尤为重要。做规划，需要胸有成竹地说服领导接受方案；做招聘，需要舌灿莲花地诱导应聘者；做培训，更需要舌战群儒地引导学习者；做薪酬，需要循循善诱地劝导员工；做绩效，需要摆事实、讲道理来评价员工的业绩；做劳动关系，更需要侃侃而谈地打消员工的疑虑。沟通需要技巧，不是秀才遇到兵，有理说不清，而是将心比心、无理也动心！不善沟通的 HR 不是成功的 HR。

（3）战术多变。西天路上，对于各类企图破坏取经梦想的妖魔鬼怪，能打的打，能杀的杀,能降的降,打不过就跑,能借兵的借兵,能借势的借势,对于有背景的妖魔,都是借其靠山收服,既达到救出唐僧的目的,又能卖个人情给各路神仙,妥善处理了各类关系。对于HR而言,处理各类关系也是一门必修课,特别是在民营企业中,"皇亲国戚"、元老功勋众多,HR作为企业文化的宣导者,如何达到令行禁止,有效维护企业制度的严肃性与权威性?这就需要灵活多变、因地制宜、因人而异地选择不同的处理方法与技巧。

三、个性如猪八戒

(1)知错能改。毫无疑问,猪八戒身上有诸多缺点,比如说贪财好色、好吃懒做、自私自利、妒贤嫉能、搬弄是非等,但是不管怎么说,猪八戒在唐僧的教育下、孙悟空的监督下、沙和尚的调解下,还是能改正的,不然最后行赏时,也不会加封为净坛使者。对于HR而言,谁都不是完人,应对瞬息万变的局面,不怕犯错,就怕不知错,更怕知错不改错!

(2)幽默讨喜。猪八戒另一大个性就是幽默讨喜,至少在调节整个团队气氛中扮演着重要的角色,有时能够在一定程度上缓解团队内部矛盾。当孙悟空被赶回花果山时,猪八戒跑去对孙悟空说:大师兄,师父想你了!而当着唐僧的面又说:师父,大师兄知错了!作为HR,不可能永远使自己站在员工的对立面,更不能把所有关系搞僵。HR作为老板与员工间的桥梁,要学会调节气氛、化解矛盾,适当的时候幽默一下,也会让老板、员工理解HR的立场。

四、品德如沙和尚

(1)甘于奉献。西天路上,沙和尚一路勇挑重担,无怨无悔,从未因为挑担事宜与孙悟空、猪八戒红脸。降妖除魔中,能帮则帮,不能帮则护师守马,不越雷池一步。即使在最后佛祖行赏时,也不像猪八戒一样,觉得不公平!HR也一样,HR部门除了本职工作外,很多时候还会做一些超出职能范围的事,这就要求HR不管是分内的事,还是分外的事,不仅要把事情做对,而且要把事情做好!就像有人开玩笑说:HR的职责,就是做职责以外的所有事。

(2)忠诚勤勉。沙和尚最大的优点就是服从分配、忠心护主,不管遇到什么困难,从未想到要分家。受观音点化,紧跟唐僧,严守戒律,老实本分,兢兢业业地做好后勤工作。应该说,在唐僧四个徒弟中,沙和尚是最让唐僧放心的一个。虽说能力较孙悟空、猪八戒有差距,但是相比一般小妖来说,也算是个高手!有点小本事,又听话,对于唐僧来说,是指哪打哪,这样的人领导用起来最放心!

(来源:http://www.hrloo.com/rz/62250.html,有改动)

任务拓展

中国人力资源管理的七大通病

人力资源管理在中国起步较晚,完全照搬国外的模式或现成的理论显然会造成水土不服、背道而驰的结局。这些表面现象所透露出来的本质是HR的思想问题:

对企业和自身认识不够深刻造成了理论与实践的巨大差距。因此人力资源从业者在实际工作中还要注意以下七忌。

一忌:对企业的管理现状充满幻想,做不切实际的对比

无论是国有企业,还是跨国公司,抑或民营企业及合资企业,都会存在这样那样的问题,尤其在中国人力资源管理理论和实践都很不完善的情况下,HR对企业的现状应有个清醒的认识,不能对老板充满幻想,也不能做一些不切实际的对比。比如民营企业不要和外企比,一般外企不要和世界500强比,台资、韩资企业不要和欧美企业比,初创的企业不要和有20年历史的企业比,劳动密集型企业不要和高科技企业比。不同地域、不同性质、不同规模、不同行业的企业的人力资源管理基础、管理模式是完全不同的,做对比的结果就是自寻烦恼!要认清企业的现状,认清老板的思维,以自己的最大努力为企业寻找合适的人力资源管理模式。

二忌:忽略企业的生命周期,抓不住重点

在企业的不同阶段,人力资源管理的重点是不一样的,但是有一点毋庸置疑:管理必须服从于经营,因为企业的基本使命是生存,企业的终极使命是可持续发展,为股东创造价值。企业创立之初,生存靠能人,实行"人治"更合适,这时候,岗位职责未必需要明确,人力资源制度未必需要完善;企业的成长期,人力资源管理应该建章立制,以制度和流程规范企业的各项管理,同时要思考企业在未来的人力资源供给;在企业的成熟期,人力资源管理在实行制度化和规范化的同时,辅以"德治"或者说"无为而治",人力资源管理的重点应转移到长期性的、着眼于企业可持续发展的能力建设以及员工激励上,通过推行企业文化来保持企业发展的活力;企业发展的老年期或衰退期,也是企业争取重生的关键阶段,企业正在走下坡路,必须改变过去不合理的管理机制、方式和方法,推动变革成了HR的首要任务。所以,在企业的不同发展阶段,如果不顾及企业的实际情况,盲目地去跟风、赶时髦,做一些无助于企业实际管理的事情,人力资源管理最终并没有真正地为企业创造价值,老板不重视也就不足为怪了。

三忌:过于注重人力资源技术而不是本质

现在各类人力资源考证班、培训班如雨后春笋,加上多数人力资源从业者是半路出家,所以学习热情高涨,拼命地吸收营养,恶补专业知识,在各大论坛或网站,到处都留下他们讨论专业问题的"倩影",这种求知的精神是值得肯定的。但是,不可否认的是,部分同人陷入了一种误区,即过于追求知识或技术的准确性。其实管理是一门科学,但是它也是一门并不精确的科学,它更像是一门艺术。举个例子:薪酬设计中的岗位价值评估有很多方法,比如CRG职位评估方法、海氏评估法、两两比较法等,但是实际上没有一种工具能够保证绝对的公平,用这种工具与其说是一种科学的评估,倒不如说是为了给员工一种公平感,但是如果我们过于注重其中评估分数的微小差异,反而会给薪酬设计带来诸多困扰。因此,在工作中,应该时刻牢记这个工具或方法的目的和本质是什么,而不是为了设计而设计,因为管理的基本目标是解决问题,问题如果解决了,是否需要完美的过程并不重要。因此,笔者一直有个观点:很多人力资源高手在"民间",也许他们很少露面,也许他们就在民营企业,也许他们所在企业的规模并不大,但是他们对于人力资源管理本质的认识要远远超出其他人,并在实际工作中对企业的发展起到了重要的作用。

四忌:过于迷恋自己的以往经验,缺乏冷静的面对

随着人力资源管理在企业的不断深入,人力资源管理者的经验也越来越丰富。但是,经验是把双刃剑,一方面成就了你的职业生涯发展,另一方面也可能令你在新的工作上举步维艰。如果"大丈夫不知道相时而动",只知道固守以前的经验,却忽略了新的企业的现状如何、人员状况如何、基础管理如何、老板的理念如何等问题,我们就不难理解外企空降兵到民营企业为何"死亡率很高"了。这些同人离开后往往抱怨环境不好、老板不重视人力资源、支持力度不够、人际复杂等,却从未想过可能问题就在自身。

五忌:缺少踏实的精神,眼高手低

我坚持认为:人力资源管理无小事,细节常常决定成败!可是,我们很多所谓的人力资源"专家"把人力资源管理者的胃口吊得很高:什么企业的战略合作伙伴啊、业务合作伙伴啊!人力资源管理者本来应该认识到自己首先是个伙伴,可是他们偏偏注意了前面两个字"战略",所以经常郁闷:我咋就没有做战略呢?每天老是干些琐屑的事情!其实在企业中,即使是世界500强,完全做战略的人力资源管理者毕竟很少,大多数人还是处在设计和操作层面。再比如有的同人很喜欢探讨人力资源管理和人事管理的区别,有无探讨的必要?人力资源管理是否一定要和人事管理像"楚河汉界"那样分得那么清?实际工作中,很难做到泾渭分明(大公司除外),只是人力资源管理从更高的层面来引导企业的管理而已。有位记者问某著名公司的老板怎么看待人力资源部,老板说:人力资源部和其他部门一样,就是个部门嘛,承担自己该承担的工作和责任!一语惊醒梦中人!有时候,我们HR是不是把自己的定位定得太高了点?定位虚高是否让我们倍感压力?

六忌:抱怨多于积极面对

在我国的大环境下,人力资源管理者的处境也是非常艰难的,因为人力资源管理的氛围和环境与发达国家相比差距甚远,但是,诚如《第五项修炼》所讲,结构决定行为。我们不能改变环境,但可以逐步影响环境,包括影响老板、直线经理、员工等,可是,听到了太多的HR发牢骚,听到了太多HR的抱怨。其实,某件事表面上是坏事,但如果从另外一个角度看可能是好事,就像"危机"一样,既是危险也是机遇啊!有一个应聘HR经理的候选人问某老板:你们公司的人力资源管理现状怎么样?老板说:很差!这个候选人说:好,我最喜欢了!老板诧异。候选人解释:因为你们的人力资源管理水平越差,我越有发挥的空间,也越能做事!姑且不论最终结果如何,就冲这种心态,我们就应该跷起大拇指!还有一个HR经理在沙龙上说得更绝:没做HR的时候没体会到快乐,好像每天没啥烦恼,但是自从做了HR以后,我已经学会了如何让自己快乐!有这样的心态,何愁自己不能成为一个优秀的HR?

七忌:疏于修炼自身的人格魅力

这里的人格魅力来自两个方面:首先是个人品德,其次是处理事情的公正性。首先,人力资源管理者能否在压力、诱惑、利益、企业前保持自己的正气,确实是一种挑战!其次是情商,或者说处理各类关系的方法和能力。南京大学的赵曙明老师说过:21世纪的HR应该是人际关系的高手!随着我国人力资源管理的发展,对人力资源管理者的素质要求越来越高,上面这两个方面将决定你在HR这个职业上能走到何种高度!

(来源:https://jingyan.baidu.com/article/b87fe19eb78bf452183568ad.html,有改动)

做一做:HR大剖析

项目自测

一、复习题

1. 什么是人力资源?它有什么特点?它与人口、劳动力、人才有什么区别和联系?
2. 什么是人力资源管理?怎样通过人力资源管理获取竞争优势?
3. 传统的人事管理与现代人力资源管理有什么不同?
4. 人力资源管理人员有哪些素质和技能要求?

二、案例分析题

选择一个专业

罗寒是中西部一所综合大学工商管理学院的三年级学生。作为一名优秀学生,他还没有完全确定自己应该选择哪个专业。他考虑了把管理作为专业,但这个领域不能令他兴奋:它显得太笼统了。罗寒在管理方面所学的第一门课程确实吸引了他,然而,这主要是因为讲该门课的教授。罗寒决定跟这位教授谈谈自己这种进退两难的困境,于是进行了下面的交谈。

罗寒:教授,如何选择学习专业的问题,现在我真是不知道该做什么。

教授:罗寒,我觉得你是在做一项重要的决策,并且你所关心的事情是有道理的。你在工商管理学院学了多少门课程?

罗寒:一门您讲授的管理学概论、一门基础营销课程和一门统计学课程。我确定不愿把统计作为专业。

教授:把人力资源管理作为专业怎么样?

罗寒:我认为不行,它基本上是一项事务性工作,真的不会有什么前途。

项目一 拨开迷雾 认知人力资源管理

教授:打住,罗寒,我想最好告诉你更多关于人力资源管理的情况。

问题:假设你是教授,你会告诉罗寒关于人力资源管理的哪些情况?

项目二　未雨绸缪　制定人力资源规划

项目概述

人力资源规划是人力资源管理的重要部分,处于整个人力资源管理活动的统筹阶段,它为下一步整个人力资源管理活动确定了目标、原则和方法。人力资源规划的可靠性直接关系着人力资源管理工作整体的成败。所以,制定好人力资源规划是组织人力资源管理部门的一项非常重要和有意义的工作。本项目对人力资源规划的概念、人力资源需求与供给预测、人力资源规划的制定进行了阐述,重点介绍了人力资源预测的典型方法。人力资源预测主要分为人力资源需求预测和人力资源供给预测,对人力资源供给和需求的预测是为了追求人力资源的供需平衡,为人力资源规划方案的制定提供理论依据和数据支撑。人力资源预测方法包括定量预测方法和定性预测方法。

项目目标

- **认知目标**
  - 了解人力资源规划的定义及其内涵;
  - 了解人力资源规划的类型;
  - 了解人力资源规划的内容;
  - 了解人力资源预测的方法;
  - 了解制定人力资源规划的步骤。
- **技能目标**
  - 掌握人力资源需求预测方法;
  - 掌握人力资源供给预测方法。
- **情感目标**
  - 了解优秀的人力资源规划者的思想理念;
  - 了解优秀的人力资源规划者的政治素养;
  - 了解优秀的人力资源规划者的性格。

项目二 未雨绸缪 制定人力资源规划

任务一 了解人力资源规划

任务故事

听一听：马拉松运动员的故事

小故事，大启发：森林里突遇老虎

有一天，天气晴朗，阳光明媚，两个朋友相约去森林远足。他们俩走进大森林，正在欣赏四周的美景，突然从森林深处窜出一只大老虎，这两个人看到凶猛的老虎都吓傻了眼，其中一个人准备撒腿就跑，而另外一个人却蹲了下来，不慌不忙地开始系鞋带。他的朋友说："嗨！老兄，赶紧跑吧，你还在这系鞋带干吗？老虎都来了！"系鞋带的人说："不着急，我只要跑过你就行了。"说着拔腿就跑。

在经营组织的过程中，市场瞬息万变，威胁无处不在，就像老虎一样，随时可能从森林里冲出来。我们要做的事情就是提前准备，穿上一双合适的运动鞋并且把鞋带系好，然后跑得比竞争对手快。

（来源：根据互联网信息整理）

看一看：了解人力资源规划

知识讲坛

日本北海道大学进化生物研究小组对3个分别由30只蚂蚁组成的黑蚁群的活动进行观察。结果发现，大部分蚂蚁都很勤快地寻找、搬运食物，少数蚂蚁却整日无所事事、东张西望，人们把这少数蚂蚁叫作"懒蚂蚁"。有趣的是，当生物学家在这些"懒蚂蚁"身上做上标记，并且断绝蚁群的食物来源时，那些平时工作很勤快的蚂蚁表现得一筹莫展，而"懒蚂蚁"们则"挺身而出"，带领众蚂蚁向它们早已侦察到的新的食物源转移。原来"懒蚂蚁"们把大部分时间都花在了"侦察"和"研究"上了。它们能观察到组织的薄弱之处，同时保持对新的食物源的探索状态，从而保证群体不断地获得新的食物来源。在蚁群和组织中，"懒蚂蚁"很重要，此现象被称为"懒蚂蚁效应"。

懒于杂务,才能勤于思考。一个组织在激烈的市场竞争中,同样需要有人能够静下心来观察、思考市场环境和内部经营状况,预测组织未来的发展方向,并对组织的未来做出一个具体、明确的战略规划。

一、人力资源规划的基本概念

(一)人力资源规划的内涵

人力资源规划的内涵有广义和狭义之分,广义的人力资源规划是组织所有的人力资源计划的总称,是战略规划和战术规划的统一;狭义的人力资源规划是指为实施组织的发展战略,完成组织的生产经营目标,根据组织内外环境和条件的变化,运用科学的方法,对组织人力资源的需求和供给进行预测,确定相宜的政策和措施,从而使组织人力资源供给和需求达到平衡,实现人力资源合理配置,从而实现组织目标的过程。

缺乏人力资源规划会对组织造成极大的损害,组织常常由于缺乏人力资源规划或对人力资源规划不足而负担无形成本。例如,不完善的人力资源规划会导致职位空缺而无法弥补,从而造成效率上的损失。有时还可能发生这样的情况:类似职位一个部门在撤销而另一个部门却在招聘,于是造成冗员,导致组织不得不解雇新聘人员。此外,由于人力资源规划缺乏,员工难以做出职业生涯设计或个人发展规划,结果一些有能力、有事业心的人可能会另谋高就。

由此可见,人力资源规划是组织实现战略目标的保证,同时也是组织发展战略的重要组成部分。

(二)人力资源规划的目标

人力资源规划的主要目标在于使组织内部和外部人员的供应与特定时期组织内部预计空缺的职位相吻合,并为组织未来发展所需人才做出安排。具体表现为以下内容。

(1)促使人力资源合理运用。在相当多的组织中,其中一些人的工作负荷过重,而另一些人的工作则过于轻松;也许有一些人的能力有限,而另一些人则感到能力有余,未能充分利用。人力资源规划可改善人力分配的不平衡状况,进而谋求合理化,以使人力资源能配合组织的发展需要。

(2)防止人员配置过剩或不足。如果拥有过多的员工,组织会因工资成本过高而损失经济利益;如果员工过少,又会由于组织不能满足现有客户需要而导致销售收入减少,并有可能导致未来客户损失。

(3)确保组织在适当的时间获得适当数量并具备所需技能的员工。为配合组织发展的需要,人力资源规划要从技能、工作习惯、个性特征、招募时间等方面预计组织所需的员工数量与员工类型,这样才能招聘到最适应组织需求的员工,并能有针对性地培训员工,使他们能在组织需要的时候产生最高的工作绩效。

(4)确保组织能够对环境变化做出适当反应。由于现代科学技术日新月异,社会环境变化多端,如何针对这些多变的因素,配合组织发展目标,对人力资源进行恰当规划甚为重要。人力资源规划过程要求对环境及组织内部的信息和变化情况予以充分重视和考虑,从而促使组织对环境状态进行思索和评估,预测和规划任何可能的变化,而不是被动地对这种情况做出反应,使组织总能比竞争对手先行一步。

(5)降低用人成本。虽然人力资源对组织来说具有非常重要的意义,但是,它在为组织创造价值的同时也给组织带来了一定的成本开支。而理性的组织会关注人力资源管理的投入产出。通过人力资源规划,组织可以将员工的数量和质量控制在合理的范围内,从而节省人工成本的支出。

(三)人力资源规划与其他人力资源管理工作的关系

人力资源规划与人力资源管理的其他职能有着复杂的联系。事实上,在组织基于新的战略要求进行人力资源规划时,对人力资源管理的许多其他方面都会带来影响并提出新的要求。

1. 与组织战略目标的关系

人力资源规划与组织发展战略之间存在双向互动的关系。组织进行人力资源规划时要以发展战略和经营计划作为依据,而组织的发展战略和经营计划也需要将自身的人力资源状况作为一个需要考虑的重要变量。人力资源规划的任务是确保组织在需要的时候能获得一定数量的具有一定技能的员工。因此,人力资源规划必须建立在组织战略目标的基础上,同时要成为组织战略规划的一部分。

2. 与工作分析和绩效考核的关系

工作分析和绩效考核为人力资源规划的制定提供了信息。通过工作分析,人力资源规划的制定者能够了解现有和未来的工作岗位的设置状况,每个岗位需要的人员数量,以及每个岗位人员应该具有的知识、技能和经验,预测未来组织对人力资源需求的数量和种类。绩效考核可以使规划制定者了解现有员工的能力结构、技能水平是否能够满足组织战略目标的要求。

3. 与招聘选拔、开发培训和薪酬管理的关系

人力资源规划是组织招聘选拔、开发培训的基础,它使组织了解哪些位置需要补充员工,补充多少员工;需要员工具有何种技能;所需员工通过内部招聘还是外部招聘获得;招聘的员工是否需要培训才能适应新的岗位;需要进行什么类型的培训,需要培训多长时间,培训何时开始等。组织的薪酬设计随着人力资源规划的调整而变化,如果需要对人力资源规划进行调整,尤其是针对人力资源的规格、类型、质量等方面,那么组织薪酬福利的方式、策略、标准、水平也需要进行相应调整。

二、人力资源规划的类型

(一)按规划的时间长短分类

根据规划的时间长短划分,可以把人力资源规划分为短期规划、中期规划和长期规划三种类型。短期规划一般是指1年或1年以内的规划;中期规划的规划期

限在 1 年到 3 年;长期规划则是指 3 年或 3 年以上的规划。组织应该制定短期规划、中期规划还是长期规划,取决于组织所面临的不确定性的大小和经营环境是否稳定。

(二)按规划的内容分类

根据规划的内容划分,人力资源规划可以分为三类,即总体规划、部门规划和具体规划。总体规划是对规划期内组织总体人力资源开发利用的总目标、总政策、实施步骤和总体预算所做的安排。部门规划是总体规划的目标细分规划,是总体规划在各部门的分解,是部门的目标、政策、步骤及预算安排。具体规划包括人员补充计划、使用计划、人才接替计划、提升计划、培训计划、薪资计划、劳动关系计划等,这些计划都由目标、任务、政策、步骤及预算构成,分别从不同角度保证人力资源总体规划的实现。

(三)按规划的性质分类

根据规划的性质划分,人力资源规划可以分为战略规划和战术规划两种类型。战略规划,即人力资源战略规划,是根据组织总体发展战略的目标,对组织人力资源开发和利用的大政方针、政策和策略的规定,是各种人力资源具体计划的核心,是事关全局的关键性规划。战术规划主要是指三年以内的人力资源计划,又被称作年度人力资源计划,主要是为了当前的发展,较多地考虑微观的影响因素,为了达到组织的战术目标而制定的人力资源计划。这一类计划常常是战略规划的具体化和专业化,主要包括晋升规划、补充规划、培训计划、配备计划、继任计划和职业计划等。

三、人力资源规划的内容

完善的人力资源规划内容应该是全面的,不仅要有数量方面的规划,而且要有质量方面的规划。另外,人力资源规划还应该是反映环境变化的动态规划,即要求人力资源规划的内部一致性和外部一致性相统一。所谓内部一致性是指招聘、甄选、配置、培训、考核、绩效评价等规划设计应当是相互协调、彼此配合的。所谓外部一致性是指人力资源规划应当是组织总体规划的一个组成部分,因为组织是否拓展新的业务、是否降低现有业务活动水平等举措都关系到招聘、培训、考核等人力资源事务。人力资源规划的主要内容可以分为以下七个方面。

(一)招聘规划

针对公司所需要增加的人才,应制定出该项人才的招聘规划,一般一个年度为一个段落,其内容包括:

(1)计算本年度所需人才,并计划考察出可由内部晋升、调配的人才,确定各年度必须向外招聘的人才数量,确定招聘方式,寻找招聘来源。

(2)对所聘人才如何安排工作职位,并防止人才流失。

（二）补充规划

人员补充规划是指合理填补组织中在一定时期内可能出现的职务空缺，避免组织工作因某一职位空缺而出现断层现象。及时补充人员有利于员工锻炼，为组织发展提供充足的准备性人才。另外，补充规划和晋升规划是相互联系的，因为晋升规划会造成组织内的职位空缺逐级向下移动，最后累积到较低层次的人员需求上。

（三）晋升规划

晋升规划是指有计划地提升有能力的人员，满足职务对人的需求和员工追求自我价值实现的需求。在晋升规划中，既要避免职位体系频繁变动，在员工心理上人为造成不安全感，又要防止其硬化，使员工看不到个人发展前途，影响员工积极性和能动性的发挥。

（四）培训规划

组织为长期所需弥补的职位空缺，事先准备具有一定资历的人员，从基础知识、专业技能、管理思维等方面对其进行系列培训，确保未来用人需求；同时调动员工积极性，将组织发展与个人发展有机地联系起来。人员培训规划是人力资源规划的重要内容，人员培训规划应该按照公司的业务需要、公司的战略目标以及公司的培训能力，分别确定以下培训规划：专业人员培训规划、部门培训规划、一般人员培训规划、选送进修规划等。

（五）考核规划

一般而言，组织内部因为分工的不同，对人员的考核方法也不同，在提高、公平、发展的原则下，应该以员工对公司所做的贡献作为考核的依据，这就是绩效考核的指导方法。绩效考核规划要从员工工作成绩的数量和质量两个方面，对员工在工作中的优缺点进行评定。例如科研人员和公司财务人员的考核体系就不一样，因此在制定考核规划时，应该根据工作性质的不同，制定相应的人力资源绩效考核规划。

（六）工资规划

工资规划确保未来的人工成本不超过合理的支付限度。在工资规划中，组织应争取建立一套具有激励性、富有挑战性的工资分配体系，使工资切实成为调动员工积极性的强有力的经济杠杆。

（七）职业规划

职业规划是指对员工在组织内的职业发展做出系统的安排。通过职业规划，能够把员工个人的职业发展和组织需要结合起来。员工职业规划对于个人和组织都非常重要，尤其是对于有发展前途的员工，组织要设法将其留下来，使其成为组织的宝贵财富。为防止这部分员工流失，组织要有计划地使他们在工作中得到成长和发展。组织如果不能满足个人发展要求，就会导致人才的流失，最终损害组织的利益。

人力资源管理基础与实务

读一读 & 想一想：凭直觉管理的农民企业家能"长命"吗？

 案例导入

人力资源规划三部曲

张捷是 A 组织的人力资源部门主管，近来为了一件事头痛不已。A 组织在去年的金融危机中被迫放弃了外贸业务，全力发展内销品牌，不料市场反响极佳，订单不断增多。但同时，新的问题也不断产生——随着订单的增多，很快下属工厂反映人手不够，缺乏熟练工，造成多次交货不及时，次品率只升不降。质检、物流部门也一直抱怨人少任务重。由于年初时担心市场销售力量不够，市场部和销售部招聘大量人员，但是实际情况是不需要这么多人，有的销售员业务不够多，还发生了销售员抢夺客户资源的事情。这一年就在忙乱和内忧外患中度过了。

年底将近，公司总裁要求人力资源部门重新审视下一年的人力资源工作，重新制订一份详细的人力资源工作计划书。为此张捷苦恼了好几天，回想这一年的人力资源工作，感觉问题很多，却又理不出个头绪来。偶然一次张捷与 J 大学管理学院人力资源权威石教授共谈，茅塞顿开——人力资源计划管理工作是个系统工程。

从周期上分，一年以上的人力资源计划一般称为人力资源规划或战略性人力资源计划，一年期的人力资源计划又称为战术性人力资源计划。总体来说，制定人力资源规划时，可以采取"三步走"的方式，如图 2-1 所示。

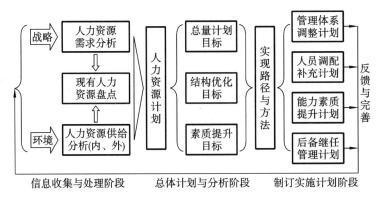

图 2-1 人力资源规划"三步走"

第一阶段是信息收集与处理阶段，主要是收集并分析人力资源计划的背景信息和数据。一是要根据组织的战略方向确定人力资源的总需求量；二是通过分析组织内外部环境来分析组织人力资源内部供给能力与外部供给能力；三是对照人力资源总需求情况，对组织现有的人力资源状况做结构性现状分析、非结构性现状分析、现状差异原因分析等。

第二阶段是总体计划与分析阶段,主要是根据第一阶段的分析结果,确定人力资源净需求,确定三类改善目标:总量目标(总体数量上的净需求调整目标等)、结构优化目标(年龄、学历、不同岗位群落配比等优化目标)、素质提升目标(现有或新招聘人员如何提升岗位技能以适应岗位能力素质要求等)。

第三阶段是制订实施计划阶段,这些行动计划是人力资源计划的关键内容。常见的计划包括:一类计划是如何调整现有的各项内部管理制度以适应新的人力资源调整要求,有时甚至还要调整组织文化、价值观等;一类计划是能力素质提升方面的计划;一类计划是管理岗位、核心专家等关键岗位人员的后备力量与继任培养计划;关键的一类计划是人员调配补充的动态计划,主要目的是适应组织经营过程中的人力资源动态需求。前三类计划更适合多年期的人力资源计划内容,最后一类计划是一年期人力资源计划的核心内容。

(来源:http://www.hroot.com/hcm/243/205534.html,有改动)

 任务拓展

什么是人力资源规划?HR 该如何制定人力资源规划?

什么是人力资源规划?想要回答这个问题,你必须要知道整个企业的人力资源管理工作可以划分成六个模块,分别是人力资源规划、招聘配置、绩效管理、薪酬管理、员工培训以及员工关系管理。人力资源规划是这六大模块的第一位,也是企业人力资源管理活动的起点。它为后面五大模块的工作确定了目标、原则和方法,并在此基础上确定组织需要什么样的人力资源来实现最高管理层确定的目标。所以,制定人力资源规划是人力资源管理部门的一项非常重要和有意义的工作。人力资源规划是一个持续不断的系统规划过程,它的目标是确保员工和工作岗位之间的最佳匹配,同时避免人力短缺或过剩。

HR 该如何制定人力资源规划呢?

首先需要 HR 明确的一点是人力资源计划需要有足够的灵活性,以应付短期的人员编制挑战,同时适应长期商业环境的变化情况。

一般来说,人力资源规划过程可以分为四个关键步骤:分析当前的劳动力供给、预测劳动力需求、平衡劳动力需求和支持组织目标。

分析现状

人力资源规划的第一步是确定公司在当前劳动力市场上的优势和劣势。当一个公司对每个员工的技能、资历、经验和报酬进行全面盘点时,人力资源部必须确定这些统计数据是否符合公司的战略目标。公司是否需要雇佣更多的员工来竞争未来的市场,还是需要更多的自动化设备来获取竞争对手更多的市场份额?员工现状是否可以接受,还是公司应该对员工进行重组,使他们能为企业赚取更多的利润?

需求预测

人力资源部根据公司的战略目标预测需求。HR 需要预测劳动力市场的发展趋势,包括行业分析和技术改进,试图找到满足公司战略目标的方法。员工的离职与退休也是一个重要的方面,HR 需要考虑企业未来的人员配置水平。企业需要更多的员工吗?是全职还是兼职?这些工作能否外包出去?

供需平衡

下一步是在供需之间取得平衡。在这一点上,人力资源部对人员空缺做出了分析,列出了具体的需求,以缩小公司的劳动力供给与未来需求之间的差距。员工将来是否应该学习新技能?公司需要更多的管理人员吗?所有员工都发挥出了他们目前的优势吗?

整合计划

以上这些问题的答案通过 HR 来进行整合形成计划,这是人力资源规划过程的最后阶段。人力资源部现在必须采取实际步骤,将其计划与公司其他部门的计划整合起来。同时,人力资源部还需要有一个预算计划以及执行计划的能力,让所有部门都努力合作,使计划得以实施。

总之,人力资源规划的总体目标是让企业拥有最佳员工数量,为公司创造最多的利润。由于公司的目标和战略随着时间的推移而变化,进行人力资源规划是 HR 经常需要完成的工作之一。

(来源:http://www.hrsee.com/?id=610,有改动)

做一做:关于人生的思考

任务二　预测人力资源需求与供给

 任务故事

听一听:总是缺人的企业

M 集团是一家近年来迅速发展的国有组织,在组织的产值、利润和市场占有率迅猛发展的同时,组织的人员数量也急速增加,由几年前的 100 多人发展到了上万

项目二 未雨绸缪 制定人力资源规划

人,组织也发展出了30多个分公司。

总经理赵某看到公司的发展景象,心中充满喜悦,同时也有几分担忧。因为他知道,随着组织规模的扩大和组织机构变得复杂,如果组织的人员没有进行很好的控制,就很容易使机构臃肿,人浮于事、效率低下。最近,他和管理层成员正在讨论进行一次全局性的组织机构调整,伴随着组织机构的调整,要做的一件事情就是进行人员预算,组织到底需要多少人呢?

(来源:http://www.doc88.com/p-1582103821216.html,有改动)

 知识讲坛

人力资源预测是人力资源规划中一个非常重要而又具有很大难度的环节。这是因为组织的人力资源既取决于外部的经济、社会、政治、法律环境和技术进步等情况,又与组织自身的战略规划、经营状况、管理水平、组织文化、员工素质等因素密切相关。处于不断变化的环境中的组织,要想在一个动态的环境中保持竞争力,就需要拥有一支富有竞争力的、符合公司发展要求的员工队伍。只有科学地预测人力资源需求与供给,这支队伍才能得以建立并保持稳定。

一、人力资源需求预测

人力资源需求预测是指对组织在未来某一特定时期内所需要的人力资源的数量、质量以及结构进行估计的活动。

(一)人力资源需求预测的步骤

1. 现实人力资源需求预测

(1)根据工作分析的结果,来确定职务编制和人员配置。

(2)进行盘点,统计出人员的缺编、超编及是否符合职务资格的要求。

(3)将上述统计结论与部门管理者讨论,修正统计结论。

2. 未来人力资源需求预测

(1)根据组织发展规划预测组织未来的经营状况,确定各部门的工作负荷。

(2)根据各职能部门的工作负荷的增长情况,确定各部门需增加的职务人数,并进行统计。

3. 未来人力资源流失预测

(1)对预测期内退休的人员进行统计。

(2)根据历史数据,对未来可能发生的离职情况进行预测。

(3)将上述统计和预测结果进行分析,得出未来流失人力资源需求。

(二)人力资源需求预测的方法

主要预测方法有两类:定量预测法与定性预测法。

1. 定量预测法

定量预测法指的是通过对某些商业要素进行预测从而决定劳动力队伍的大小。

例如,医院可以使用计划的患者数来预测其在某段时间内所需要的护士人数。这种方法多使用于一个组织在稳定的环境中运营或某一种商业要素可以用某种程度的确定性被预测出来时。在一个不稳定的环境中,没有以往的经验作为预测的依据,是不可能对劳动力的人数进行预测的。常用的定量分析方法有以下几种。

1) 时间序列法

运用该方法可以通过分析组织在过去五年左右时间中的雇佣数据来预测组织未来人员需求。具体的做法是:将组织人力资源需求量作为横轴,时间为纵轴,在坐标轴上直接绘出人力资源需求曲线。根据需求曲线可以预测组织未来某一时间的人力资源需求。

一般来说,时间序列法是组织人力资源需求量在时间上表现出明显均等趋势情况下才使用的方法。它作为一种初步预测有一定的价值,但仅有它是不够的。因为雇佣水平在很少情况下只由过去情况确定,其他一些因素(如销售额和生产率的变化等)也将影响未来的人力资源需求。

2) 比率分析法

比率分析法是通过计算特殊的商业因素和所需员工数之间的比率来确定未来人力资源需求的方法,提供比趋势分析更为精确的估计值。例如,可以根据学生/教员的比率预测大学中的教授数量。

比率分析法假定生产率不变,如果生产率上升或下降,比率分析法所得到的预测都有可能不准确。例如,上面对教授数量的预测,如果信息技术发展,学校可能采用网络教学,这样一名教授所能够教授的学生数量将大幅提高,虽然明年的注册学生数目增加,但学校所需要的教授数量有可能不需要增加,甚至会减少。

3) 回归分析法

回归分析法是通过确定组织的业务活动量和人员数量两种因素之间的关系来预测组织未来人员需求的技术。首先绘制一份散射的图来描述商业要素和劳动力队伍大小之间的关系,然后测算一条刚好穿过散射图上那些点中部的线,对这条线建立回归方程,通过回归方程来预测在商业要素的某一个值上所需要的雇员的数量。回归分析法是建立在对未来预测的基础上的,结果的准确性和预测的准确性有很大关系。回归分析法还需要组织加强信息管理,保留真实的历史数据,便于用统计的方法建立回归分析方程。

4) 标杆对照法

标杆对照法是根据世界最佳典范和标杆值,并结合对组织特点、作业流程、效率和业务量的整体考虑来确定岗位的人数。标杆值是取样群在标杆项目的统计值,标杆值平均值以取样群的平均值为基准,实际值会高于或低于平均值。

例如某电视机分销组织,产业平均值为每年0.3万台销量配置1人,公司现况为1.4人,员工技能提高和信息技术使用等带来生产力每年增长12%,公司电视机全国每年总销量是100万台,预估明年销量增长20%(20万台),可根据标杆对照法计算人力需求:

①按照行业标杆值人力预计:120万台/(0.3万台/人)=400人。
②公司人力预估调整:400×1.4人=560人。
③因生产力提高12%而调整公司人力预估:560人/1.12=500人。

因此建议公司销售人员配备500人。需要注意的是,在运用人力标杆值时,计算出的数量主要作为参考,实际上并不是一个必须严格采用的数值。

2. 定性预测法

定性预测法又被称作判断法,是一种最简单也最常用的预测方法。这种方法依赖的是人的经验、智力和判断能力。最常用的判断技术有德尔菲法和管理者经验法。

1) 德尔菲法

德尔菲法又称专家评估法,一般采用问卷调查的方式,听取专家对组织未来人力资源需求量的分析评估,并通过多次重复,最终达成一致意见。该方法是20世纪40年代末在兰德公司的"思想库"中发展起来的,目的是通过避免专家面对面的集体讨论所产生的成员间的相互影响,从而充分利用专家的知识和经验。

德尔菲法的工作步骤一般分四轮进行。

第一轮:提出要求。明确预测目标,确定专家组,准备有关资料,征求专家意见及补充资料。

第二轮:提出预测问题。由专家对调查表所列问题进行评价并阐明理由,然后由协调组对专家意见进行统计。

第三轮:修改预测结果。要求每位专家根据反馈的第二轮统计资料再次进行判断,并要求持异议的专家充分陈述理由。

第四轮:进行最后预测。在第三轮统计资料的基础上,请专家提出最后意见及根据,预测结果由此产生。

这种方法既可用于预测组织整体人力资源需求量,也可用来预测部门人力资源需求,适合于对人力需求的长期趋势预测。

2) 管理者经验法

管理者经验法就是利用现有的情报和资料,根据有关人员的经验,结合组织的特点,对组织的人员需求加以预测。管理者经验法可以采用"自下而上"和"自上而下"两种方式。"自下而上"就是由直线部门经理向自己的上级主管提出用人要求和建议,征得上级主管的同意;"自上而下"就是由公司经理先拟定公司总体的用人目标和建议,然后由各级部门自行确定用人计划。最好是将"自下而上"与"自上而下"两种方式结合起来运用:先由公司提出员工需求的指导性建议;再由用人部门按公司指导性建议的要求,会同人事部门、员工培训部门等确定具体用人需求;最后,由人事部门汇总确定全公司的用人需求,形成员工需求预测,交由公司经理审批。

这是一种较粗略的人力资源需求预测方法,适用于短期预测,对规模较小、结构简单和发展均衡稳定的组织比较适用。使用这种方法时,管理人员必须具有丰富的经验,才能保证预测结果比较准确。这种方法存在的问题是,各部门负责人在预测本部门人员需求时一般会扩大化。

二、人力资源供给预测

一旦组织预测了未来的人力需求,接下来就需要明确他们的可获得性。预测人力资源的可获得性必须同时考虑外部和内部供给。

(一)组织内部供给预测方法

1. 人员核查法

人员核查法是对组织现有人力资源质量、数量、结构和在各职位上的分布状态进行核查,来掌握组织拥有的人力资源具体情况,以便为组织人力资源决策提供依据。其主要步骤有:对组织的工作职位进行分类,划分其级别;确定每一职位、每一级别的人数。

人员核查法是一种静态的人力资源供给预测方法,不能反映组织中人力资源动态的、未来的变化,只适用于中小型组织短期内人力资源的供给预测,存在很大的局限性。若组织规模较大、结构复杂时,应建立组织内部人力资源信息库。

2. 人员调配图

人员调配图是一种岗位延续计划,用于了解潜在的人员变动。人员调配图显示了每一位有可能成为组织重要职位候选人的内部雇员当前的工作成绩以及可提升程度。

图2-2假设的是公司某部门的组织结构图,该部门有X、Y、Z、M、N五个职位,分别由甲、乙、丙、丁、戊五名员工担任,方框右侧上方白色底框中记录了目前从事该职位工作的员工能够调动的岗位以及适应新岗位的时间,后下侧的灰色底框中记录了该员工可以晋升的职位以及晋升所需的时间。

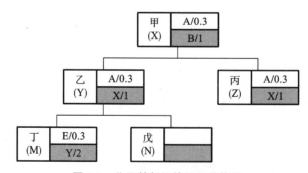

图2-2 公司某部门的组织结构图

例如,甲可以从事A职位工作,完全适应职位需要0.3年(三个半月),此外他还可以晋升到B职位,但是需要1年时间。当然,这种预测仅仅是潜在的供给,因此对甲来说,他1年后并不一定会晋升到B职位去。由图2-2可以看出,戊目前的技能状况既不能调动也不能晋升。

人员调配图揭示了组织人力资源的准备情况,为了保证预测的准确性,需要对人员的调换信息进行及时更新。例如戊经过培训后,具备了相应技能,能够调动到别的岗位上去工作,那么在下一年度的调配图中应该反映出来。

3. 马尔可夫模型

马尔可夫模型是一种内部人力资源供给的统计预测方法,其基本思路是通过收集具体的历史数据,找出组织过去人事变动的规律,由此推测未来的人事变动趋势。采用马尔可夫模型预测组织内部人力资源供给,其主要步骤如下:

①根据组织的历史资料,计算出每一类的每一职员流向另一类或另一级别的平均概率;

②根据每一类职员的每一级别流向其他类或级别的概率,建立一个人员变动矩阵表;

③根据组织年底的类别人数和步骤②中的人员变动矩阵表,预测第二年组织可供给的人数。

(二)组织外部供给预测方法

招聘和录用新员工对所有组织而言都是必不可少的。无论是由于生产规模扩大还是由于劳动自然减员,公司都要从劳动力市场获取必要的劳动力。因此,对外部劳动力市场进行预测,将对组织制定人力资源战略具有直接的影响。外部人力资源供给预测方法包括市场调查预测法和相关因素预测法。

1. 市场调查预测法

市场调查预测法是组织人力资源管理人员组织或亲自参与市场调查,并在掌握第一手劳动力市场信息资料的基础上,经过分析和推算,预测劳动力市场的发展规律和未来趋势的一类方法。市场调查预测法步骤如下。

(1)明确调查任务和目的。这一阶段是调查目标的识别阶段,也是明确调查的问题和调查目的的阶段。

(2)情况分析。明确调查目标以后,在未开展正式调查之前,应充分利用本组织现有的资料,进行初步的市场动态分析。

(3)非正式调查。通过情况分析掌握调研课题的有关背景资料后,应尽可能同组织外部的有关部门取得联系,如有关专家、学者,听取专业人士的意见,为正式调查做准备。

(4)正式调查。这一阶段是市场调查的核心阶段,也是最重要、最复杂的阶段。这一阶段要搜集到所需要的数据和资料,因此事前要设计出正式的调查表格,确定调查对象和调查方法,对调查人员进行必要的培训,做好调查费用估算,安排好时间进度计划等。

(5)数据资料的整理加工和分析。调查取得第一手的数据资料后,要对资料进行整理、加工、分析,去伪存真,去粗取精,确保信息的准确性和有效性。

2. 相关因素预测法

相关因素预测法是通过调查和分析,找出影响劳动力市场供给的各种因素,分析各种因素对劳动力市场发展变化的作用方向和影响程度,预测未来劳动力市场的发展规律和趋势的一类方法。由于影响因素很多,所以通常只对主要因素进行分析。经常用到的是组织因素和劳动生产率。

相关因素预测法关键的一步就是分析劳动力数量对供给的影响。如:对大学而言,适当的组织因素可能是学生的录取数;对医院而言可能是病人数;对零售鞋店而言可能是销售额;对钢铁公司而言则可能是钢产量。

三、人力资源供给与需求的平衡

组织人力资源供求达到平衡(包括数量和质量)是人力资源规划的目的。组织人力资源供求关系有三种情况:

(1)人力资源供求平衡;

(2)人力资源供大于求,结果是导致组织内部人浮于事,内耗严重,生产或工作效率低下;

(3)人力资源供小于求,组织设备闲置,固定资产利用率低,也是一种浪费。

人力资源规划就是要根据组织人力资源供求预测结果,制定相应的政策措施,使组织未来人力资源供求实现平衡。

(一)组织人力资源供不应求

当预测组织的人力资源在未来可能发生短缺时,要根据具体情况选择不同方案以避免短缺现象的发生。

(1)将符合条件而又处于相对富余状态的人调往空缺职位。

(2)如果高技术人员出现短缺,应拟定培训和晋升计划;在组织内部无法满足要求时,应拟定外部招聘计划。

(3)如果短缺现象不严重,且本组织的员工又愿延长工作时间,则可以根据《中华人民共和国劳动法》等有关法规,制订延长工时、适当增加报酬的计划,这只是一种短期应急措施。

(4)提高组织资本技术有机构成,提高工人的劳动生产率,形成机器替代人力资源的格局。

(5)制订非全日制临时用工计划,如返聘已退休者或聘用小时工等。

(6)将组织的某些人力资源业务外包,等于减少了对人力资源的需求。

(二)组织人力资源供大于求

组织人力资源过剩是我国现在的组织面临的主要问题,是我国现有组织人力资源规划的难点问题。解决组织人力资源过剩的常用方法有以下几种。

(1)永久性辞退某些劳动态度差、技术水平低、劳动纪律观念差的员工。

(2)合并和关闭某些臃肿的机构。

(3)鼓励提前退休或内退,对一些接近而还未达到退休年龄者,应制定一些优惠措施,如提前退休者仍按正常退休年龄计算养老保险工龄,有条件的组织,还可一次性发放部分奖金(或补助),鼓励提前退休。

项目二 未雨绸缪 制定人力资源规划

(4) 提高员工整体素质,如制订全员轮训计划,使员工始终有一部分在接受培训,为组织扩大再生产准备人力资本。

(5) 加强培训工作,使组织员工掌握多种技能,增强他们的竞争力。鼓励部分员工自谋职业,同时,可拨出部分资金,开办第三产业。

(6) 减少员工的工作时间,随之降低工资水平,这是西方组织在经济萧条时经常采用的一种解决组织临时性人力资源过剩的有效方式。

(三) 组织人力资源结构性失衡

组织人力资源供求完全平衡这种情况极少见,甚至不可能,即使是在供求总量上达到平衡,也会在层次、结构上发生不平衡,高职务职位需要从低职务者中培训晋升,对新上岗人员需进行岗前培训等。所以结构性失衡是组织人力资源供需中较为普遍的现象。对组织而言,平衡的方法一般有以下几种。

(1) 进行内部人员的重新配置,包括晋升、调动、降职等,来弥补那些空缺的职位。

(2) 进行针对性的专门培训,使内部员工能够从事空缺职位的工作。

(3) 进行人员置换,释放那些组织不需要的人员,补充组织需要的人员,从而调整人员的结构。

在制定平衡人力资源供求的政策措施过程中,不可能是单一的供大于求、供小于求,往往最有可能出现的是某些部门人力资源供过于求,而另几个部门可能供不应求;也许是高层次人员供不应求,而低层次人员供给却远远超过需求量。所以,应具体情况具体分析,制定出相应的人力资源部门或业务规划,使各部门人力资源在数量、质量、结构、层次等方面达到协调平衡。

读一读 & 想一想:你会如何解决人力资源供不应求的问题?

案例导入

五金制品公司的人力资源规划

冯如生几天前才调到五金制品公司的人力资源部当经理,就接受了一项紧迫的任务,要求他在 10 天内提交一份本公司 5 年的人力资源规划。虽然老冯从事人力资源管理工作已经多年,但面对桌上那一大堆文件、报表,不免一筹莫展。经过几天的整理和苦思,他觉得要编制好这个规划,必须考虑下列各项关键因素。

首先是本公司现状。它共有生产与维修工人 825 人,行政和文秘型白领职员 143 人,基层与中层管理干部 79 人,工作技术人员 38 人,销售人 23 人。

其次是员工流动情况。据统计,近 5 年来职工的平均离职率为 4%,没理由预计今后会有什么改变。不过,不同类别的职工的离职率并不一样,生产工人离职率高达8%,而技术人员和管理干部的离职率则只有3%。

然后是公司生产计划。按照既定的扩产计划,白领职员和销售员要新增10%~15%,工程技术人员要增加5%~6%,中、基层干部不增也不减,而生产与维修的蓝领工人要增加5%。

有一个特殊情况要考虑:最近本地政府颁布了一项政策,要求当地组织招收新职工时,要优先照顾妇女和下岗职工。本公司一直未曾有意排斥妇女或下岗职工,只要他们来申请,就会按同一种标准进行选拔,并无歧视,但也未予特殊照顾。如今的事实却是:销售员除一人是女的外全是男的;中、基层管理干部除2人是妇女外,其余也都是男的;工程师里只有3个是妇女;蓝领工人中约有11%的妇女或下岗职工,而且都集中在最底层的劳动岗位上。

冯如生还有5天就得交出计划,其中包括各类干部和职工的人数、从外界招收的各类人员的人数以及如何贯彻市政府关于照顾妇女与下岗人员政策的计划。

此外,五金制品公司刚开发出几种有吸引力的新产品,所以预计公司销售额5年内会翻一番,冯如生还得提出一项应变计划以备应付这类快速增长。

思考题:老冯在预测人力资源需求时可以采用哪些技术和方法?

(来源:百度文库,有改动)

 任务拓展

艾默生告诉我们人力资源管理要有长远规划

2012年,艾默生的销售额达244亿美元,取得连续50年红利增长。艾默生长期排名《财富》美国500强和全球500强企业行列,曾荣获《财富》全美最受赞赏企业之一,更在电子行业中名列第二。不管全球经济正当繁荣还是处于萧条境况,这家公司都能在全球市场上保持每股红利增长的纪录。中国是艾默生在全球业务发展最快的地区之一,自2002年以来已成为艾默生仅次于美国的第二大市场。目前,艾默生在中国设立了40多家企业,其中包括30多家生产设施及近20家研发中心。

了解艾默生的人都知道,这里的员工都很有计划性,他们于每年的上半年就开始制订第二年的工作目标与详细计划,如公司业绩增长速度至少保持在全国GDP平均值的两倍以上等。接下来的每个月、每个季度,各部门都要自我总结,调整业绩目标与工作方法。

如艾默生旗下的费希尔调压器(上海)有限公司,每年都要为下一年度招聘、培训、沟通等制订详细计划与执行步骤;每季度都会召开一次全体员工大会,总经理亲自发言,通报公司最近进展,以及分公司、全球总公司的发展状况,让员工有更广阔的视野。管理层每两个月都要越级与经理级以下的员工——包括普通工人——直接沟通,了解他们的真实想法。

那么,采取系统性、流程化人力资源管理的企业并非艾默生一家,但为何艾默生

·项目二　未雨绸缪　制定人力资源规划·

就能够说到做到,并且收效甚丰呢?企业人力资源管理做得好与坏,关键在于有没有长远规划,是否密切跟踪并自我调整。

在艾默生,人力资源部门的一个重要职责就是营造开放的沟通氛围,公司希望员工与员工之间、员工与管理者之间能够开诚布公地沟通。因此,艾默生美国总部很早就开始做系统化的员工满意度调查,亚太区人力资源部也为此专门制定了一个本土化的流程,并在中国全面推广。

"满意度调查表"在很多公司都有,看起来像是一件平常而简单的事情,但艾默生公司会把它做得非常仔细。而且表格的完成也并非意味着工作的完成,接下来的工作更为重要:首先人力资源部门要通过小组访谈,了解员工打分和提意见的原因;然后分析、制订整改方案;最后通过责任分配,跟踪并定时向员工反馈进度,接受员工的监督。在艾默生,人力资源工作永远是个动态的过程。

人们一提起500强企业,着眼点往往是"大"而非"强"。殊不知,"强"才是好的企业在人才市场上占尽优势的立足点。艾默生的"强"不仅体现在具有享誉世界的系统化、流程化生产管理制度,以一流的业绩吸引一流的人才,而且善于将这种特色融会贯通于人力资源管理的细节,为员工提供了高效、舒适、安全的工作环境。

站得高,才能看得远。用规划来引领全局的工作,包括人力资源的工作,是取得长期成功的有效方法。当然,还必须具备一个条件,就是像艾默生这样坚持不懈,无微不至。

(来源:http://www.hrsee.com/?id=215,有改动)

做一做:对HR的供需调查

任务三　制定人力资源规划

　任务故事

过程比结果重要

在管理习惯上,很多人更强调结果而不是过程。经常会听见大老板威严地指示:"我只要结果,其他的我不管。"其实,对于很多组织来说,只问结果不问过程的管理方式,是一种不负责任的管理方式,是组织管理的懒汉哲学。没有过程,就没有结果;有什么样的过程,就有什么样的结果;当过程不可控时,结果也就自然不可控。一般情况下,除了创造发明之类的科研工作,管理者应重视通过过程管理来确保预期的结果,而不是一味地感叹"生死有命,富贵在天"。

装帧精美的人力资源规划报告,之所以常常被束之高阁,其中很重要的一个原因就是它是做给老板看的。老板说"9月之前搞个人力资源规划给我",于是人力资源部忘我地奉献了30天,在8月30日上午,提前一天,把规划报告呈给了老板。至此,人力资源规划基本完成了历史使命,可以躺在柜子里休息了。

　　从结果看,人力资源部呈给老板的规划相当精美、相当专业、相当国际化,内容涵盖了内外形势PEST分析、SWOT分析、现状分析、应对策略,甚至还有分门别类的详细的行动计划,而且中间穿插了大量的数据、图表和模型。这么漂亮的报告,简直可以作为艺术品展示了,为什么还会招致批评呢?是不是大家过于苛刻和挑剔了,一点爱心都没有?大家都没有错,问题的关键在于,我们要的是一个人力资源规划,而不是漂亮的花瓶。没有过程的人力资源规划,最多只能成为一个花瓶。

(来源:https://wenku.baidu.com/view/48a7cbbc960590c69ec3768e.html,有改动)

看一看:制定人力资源规划

知识讲坛

一、影响人力资源规划的因素

1. 组织外部环境因素

(1)经济因素。经济因素具体是指组织经营过程中所面临的各种外部经济条件,市场的繁荣和萧条对人力资源规划会产生显著影响。例如,在有着2%失业率的劳动力市场和有着8%失业率的劳动力市场招聘员工的难度是绝不相同的。在2%失业率的市场中进行招聘,几乎不可能为任何岗位聘用到合适的员工,因为文化水平高、技能比较高或者愿意工作的人大都已找到合适的位置。只有当失业率上升时,寻找工作的具备相当水平的人员数量才会增长,组织招聘工作才能相对容易些。组织必须时刻关注外部的经济环境,根据经济环境的变化做出合理的调整,制定出合适的人力资源规划。

(2)政府政策因素。政府政策就好比一个调节器,它会有选择地对组织行为进行调整。当组织的某种经营行为正好是政策所提倡和鼓励的,那么此类经营行为就会比较顺利地进行,它所对应的经营目标也会较快得到实现。因此,组织会根据自身的情况,相对调整自己的战略方向、业务重心和人力资源政策。这样一来,组织人员的流动调配和人力资源制度就会发生变化,从而进一步推动其人力资源规划的变动。

(3)劳动力市场因素。劳动力市场是组织外部的人员储备,通过这种储备组织可以获得所需要的员工,组织员工的能力在一定程度上决定组织目标的完成,因此劳动力市场影响组织的人力资源规划。组织必须时刻关注劳动力市场的变化,根据劳动力市场的变化制定合理的人力资源规划,进而达到促进组织发展的目的。

(4)行业的发展状况。行业的发展状况构成了组织发展的一个大背景,当行业发展不景气时,从事这个行业的组织会不可避免地受到影响,缩小公司规模,这就要求组织对其先前制定的人力资源规划进行调整。同样地,当某个行业发展快速、繁荣时,其间的组织也会乘势迅速发展,相应扩大公司规模,从而需要适当改变人力资源规划。

2. 组织内部环境因素

(1)组织目标。它包括组织的战略目标和经营目标。就组织而言,组织目标对于组织的行为活动有决定性的影响作用。它就像一个标杆,是组织行为围绕的中心,它指导着组织行为的发生。人力资源规划属于组织的管理行为,其本身是为了整合资源,优化配置,更有效地实现组织目标。而人是组织最重要的核心资源,制约着组织其他资源效益的发挥,因而要想人力资源规划切实有效地发挥其应有的作用,就必须结合组织目标,对组织的人力资源进行"最优"配置。

(2)组织结构。组织的结构决定了组织内部各部门间以及部门内部对工作任务进行分解、组合和协调的方式。人力资源规划要综合平衡各个部门,使部门之间能协调平衡发展,避免内部冲突和矛盾,提高组织效益。组织结构不同,其各个职能部门的设置、运行和相互关系也会不同。这就直接决定了在进行人力资源规划时,它们的职务编制计划、人员配置计划和人员需求都会有所差异。与此同时,组织的管理费用也会因为组织结构的不同而不同。

(3)组织高层管理人员。组织高层管理人员是组织经营行为的最终决策者,其个人的态度和偏好对一项工作的进行有着极大的影响。高层管理人员对于风险的偏好、对于市场竞争格局的把握、对组织今后的战略定夺、重大经营行为决策的选择都将直接影响人力资源规划的制定。甚至于,高层管理人员对规划本身的态度都会影响其方案的制订、实施和成效。

二、制定人力资源规划的程序

1. 制订职务编制计划

根据组织发展规划,综合职务分析报告的内容,来制订职务编制计划。编制计划包含组织结构、职务设置、职位描述和职务资格要求等内容。制订职务编制计划是描述组织未来的职能规模和模式的一种形式。

2. 制订人员配置计划

根据组织发展规划,结合组织人力资源盘点报告制订人员配置计划。人员配置计划陈述了组织每个职务的人员数量、人员的职务变动以及职务人员空缺数量等。制订人员配置计划的目的是描述组织未来的人员数量和素质构成。

3. 预测人员需求

根据职务编制计划和人员配置计划,使用预测方法来预测人员需求。人员需求中应陈述需求的职务名称、人员数量以及希望到岗时间等。

4. 确定人员供给计划

人员供给计划是人员需求的对策性计划,主要陈述人员供给的方式、人员内外部流动政策、人员获取途径和获取实施计划等。通过分析劳动力过去的人数、组织结构和构成,以及人员流动、年龄变化和录用等资料,就可以预测出未来某个特定时刻的供给情况。

5. 制订培训计划

为了提升组织现有员工的素质,适应组织发展的需要,对员工进行培训是非常重要的。培训计划中包括培训政策、培训需求、培训内容、培训形式,以及培训考核等内容。

6. 制订人力资源政策调整计划

计划中明确人力资源政策的调整原因、调整步骤和调整范围等。其中包括招聘政策、绩效政策、薪酬与福利政策、激励政策、职业生涯政策,以及员工管理政策等。

7. 编写人力资源部费用预算

其中主要包括招聘费用、培训费用,以及福利费用等预算。

8. 关键任务的风险分析及对策

每个组织在人力资源管理中都可能遇到风险,如招聘失败引起公司领导不满等,这些事件很可能会影响组织的正常运转,甚至会对组织正常运营造成致命的打击。

三、制定人力资源规划的原则

1. 充分考虑内部、外部环境变化的原则

一个组织所处的内外部环境总是处于动态变化之中的,环境变化必然带来组织战略目标的调整,进而导致组织对人力资源的数量、质量和结构需求的动态变化。内部变化包括发展战略的变化、员工流动的变化等,外部变化包括政府人力资源政策变化、劳动力供需矛盾的变化,以及竞争对手的变化等。为了能够更好地适应这些变化,在人力资源规划的过程中应该对可能出现的情况做出预测和风险分析。

2. 组织战略与人力资源规划相统一的原则

人力资源规划设计的范围很广,既可以运用于整个组织,也可以应用于某个部门,既可以系统地制定,也可以单独地制定。但是,不管哪种形式的规划,都必须做到与组织的整体战略相统一。作为组织,应在预测未来人力资源供求的基础上制定与组织战略合理衔接的人力资源政策和措施。

3. 促使组织和雇员共同发展的原则

组织的发展离不开员工的发展,两者之间是相互依托、相互促进的关系。人力资源规划要力求做到在实现组织目标的同时满足员工个人利益。一个好的人力资源规划要能创造良好的条件,充分发挥组织中每一个人的主观积极性和创造性,使每个人的工作效率得以提高,进而提高组织的效率,使组织的目标得以实现。

四、制定人力资源规划应注意的问题

1. 得到组织高层管理者的支持

如果高层管理者认为人力资源对组织的成功并不那么重要,或是不那么重视人力资源规划工作,那将给人力资源规划带来不利的影响。因此人力资源管理部门或人力资源管理工作者可以利用数据资料和最终成果(经济形式)来显示人力资源规划和人力资源管理的效果,帮助人力资源管理部门得到高层管理者的支持,保证人力资源规划的制定和实施。

2. 信息收集应做到及时、准确、完整

毫无疑问,在进行人力资源规划时应将所有的人力资源活动信息都收集起来,但这个工作存在一定的难度。人力资源管理部门应建立一个人力资源系统,此系统能将人力资源管理的所有功能与活动综合在一起,并使之与组织的业务计划相协调,从而获取人力资源规划所需的信息,并使信息的收集做到及时、准确、完整。

3. 人力资源规划需要直线经理的参与

人力资源规划不论在设计制定过程中,还是在实施过程中,都必须获得直线经理的参与。只有这样才能解决直线经理的实际问题,如降低人员流动率,确认重要职位的替换者和对其的培训,以及预测人员配备的需求等。只有满足了直线经理的需求,才能保证人力资源规划的有效性。

读一读 & 想一想:佳联化学公司的人力资源规划

 案例导入

如何编制人力资源规划

何仁现任和平公司人力资源部经理助理。11月中旬,公司要求人力资源部在两星期内提交一份公司明年的人力资源规划初稿,以便在12月初的公司计划会议上讨论。人力资源部经理王盛将此任务交给了何仁,并指出必须考虑和处理好下列的关键因素。

公司的现状。公司现有生产及维修工人850人,文秘和行政职员56人,工程技术人员40人,中层与基层管理人员38人,销售人员24人,高层管理人员10人。

统计数字表明,近5年来,生产及维修工人的离职率高达8%,销售人员离职率为6%,文职人员离职率为4%,工程技术人员离职率为3%,中层与基层管理人员离职率为3%,高层管理人员的离职率只有1%,预计明年不会有大的改变。

按组织已定的生产发展规划,文职人员要增加10%,销售人员要增加15%,工程技术人员要增加6%,而生产及维修工人要增加5%,高层、中层和基层管理人员可以

不增加。

思考题：假设你是何仁，将如何编制这份人力资源规划？

(来源：http://www.docin.com/p-1568396857.html，有改动)

任务拓展

人力资源计划书

（1）在一次讨论会上各公司的人力资源经理对人力资源规划的编写提出了不同的意见与建议。

A公司的张经理："编写人力资源计划书，关键是要厘清组织今年的发展方向以及对人力资源工作的要求。比如今年我们公司开始扩展内地市场，所以对营销人员、物流人员需求增大，生产人员也需要增加一些，我的招聘计划就必须为这些变化服务。"

B公司的王经理："人力资源计划涉及的是一系列人事工作，相互之间还要有一定牵连配合，不能仅考虑人多人少的变化，还有培训、薪酬的调整、绩效考核的完善等。公司今年人员变化就不大，但是培训的要求很高，我今年估计要全国到处飞着给各处分公司上课了。"

C公司的李经理："除了这些，还有很关键的一点，一定要设计一些应急方案！我去年就是吃了这个亏。去年夏天我们公司受房地产市场的影响，生意一下好了，人手吃紧，因为没有准备应急方案，整个夏天、秋天都处于人手不够、生意做不过来的局面，把我急得整天一头汗。所以我们今年编计划时重点下力气琢磨了一些应急预案出来。你们也要当心哦！"

D公司的赵经理："还要注意一点，计划书编写过程中要和各部门经理通气的，不能拍脑袋决定，否则老板那里过了，部门不支持也是白搭。"

（2）总结。人力资源计划书的结构包括：①战略与业务趋势分析；②组织调整建议与岗位变动预测；③人员配备计划（需求分析、供给分析）；④招聘与劳务计划；⑤培训与提升计划；⑥薪酬与激励调整建议；⑦绩效管理完善建议；⑧人员流失控制与劳资关系处理预案；⑨人力资源工作费用预算；⑩人力资源工作危机处理预案。

(来源：百度文库，有改动)

做一做：空方阵

项目二 未雨绸缪 制定人力资源规划

项目自测

一、复习题

1. 什么是人力资源规划？它与其他人力资源管理工作有什么联系？
2. 人力资源规划的类型有哪些？
3. 人力资源规划的内容是什么？
4. 人力资源需求预测的方法有哪些？
5. 人力资源供给预测的方法有哪些？
6. 如何解决人力资源供需不平衡的矛盾？
7. 如何编制人力资源规划？编制人力资源规划时需要注意哪些问题？

二、案例分析题

1. 高科技 A 公司人才招聘

A 公司是一家知名的高科技公司，依托其雄厚的研发实力，业绩突飞猛进。随着公司规模的高速扩张，公司每一年都要引进大批人才。但目前公司各部门仍宣称人才不足，特别是关键的研发、营销部门更是连连告急，要人报告接连不断。公司的领导大惑不解，为什么年年招进大批人才，却不够用？究竟是哪些环节出现了问题？该公司目前状况是：公司规模大，分支机构众多，出于需要，经常将引进的优秀技术人才如工科硕士、博士提拔为行政管理人员，导致每年不得不重复引进技术人才来保证公司的研发力量。而由于职能部门的增多，行政部门的管理人员膨胀。

问题：

（1）案例中的 A 公司是真的人才短缺吗？
（2）出现这种现象的原因是什么？应该如何解决？
（3）请从你的角度和立场给出建议。

2. 国企技工流失为哪般

一项对河北省保定市 21 家国有企业的调查统计显示，仅近两年中，就有 1 039 名具有一技之长的技工和熟练工人或不辞而别或提前病退另谋他就。不少企业因缺少技术骨干而元气大伤，技术水平和生产效率降低，有的企业更因此而在亏损的沼泽中苦苦挣扎。

三资企业、乡镇企业、私营企业的高收入、高待遇是吸引技术工人改换门庭的主要原因。

企业内部待遇不平等，技工所创造的效益与得到的回报比例严重失调也是原因之一。多年来，有些地方强调升级评奖向生产一线倾斜而忽视给技工提高收入，致使技工收入低于一线职工。一位曾获全国车工第一名、全国"五一劳动奖章"的青年技工说："现在不少企业实行岗位技能工资，技术等级不升，工资就不涨。所以青年技工只能通过考试才能涨工资。然而谁也说不清的土政策，却限制了青年技工参加考试和晋级。"某省的一位技术能手说："我们厂规定，工龄 15 年以上才能考高级工。我技校毕业时已是中级工，拿的却是初级工的工资。"对此，全国技术能手梁炜说：

"国家有关职业技能鉴定中对车工、钳工都有明确规定,考高级工工龄最多为8年。可是现在有的企业干脆技能与工资脱钩,容易挫伤青工的积极性。"

北京市职业技能中心刘更西认为,评定技师要求过高、审核过严,导致企业和工人双方对评定技师的积极性都不高,也是技工流失的主要原因。他介绍说,技术工作分五个档次——初级工、中级工、高级工、技师和高级技师,考核分理论考核、技术操作考核和工作业绩考核三大块,每个档次都有严格的达标标准。如"电工高级工达标标准"中有"能独立设计大型仪器设备的电路"等实际上某些电气工程师也不一定能达标的内容。要想考上技师,没有十几年的工龄和千里挑一的手艺,几乎是不可能的。另外,工厂企业一味重视学历教育,热衷于本单位"大专以上学历者占比例多少",却轻视对工人的基本技术素质教育,不肯花钱培养工人技师。在职称评定上也有失公允,这也在一定程度上妨碍了青工考技师的积极性。正是企业内部这种种不平等,使许多技工产生了"低人一等"的心理,所以一有机会,就必然另谋新职。

常常有一些厂长、经理抱怨,现在社会上这么多人求职,可是企业要想招到上岗就能干的工人还挺不容易。天津一家食品公司为安装设备想招两名食品设备维修工,连续招聘了几次,厂方均未找到理想的人选。劳务市场的工作人员说,现在你别怕下岗,就怕你没本事。帅业服装厂徐厂长说:"技工流失也从反面映衬出,他们正是当前的稀缺人才。培养一名好技工本来就不易,决不能再让他们轻易出走。"于是吸取教训后的企业渐渐"聪明"起来,他们纷纷拿出"招数",阻止技工继续流失。

一些企业开始推行签订劳动合同制度,用契约的形式把职工同企业的劳动关系固定下来,违约者要承担责任,赔偿损失。这种"硬"措施直接涉及职工切身利益,产生了一定的效果。更多的企业则是"软硬兼施",在推行合同制的同时,还通过提高技术工人福利待遇、为青年技工提供成才环境、填平职工身份鸿沟等办法,使其物质和精神的追求都能得到满足,从而把心与企业合为一体。实践证明,这种方法更加有效。在河北省保定市,采取这种办法的风帆、乐凯、外印等单位,技术工人流失现象就少得多。

有关人士指出,技术工人流失的问题不是一两个优惠政策就能解决的,而且一段时期内,中高级技工短缺的状态也难以改变。因此,有关部门应尽快制定相关政策,完善用工制度改革,规范企业用工竞争,创造优良的外部环境,支持国企为减少技工流失所付出的努力。

要求:①请归纳国企技工流失的主要原因;②请分析一些企业在留住技工方面的做法的利弊。你认为有没有更好的办法?

项目三　打好根基　做好工作分析

 项目概述

　　人力资源管理的重点是体制创新和管理工作规范化。人力资源管理乃至整个组织管理体制创新与工作规范化的基础和重要工具就是工作分析。本项目将对工作分析的基本概念、基本步骤、基本方法进行介绍,重点介绍在工作分析过程中收集信息的方法及工作说明书的编写。

 项目目标

● 认知目标
◆ 了解工作分析的内涵;
◆ 了解工作分析中的专业术语;
◆ 了解工作分析的作用;
◆ 了解工作分析的功能。
● 技能目标
◆ 了解搜集岗位信息的方法;
◆ 掌握编制工作说明书的技巧。
● 情感目标
◆ 学习优秀的工作分析人员的思想理念;
◆ 学习优秀的工作分析人员的专业素养。

任务一　了解工作分析

 任务故事

小故事,大启发:都是工作说明书惹的祸

　　"小王,我真不知道你到底需要什么样的机械操作工?"高尔夫机械制造有限公司人力资源部经理老陈说,"我已经送了4个人去给你面试,这4个人都基本符合工作说明书的要求,可是,你却将他们全部拒之门外。"

　　"符合工作说明书的要求?"小王颇为惊讶地回答道,"我要找的是那种一录用,就能够直接上手做事的人;而你送给我的人,都不能够胜任实际操作工作,并不是我所要找的人。再者，我根本就没有看见你所说的什么工作说明书。"

闻听此言，老陈二话没说，为小王拿来了工作说明书。当他们将工作说明书与现实所需岗位逐条加以对照时，才发现问题之所在：原来这些工作说明书已经严重地脱离了实际，也就是说，工作说明书没有将实际工作中的变动写进去。例如，工作说明书要求从业人员具备旧式机床的操作经验，而实际工作却已经采用了应用最新技术的数控机床。因此，工人们为了更有效地使用新机器，必须具备更多的数学和计算机知识。

在听完小王描述机械操作工作所需的技能以及从业人员需要履行的职责后，老陈说道："我想我们现在能够写出一份准确描述该项工作的工作说明书，并且用这份工作说明书作为指导，一定能够找到你所需要的合适人选。我坚信，只要我们的工作配合得更加紧密，这种不愉快的事情绝不会再发生了。"

（来源：https://www.51wendang.com/doc/93fd80e68ca5a074c956ffdd，有改动）

看一看：了解工作分析

知识讲坛

一、工作分析的内涵

（一）工作分析的含义

工作分析也称职务分析、工作岗位分析，即分析者采用科学的手段与技术，直接收集、比较、综合有关工作信息，就工作岗位的状况、基本职责、资格要求等做出规范的描述与说明，为组织发展、人力资源管理以及其他管理行为提供基本依据的一种管理活动。

（二）工作分析中的常见术语

1. 工作要素

工作要素指工作中不能再继续分解的最小活动单位。例如：招聘专员在面试工作中提问、记录、打分等，这里每一个动作都是一个工作要素。

2. 任务

任务指为了达成某种工作目的的一系列工作要素的集合。例如：招聘专员要完成面试，必须完成向应聘者提问、记录应聘者的回答情况、为应聘者的表现打分这一系列工作要素，以上这三个动作组成了一个集合，就是完成面试的任务。

3. 职责

职责指某人承担的一项或多项任务的集合。例如：招聘专员的职责是组织招聘,为组织甄选合适的员工。这一职责由撰写招聘公告、收集简历、筛选简历、面试这四项任务组成。

4. 职位

职位指某一时期内某一主体所负担的一项或几项相互联系的职责的集合。例如:招聘专员就是一个职位。职位一般与职员一一对应,每个职员都有一个职位。

岗位与职位在实际意义上相比较没有太大的区别。从理论上讲主要区别如下:

职位适用于一些知识密集型组织或管理方面的岗位;岗位适用于劳动密集型组织或劳动密集型岗位。如:工人就不称职位,称岗位。

岗位的含义更广泛一些。无论哪个层次的人员,都可以称岗位,而职位只适合用于中高层人员。

5. 职务

职务又称工作,是指组织中承担相同或相似职责且重要性相当的若干职位总和。与职位不同,职务与职员并不是一一对应的,一个职务可能由几个人分担。例如组织里的副厂长职务,有分管生产的副厂长,有分管后勤的副厂长,有分管销售的副厂长。

6. 职业

职业指在不同组织、不同时间,从事相似工作活动的一系列工作的总称。例如:会计、教师、工程师等就是不同的职业,尽管每个组织内的教师、会计和工程师的具体工作内容不尽相同,但是他们彼此所担负的职责及其对他们的要求却是相似的。

工作与职业的区别主要是范围不同。工作的范围较窄,一般是针对组织内部而言的;职业则可以是跨组织的,是针对行业而言的。

7. 职业生涯

职业生涯指一个人在其生活中所经历的一系列职位、职务或职业的集合或总称。

8. 职系

职系指由工作性质和基本特征相似相近,而任务轻重、责任大小、繁简难易程度和要求不同的岗位所构成的岗位集合。例如:高校教师、中学教师、小学教师分别属于不同的职系。

9. 职组

职组由工作性质相近的若干职系综合而成。例如:高等教育就是一个职组,分成高校教师,高校科研人员,高校实验人员和高校图书、资料、档案人员四个职系。

10. 职门

职门指工作性质和特征相近的若干职组的集合。例如:教育包括高等教育、中等职业教育、中小学教育等。

11. 职级

职级指同一职系中工作内容、难易程度、责任大小、任职资格相似的职位集合。

例如:高等教育职组中,教师职系分成四个职级:助教、讲师、副教授、教授。

12. 职等

职等指不同职系之间,工作性质不同或主要职务不同,但其难易程度、职责大小、任职资格等条件相同或相近的职位的集合。例如:高等教育职组中,教师职系中的副教授和科研人员职系中的高级工程师都是属于同一个职等。

二、工作分析的作用

从组织的角度来看,工作分析是一个基础的工具,是维系和发展组织系统的基础;从人力资源管理角度讲,工作分析为组织人力资源规划、人员招聘、培训开发、绩效管理、薪酬管理、劳动关系管理等一系列职能活动提供了基础信息。

1. 组织结构和组织设计

从组织的设计与重新设计的角度看,工作分析的信息可以帮助我们明确各项工作之间在技术和管理责任等各方面的关系,减少重复,提高效率。工作方式的改进也需要首先明确工作要求。

2. 人力资源规划

人力资源规划是每个组织在开始进行人力资源管理时都需要做的计划。当组织内外部情况发生变化时,组织也需要根据环境的变化来进行人员的调整。工作分析提供的信息可以帮助组织确定未来的工作需求及完成工作所需的人员要求。

3. 员工招聘

工作分析提供的信息包括:工作的任务是什么,以及具备什么样资格和条件的人才能承担并完成这项工作。这些与工作描述和工作规范的有关信息决定了应该招聘和录用什么样的人来从事此项工作。

4. 培训和人力资源开发

运用工作分析提供的信息可以为组织的培训计划和人员开发计划提供依据。这是因为工作分析的结果显示出工作岗位本身要求员工应该具备哪些技能,也就确定了应该对员工进行何种技能的培训。

5. 绩效管理

绩效管理的目标是找出员工的差距,并加以改进以达到相应的绩效标准。通常都借助工作分析手段来确定员工应该达到何种绩效标准,工作绩效评价的过程就是将员工实际的工作绩效同要求达到的工作绩效标准进行对比的过程。

6. 薪酬管理

薪酬包括工资、奖金等报酬形式,通常都与工作本身要求工作承担者所具备的技能、教育水平,以及与工作有关的因素联系在一起,而所有的这些因素都必须经过工作分析才能确定,这样才能准确把握每一项工作的价值含量,从而提供相应的报酬。

三、工作分析的内容

工作分析的内容主要包含两个部分：对工作内容及岗位需求的分析，对任职者的分析。

对工作内容及岗位需求的分析是指对产品（或服务）实现全过程及重要的辅助过程的分析，包括对工作步骤、工作流程、工作规则、工作环境、工作设备等相关内容的分析；对任职者的分析包括对员工年龄、性别、爱好、经验、知识和技能等各方面的分析，通过分析有助于把握和了解员工的知识结构、兴趣爱好和职业倾向等内容。在此基础上，组织可以根据员工特点将其安排到最适合他的工作岗位上，达到人尽其才的目的。

国外人事心理学家从人力资源管理的角度，提出了工作分析的"6W1H"方法，工作分析主要从以下7个方面来进行。

（一）For whom？此项工作为谁做？

工作为谁做是指要明确岗位设置的目的、工作分析的目的。岗位的设置是为了实现部门的职能，完成相应的任务。在明确岗位设置目的的基础上，结合工作分析的目的和用途，选择工作分析的内容、方法，才能进行有效的工作分析。

（二）Who？此项工作由谁来做？

此项工作由谁来做是指任职者的资格条件和特定要求，主要包括以下三项要求。

一般要求：包括年龄、学历、知识与技能、工作经验等。

生理要求：包括健康状况、体力、运动的灵活性和感官的敏感度。

心理要求：包括合作性、观察力、领导能力、沟通能力等。

（三）What？此项工作做什么？

此项工作做什么即从事的工作活动和工作责任。工作活动包括任职者所要完成的工作活动、工作活动产出（产品或者服务）、工作活动标准。工作责任包括管理责任和非管理责任。

（四）Why？为何要完成此项工作？

为何要完成此项工作即该项工作在整个组织中的作用，主要包括工作目的和工作关系。工作目的是指该项工作为何存在，有何意义。工作关系是指工作指导和被指导的关系，晋升通道，协作关系，以及工作中所接触的部门内外、组织内外的其他资源。工作关系可以分为横向工作关系和纵向工作关系。

（五）When？工作何时做？

工作何时做即该项工作进行的时间安排。主要包括：工作时间安排是否有固定的时间表，工作时间制度是什么，工作活动的频繁程度区分，如每日进行的活动、每周进行的活动、每月进行的活动等。

（六）Where？工作在哪里做？

工作在哪里做即工作进行的环境，主要包括以下三种。

（1）工作的自然环境，如室内或室外、温度、湿度、照明度、整洁程度、有无异味、噪声、粉尘、日晒、位置高低等。

（2）工作危险性（对身体造成的伤害），如砍伤、摔伤、烧伤、扭伤、对视力或听力的损害、心理压力、职业病等。

（3）工作的社会和心理环境，如工作地点的生活便利程度、与他人交往的程度等。

（七）How？如何完成工作？

如何完成工作即任职者如何进行工作活动以获得预期的工作结果，主要包括：工作活动程序与流程、工作活动涉及的工具与机器设备、工作活动涉及的文件记录、工作中的关键控制点。

四、工作分析的程序

工作分析是一个非常复杂的、完整的过程，是一项技术性很强、复杂而细致的工作。一般来说主要包括四个阶段，即准备阶段、调查阶段、分析阶段及完成阶段。

（一）准备阶段

了解情况，建立联系，限定调查的范围、对象和方法。

（1）确定工作分析的目的与用途，制订工作分析的实施方案。对组织各类职位的现状进行初步了解，掌握各种基本数据和资料，确定工作分析的目的与用途，决定用哪种方法来收集资料及怎样收集资料。

（2）成立工作分析小组，确定小组成员。参加工作分析的人选必须对组织的结构和业务性质有全面的认识，具有分析问题的技巧和能力，具有运用文字的能力，并能取得组织领导的信任和全体员工的合作。

（3）选择具有代表性的工作加以分析。每个组织的工作种类很多，不能逐一详细分析，只能选择一些具有代表性或不同类型的工作加以分析。

（4）与工作分析有关员工建立良好的人际关系。向员工说明该项工作的目的，使他们对工作分析有良好的心理准备。

（5）根据工作分析的任务、程序，将工作分解成若干工作单元和环节，以便逐项完成。

（二）调查阶段

根据设计的调查方案对各职位进行认真细致的调查研究。

（1）编制各种调查问卷和提纲。

（2）在调查中，应灵活地运用访谈、问卷调查、观察、开展主题专家会议等方法。

（3）广泛深入地收集有关职位的工作内容，主要应收集以下几个方面的资料：职位名称(或工作名称)、所属部门及主管人员姓名、工作地点(工作单位)、工作概要、任务、机器、工具、设备、工作情况、工作环境、危险因素及安全措施、职责及决策、工作上受何人领导、受何人监督、领导何人、监督何人、担任这项工作所必须具备的学历、工作经验、技能及专业训练等。

（三）分析阶段

对有关工作特征和工作人员特征的调查结果进行全面深入的分析。

（1）整理分析资料。将有关工作性质与功能的调查资料，进行加工整理分析，分门别类，区分编制工作说明书与工作规范的资料。

（2）核对资料。在正式编写说明书之前，应先对收集的信息进行核实，以确定没有遗漏或错误。

（3）创造性地分析各职位的关键因素。

（四）完成阶段

在深入分析和总结的基础上，编制工作说明书和工作规范。

（1）召集整个调查中所涉及的基层管理者及任职人员讨论由工作分析人员编制的工作说明书和工作规范是否完整、准确。

（2）讨论、斟酌工作说明书和工作规范中的每一句话，甚至每一个词语，由工作分析人员记录大家的意见。

（3）根据讨论的结果，最后确定出一份详细、准确的工作说明书和工作规范。

读一读 & 想一想：工作分析的作用是什么？

  案例导入

DH 公司工作分析的实施

DH 工贸进出口公司(以下简称 DH 公司)是一家已有近 20 年历史的国有企业，年进出口总额在全国同行业中排在前 10 名。

公司员工总数 121 人。其中，14 人服务于 8 个国内外机构，3 个直属专业分公司共有经理人员及业务员 42 人，储运部 4 人，财务部 30 人，房地产公司 5 人，后勤 3 人，总经理办公室 8 人，人事部 2 人，行政部 5 人，组织部 4 人，副总经理 3 人，总经理 1 人。全体员工的 60% 具有大专以上文凭，主要集中在业务部门和管理层，很少进行在职培训，主要由招聘筛选。

公司外埠机构各设经理 1 名，3 个分公司各设总经理 1 名、副总经理 1 名，下属有关分支机构各设负责人 1 名。其他部门各设经理 1 名。3 名副总经理中有一人由党委书记兼任，实行总经理法人代表负责制。

组织经营缺乏战略化管理,短期行为严重,无序现象逐步恶化。各职能部门均有相关文件明确说明其责任:国内外机构负责联络和信息收集、反馈;3个分公司从事项目执行及业务开发。实际上,权责模糊,越级管理和越级汇报经常发生,操作流程速度慢、质量差。资金使用由总公司集中管理,各部门和分公司总在抱怨资金周转困难,整个公司资金总量也确实在逐步萎缩。

公司平均营业收益率约为5%,且潜伏严重的交易风险。销售收入逐年大幅下降,收益微薄,投资失误接连不断,法律纠纷频繁发生,银行信用几乎为零。由于个人收入逐年下降,员工情绪低落,纪律涣散。谣传公司即将破产,员工纷纷暗中寻找"退路"。

为了应对公司的外部竞争压力,及中国加入WTO后对本组织的冲击,公司特地聘请了某咨询公司进驻,以对公司的组织结构进行诊断,并对组织职务进行重新设计。公司期望通过外部专家的介入和工作,促使DH公司形成新的组织结构、职能权限体系和业务工作流程。

咨询公司通过调查分析,认为DH公司主要是组织的职能机构功能不清,岗位职责不明。需要进行工作分析,以重新划分职能部门,确定工作流程。

咨询公司期望通过工作分析使DH公司组织结构设计得到进一步深入和细化,将部门的工作职能分解到各个职位,明确界定各个职位的职责与权限,确定各个职位主要的工作绩效指标和任职者基本要求,为各项人力资源管理工作提供基础信息。本次工作分析拟完成下列工作内容:①了解各个职位的主要职责与任务;②根据新的组织机构运行的要求,合理清晰地界定职位的职责权限以及职位与组织内外的密切关系;③确定各个职位的关键绩效指标;④确定对工作任职者的基本要求。工作分析的最终成果形成具体的职位说明书。

(来源:http://www.doc88.com/p-2731613467623.html,有改动)

任务拓展

广义工作分析

广义工作分析包括操作层次、岗位层次、部门层次和组织层次的工作分析。

操作层次的工作分析——形成工作标准等规范性文件。操作层次的工作分析是工作分析中最基础的层次,它是针对某项具体工作的操作过程、步骤所进行的分析,如分析一名装卸工人在装卸货物时需要前后移动的距离、手臂上举的高度以及身高多少的人最适合从事这一工作等。它的主要目的在于分解具体工作的每一个环节,使之形成一种定式或规范。这种工作分析一般仅针对操作要求比较高的岗位或工作,它所产生的工作成果是工作标准等规范性文件。

岗位层次的工作分析——形成工作说明书。岗位层次的工作分析是指在组织结构与部门职能及岗位设置确定后,针对具体岗位的工作范围、工作权限、工作条件,以及任职者所应具备的知识技能和生理、心理上的要求所进行的分析。在这个层次上进行的分析,是通常意义上所说的工作分析,也是日常工作分析的重点。岗位层次的工作分析最终的成果是工作说明书。

部门层次的工作分析——形成部门职责及岗位设置。部门层次的工作分析是指合理地界定部门的工作职责,它以追求效率最大化为原则,尽可能地减少不必要的中间环节,确定部门职责,从而精简高效地进行岗位设置。部门职责的界定与工作岗位的设置科学与否,将直接影响组织管理的效率和科学性。

组织层次的工作分析——形成组织结构图。组织层次的工作分析是指在对组织的使命进行分解的基础上,对组织的业务流程、职能分解所涉及的各项工作的种类和属性进行的分析。在这个层次上的工作分析可称为基于流程所进行的分析,它的工作成果以组织结构图的形式出现。

做一做:勇于承担责任

任务二 搜集岗位信息

 ｜任务故事｜

听一听:龙虎比赛

派格苏斯电脑公司的销售部经理麦特·格雷尼和当地一所大学签订了一份利润丰厚的合同,这所大学同意从派格苏斯公司购进其个人电脑所需要的所有软硬件。作为交换,派格苏斯公司将给该大学的学生、教职工、学院所使用的产品提供7折至8折的优惠。总经理和销售部经理都认为,目前的销售人员足以应付这一新增长的销售需要。但当总经理和服务部经理苏茜·莫拉尔交谈时,她认为,在这种情况下如果公司还想保持以往的服务质量,就需要补充一位技术服务人员,而与大学签订的合同也足以担负得起新人员的费用。派格苏斯电脑公司有3名技术服务人员,由服务部经理负责。他们都接受过培训,并为公司销售的每一件产品提供技术支持服务。总经理让苏茜准备一则职务启事,以便开始招聘工作。苏茜认识到目前技术服务人员的工作岗位没有工作说明书,他们的工作是随着时间的推移自然而然形成的。

苏茜在起草职务启事之前,做了以下工作:①收集信息,首先与服务小组的成员们进行交谈,她相信和他们一起对这项工作进行分析,能够完成聘用过程的第一步——工作分析,并确定恰当的工作名称(或工作类别)、工作报酬和福利;②编写岗位说明书以说明该工作需要哪些知识、技能、能力;③与人力资源部经理沟通,确认说明书的内容。

(来源:http://www.doc88.com/p-4062258822425.html,有改动)

看一看:搜集岗位信息

 知识讲坛

一、访谈法

(一)访谈法的定义

访谈法又称为面谈法,是指工作分析人员就某项工作,面对面地询问任职者及其主管以及专家等人对工作的意见或看法。此法可以对任职者的工作态度和工作动机等深层次内容进行详细的了解,通过该方法收集的信息不仅是工作分析的基础,而且可以为其他工作分析方法提供资料,是目前在国内组织中运用最广泛、最成熟并且最有效的工作分析方法。

(二)访谈法的类型

访谈法主要有以下三种类型。

(1)个别员工访谈法,主要适用于各个员工的工作有明显差别、工作分析时间又比较充分的情况。

(2)群体访谈法,主要适用于多个员工从事同样或相近工作的情况。使用群体访谈时,必须邀请这些工作承担者的上级主管人员在场或者事后向主管人员征求对所收集信息的看法。

(3)主管人员访谈法,指与一个或多个主管面谈,因为他们对工作分析非常了解,有助于缩短工作分析的时间。

(三)访谈法的优缺点

访谈法的优点:

(1)可以对工作者的工作态度与工作动机等较深层次的内容获得比较详细的了解;

(2)运用面广,能够简单而迅速地收集多方面的工作分析资料;

(3)由任职者亲口讲出工作内容,具体而准确;

(4)使工作分析人员了解到短期内直接观察法不容易发现的情况,有助于管理者发现问题；

(5) 可为任职者解释工作分析的必要性及功能；

(6) 有助于与员工的沟通，缓解员工的工作压力。

访谈法的缺点：

(1) 访谈法要有专门的技巧，需要受过专门训练的工作分析人员来操作；

(2) 较费精力、费时间，工作成本较高；

(3) 收集到的信息可能已经被扭曲并失真；

(4) 易被员工认为这是对他工作业绩的考核或是作为薪酬调整的依据，所以员工会夸大或弱化某些职责。

（四）访谈法注意事项

访谈法是一种运用最为广泛的工作分析方法，但它很少单独使用，往往与问卷调查法结合使用，有助于了解任职者的工作态度与工作动机等更深层次的信息。

在使用访谈法进行工作分析时需注意：

(1) 事先征求被访谈员工直接上级的意见，得到他们的支持；

(2) 为了保证访谈效果，一般要事先设计访谈提纲，并交给访谈者准备；

(3) 事先通知员工，并确定访谈的时间和地点；

(4) 向员工讲明此次工作分析的目的，消除他们的疑虑；

(5) 工作分析人员按访谈提纲的顺序，由浅入深地进行提问；

(6) 工作分析人员要控制整个谈话局面；

(7) 鼓励员工真实、客观地回答问题；

(8) 在不影响员工谈话的前提下，做好访谈记录；

(9) 在访谈结束时，让员工查看访谈记录，并确认信息准确无误；

(10) 将所获信息交由员工的直接上级核对，反馈后进行改进和补充。

二、问卷调查法

（一）问卷调查法的定义

问卷调查法就是根据工作分析的目的、内容等，事先设计一套工作调查问卷，由被调查者填写，再将问卷加以汇总，从中找出有代表性的回答，形成对工作分析的描述信息。问卷调查法操作简单，成本较低，因此大多数组织都采取此法收集相关信息。

（二）问卷调查法的实施步骤

(1) 问卷设计。设计问卷时要做到：①提问要准确；②问卷表格要精练；③语言通俗易懂，问题不可晦涩难懂；④问卷表格前面要有指导语；⑤激发被调查人兴趣的问题放在前面，问题排列要有逻辑。

(2) 问卷发放。进行工作分析问卷发放时，应该先集合各部门各级主管进行说明,说明内容有工作分析目的、问卷填答方法,并清楚告知此次活动的进行不会影响到员工的权益。确定各主管皆明白如何进行后,由主管辅导下属进行工作分析问卷的填答。

(3) 填答说明与解释。虽然在工作分析问卷填答前有过详细的说明,也进行了问题解答,但是还可能有许多问题产生,因此,在此期间必须注意各部门的填写状况,并予以协助。

(4) 问卷回收及整理。对于回收的问卷,首先必须检查是否填写完整,并仔细查看是否有不清楚、重叠或冲突之处,若有,便由工作分析人员与人力资源主管进行讨论,以确认资料收集的正确性。

(三)问卷调查法注意事项

1. 设计问卷时注意事项

(1) 明确要获得何种信息,将信息转化为可操作的项目或问题。

(2) 设计问卷时要注意科学性、合理性,每个问题的目的要明确,语言应简洁易懂,必要时可附加说明。

(3) 调查项目可根据工作分析的目的不同加以调整。

2. 使用问卷时注意事项

(1) 使用调查问卷的人员,一定要受过工作分析的专业训练。

(2) 对于一般组织来说,尤其是小组织,不必使用标准化的问卷,因为成本太高,可考虑使用定性分析问卷或开放式问卷。

(3) 在调查时,对调查问卷中的调查项目应进行必要的说明和解释。

(4) 及时回收调查问卷,以免遗失。

(5) 对调查问卷提供的信息做认真的核查,结合实际情况,做出必要的调整。

三、观察法

(一)观察法的定义

观察法就是工作分析人员在不影响被观察人员正常工作的条件下,通过观察将有关工作的内容、方法、程序、设备、工作环境等信息记录下来,最后将取得的信息归纳整理为适合使用的结果的过程。利用观察法进行工作分析时,应根据工作分析的目的,利用现有的条件,确定观察的内容、观察的时间、观察的位置、观察所需的记录单等,做到省时高效。

(二)观察法的分类

(1) 直接观察法。工作分析人员直接对员工工作的全过程进行观察。直接观察法适用于工作周期很短的职位。如保洁员,他的工作基本上是以一天为一个周期,工作分析人员可以一整天跟随着保洁员进行直接工作观察。

(2) 阶段观察法。有些工作具有较长的周期,为了能完整地观察到员工的所有工作,必须分阶段进行观察。比如行政文员,他需要在每年年终时筹备企业总结表彰大会,工作分析人员就必须在年终时再对该职位筹备企业总结表彰大会的工作过程进行观察。

(3) 工作表演法。工作表演法比较适合工作周期很长和突发性事件较多的工作。如保安工作,除了有正常的工作程序以外,还有很多突发事件需要处理,如盘问可疑人员等,工作分析人员可以让保安人员表演盘问的过程,来进行该项工作的观察。

(三) 观察法注意事项

(1) 注意所观察的工作应具有代表性。

(2) 观察人员在观察时尽量不要引起被观察者的注意。在适当的时候,工作分析人员应该以适当的方式将自己介绍给员工。

(3) 观察前应确定观察计划,计划中应含有观察提纲、观察内容、观察时刻、观察位置等。

(4) 观察时思考的问题应结构简单,并反映工作有关内容,避免机械记录。

采用观察法进行工作分析的结果比较客观、准确,但需要工作分析人员具备较高的素质。它适用于外部特征较明显的岗位工作,如生产线上工人的工作、会计人员的工作等。它不适合长时间的心理素质的分析,不适合工作周期很长的工作和脑力劳动的工作,偶然、突发性工作也不易观察,且不能获得有关任职者要求的信息。

四、工作日志法

(一) 工作日志法的定义

工作日志法是让员工以工作日记或工作笔记的形式记录日常工作活动而获得有关岗位工作信息资料的方法。

(二) 工作日志法的适用范围

工作日志法要求工作者每天按时间顺序记录自己所进行的工作任务、工作程序、工作方法、工作职责、工作权限,以及各项工作所花费的时间等,一般要连续记录10天以上。这种方法提供的信息完整详细,且客观性强,适用于管理岗位或其他随意性大、内容复杂的岗位。

(三) 填写工作日志时应注意的事项

(1) 填写工作日志的目的是清楚地了解员工的工作任务和职责,以便改进工作流程,提高工作效率。关注的焦点是工作本身,绝对不涉及对工作的评价。

(2) 在每天工作之前将工作日志放在手边,按工作活动发生的顺序及时填写,切忌在每天结束后一并填写。

（3）对工作活动内容的描述要尽可能具体化，判断工作内容描述是否具体化的标准就是没有亲自观察过员工工作过程的人是否可以比较清晰地想象出员工的工作活动。

（4）不要遗漏那些细小的工作活动，以保证信息的完整性。

（5）要提供真实的信息，以免损害员工的利益。

（6）要注意保管，以防遗失。

五、关键事件法

关键事件法要求岗位工作人员或其他有关人员描述能反映其绩效好坏的"关键事件"，即对岗位工作任务造成显著影响的事件，将其归纳分类，从而对岗位工作有一个全面的了解。关键事件的描述包括：导致该事件发生的背景、原因，员工有效或多余的行为，关键行为的后果，员工控制上述后果的能力。采用关键事件法进行工作分析时，应注意三个问题：一是调查期限不宜过短；二是关键事件的数量应足够说明问题，事件数目不能太少；三是正反两方面的事件都要兼顾，不得有失偏颇。

关键事件法的主要优点是研究的焦点集中在职务行为上，因为行为是可观察的、可测量的。同时，通过这种职务行为分析可以确定行为的任何可能的利益和作用。

关键事件法的主要缺点：一是费时，需要花大量的时间去搜集那些关键事件，并加以概括和分类；二是利用关键事件法，对中等绩效的员工就难以涉及，因而全面的工作分析任务就难以完成。该方法适用于同一岗位员工较多，或者岗位工作内容过于繁杂的工作。

每种收集信息的方法都有其自身的优缺点，以及相应的适用范围，要根据组织的具体情况进行选择。工作分析法的优缺点及适用情况如表3-1所示。

表3-1 工作分析法的优缺点及适用情况

方法	优点	缺点	适用范围
访谈法	可了解任职者的工作态度、动机等深层次的内容	成本较高，员工会夸大或弱化某些职责	以脑力为主的工作
问卷调查法	成本低，速度快，调查范围大	设计问卷成本高，缺少沟通	任职者须具备一定的阅读理解能力
观察法	直观了解员工的工作状况	得不到任职者资格的相关信息	标准化、周期较短、以体力为主的工作

续表

方法	优点	缺点	适用范围
工作日志法	经济有效	适用范围小,整理信息工作量大	周期较短、状态稳定的工作,复杂琐碎的工作
关键事件法	准确	费时,遗漏了平均绩效水平	适用于识别甄选标准、确定培训内容、进行绩效评估的行为观察

读一读 & 想一想:李明在工作分析方法的选择上存在什么问题

案例导入

小企业的一次工作分析

A企业是一家拥有30人左右,集开发、生产加工、维修、销售于一体的中小型电子科技企业,开展工作分析时遵循了以下程序并采用了观察法、访谈法、关键事件法等方法。

步骤一:各类职务信息的初步调查

(1) 浏览企业已有的各种管理制度文件,并和企业的主要管理人员进行交谈,对企业中开发、生产、维修、会计、销售、管理等职务的主要任务、主要职责及工作流程有个大致的了解。

(2) 准备一个较为粗略的提纲,并确定几个关键的工作岗位和事件,作为深入访谈和重点观察分析的参考、指南。

(3) 列出各职务的主要任务、特点、职责、要求等。

步骤二:工作现场的初步观察

(1) 对预先确定的关键或不太熟悉的工作岗位到现场进行初步观察。

(2) 工作现场初步观察的目的是使分析者熟悉工作现场的工作环境、条件,了解工作人员使用的工具、设备、机器,知道一般的工作条件、工作内容、工作环境特点及工作岗位对工作人员的要求和工作职责。

(3) 对复杂或不太熟悉的工作设备、流程、环境及条件进行观察了解,便于进一步分析。

(4) 最好由熟悉相关工作岗位的人员或由任职人员的上级陪同进行现场观察,便于更好地了解工作岗位的情况,并可随时得到有效的咨询和解答。

步骤三:深入访谈

(1) 确定深入访谈的对象,主要是该职务的实际担任者,如技术开发、维修、销售人员等,他们有责任完成这些工作岗位的各项任务,因而有助于调查人员直接详尽地了解职务信息;其次,选择职工中的典型代表作为访谈对象,如部门经理;当然,关键岗位的管理人员也是十分必要的,如总经理、总经理办公室主任等。

(2) 根据初步的调查、了解和所应收集的职务分析信息要求,制定较为详细的结构化访谈提纲。比如,针对电脑光驱维修这一职务,就可以提出这样的访谈问题:光驱维修一般包含哪些程序?每一维修程序具体应做些什么?作为一个光驱维修人员,应掌握哪些知识?光驱维修对工作人员的心理、生理及电脑技能有哪些要求?工作中需要哪些人的配合?疲劳情况怎么样?维修工作对工作环境、工作条件有什么要求……

(3) 第一次的谈话对象最好是基层的管理者,他们能更好地提供有关工作的情况,并能将职责与职务很好地联系起来。其次,是从事某一职务的具体工作人员。在这个访谈的过程中,要不断与关键管理岗位的人员沟通。

(4) 每天的谈话对象最好不要超过两人,谈话时间每人不超过三小时,谈话过程中最好有较为详细的记录,便于分析。

(5) 针对各职务的某一关键事件做深入调查,如顾客投诉公司的产品质量及售后服务,召集各部门关键人员进行座谈,就可以深入了解开发、生产、维修、销售等职务的职责要求及存在的问题等。

步骤四:工作现场的深入观察

(1) 深入观察工作现场,主要是为了澄清、明确或进一步充实通过前期调查和访谈获得的信息。

(2) 深入观察工作现场之前,应拟定需进一步调查、明确的有关问题、信息,如想弄清每人每天能维修多少个光驱,维修质量怎么样,一般工作多长时间后会出现疲劳现象,等等。

(3) 深入观察工作现场,最好仍由最初陪同观察和访谈的基层管理人员一同参加观察。

(4) 深入观察,不应仅仅停留在观察上,应与工作人员多交流,并不断咨询相关人员。最好利用录音机进行记录。

步骤五:职务信息的综合处理

这一阶段的工作较为复杂,需要投入大量的时间对材料进行分析和研究,要充分挖掘和运用计算机统计分析等分析工具和手段。

(1) 对文件查阅、现场观察、访谈及关键事件分析得到的信息进行分类整理,得到每一职务所需要的各种信息。

(2) 针对某一职务,根据职务分析所要搜集的信息要求,逐条列出这一职务的相关内容,即得到初步的职务说明书。

(3) 职务分析者在遇到问题时,还需随时与公司管理人员和某一岗位的工作人员进行沟通。

步骤六：完成职务说明书的撰写

(1) 召集整个工作分析过程中所涉及的人员，并给每位人员分发一份职务说明书初稿，讨论根据以上步骤所制订的初步职务说明书是否完整、准确。讨论要求仔细、认真，甚至每个词语都要认真斟酌，并做好现场讨论记录，以作为进一步完善职务说明书的参考。

(2) 根据讨论的结果，最后确定出一份详细、准确的职务说明书。

(来源：http://www.hrsee.com/?id=342，有改动)

   任务拓展

销售经理岗位面谈样本

某公司在对销售经理这个岗位各项特征进行问卷调查后，觉得还有很多问题没有彻底弄清楚，决定找有关经理进行面谈。在面谈之前，人力资源部拟了一个面谈样本。

1. 了解岗位的目标

这个岗位最终要取得怎样的结果？

这个岗位具有哪些重要意义？

为这项工作投入经费会有何收益？

2. 了解工作的意义

计算用于这个岗位的一年经费。

此岗位能否为部门或机构节省大笔开支，且年年如此？

此岗位能否为公司创造不菲的收益，且保持业绩？

3. 了解岗位在机构中的位置

该岗位直接为谁效力？

哪些职位与该岗位同属一个部门？

该岗位最频繁的对内对外联系有哪些？

该岗位需要出差吗？去何处？因何故？

4. 了解岗位的助手

该岗位主管哪些工作？

简要说明每位下属的工作范畴：规模、范围及存在原因。

该岗位的下属是何种类型的员工？是否称职、是否经验丰富等？

该岗位如何管理下属？

该岗位使用何种信息管理系统？

该岗位经常与哪些下属直接接触？

该岗位是否需具备和下属同样丰富的专业或技术知识？因何如此？

5. 了解这一岗位需具备何种技术、管理能力及人际关系的协调能力岗位的基本要求是什么？
岗位的工作环境在技术、专业以及经济方面的状况如何？
需要哪些专业技术？按重要程度列出。按事件发生的先后顺序，举出工作中的实例来说明。
如何掌握技术知识？脱产培训还是在职培训？
公司是否有其他渠道提供类似的技术知识？该岗位是否有机会接触这些知识？
该岗位对下属工作士气的影响如何？
下属是否拥护该岗位的管理和指导？是否需要该岗位的配合？
该岗位在说服级别相同或更高的人接受他对本领域或其他领域的意见时，是否颇费口舌？
该岗位与下属的工作程度如何？
该岗位可向谁寻求帮助？
该岗位的自主权限有多大？
该岗位应向哪级主管负责？
该岗位大部分时间在做什么？
日常工作中，与技术知识相比，处理人际关系的技巧重要程度如何？

6. 了解管理工作中需解决的关键问题以及所涉及的事项

岗位人员认为工作中最大的挑战是什么？
岗位人员认为工作中最满意和最不满意的地方是什么？
工作中最关切或最谨慎的问题是什么？
在处理这些棘手或重要问题时，以什么为依据？
该岗位的上司以何种方式对其进行指导？
岗位人员是否经常请求上司的帮助？或者上司是否经常检查或指导他的工作？
该岗位对哪类问题有自主权？
哪类问题该岗位需要提交上级处理？
该岗位如何依据政策或先例解决问题？
问题是否各不相同？具体有哪些不同？
问题的结果在多大程度上是可预测的？
处理问题时有无指导或先例可参照？
以先例为依据和对先例进行分析解释，是不是解决问题的唯一途径？
该岗位是否有机会采取全新的方法解决问题？
岗位人员是否能解决交给自己的问题？或者说他自己是否知道该如何解决这些问题？
着手解决问题之前需对问题做的分析工作是由岗位人员本人还是他的上司来完成？要求岗位人员举例说明问题是谁、以何种方式解决的。

7. 了解岗位人员的行为或决策受何种控制

岗位人员依据怎样的原则、规章制度、先例和人事制度办事？

岗位人员是否经常会见上司？
岗位人员与上司讨论什么问题？
岗位人员是否可以改变自己部门的结构？
要求岗位人员举例说明曾做出的重大决定或举措。
说明在以下几个方面他有何种权力：雇佣和解雇员工、动用资金、决定近期开支、确定价格、改变方法、改变岗位设计、改变政策和改变薪金。

8. 了解管理工作最终要取得的重要成果

除能圆满解决问题之外，该岗位还直接负责什么工作？
该岗位是具体负责处理某事还是负责监督别人来处理此事？
用何种标准衡量事情的结果？
是由该岗位来确定任务，还是由他来组织完成任务？
该岗位对事情的成败是否有决定性作用？

(来源：https://www.docin.com/p-779640932.html，有改动)

做一做：肢体语言——提高表达能力

任务三 编制工作说明书

 | 任务故事

听一听：小和尚撞钟

你到底想要什么？

王瑞是一家新开业的电脑公司的老总，手下有100多名知识型员工。这一天，王瑞愁眉苦脸地找到他的老朋友、企业咨询专家张朋，诉苦说："没想到自己办公司这么麻烦。不知为什么，我们总是在节骨眼上发现有些重要的事情没做好，或者根本还没做。事实上，也总是在事后，才发现这些事情本应安排专人具体负责的。公司也有这个条件，因为我们的工作负荷还不是很重，很多人都在干着不怎么重要的事情。"

张朋给王瑞倒了一杯茶，招呼他坐下，然后试探着问："是不是你的员工们在国有单位待惯了，松散惯了，不习惯现在的工作方式，或者，缺乏工作主动性？"

"不是！他们都是我的老朋友、老伙计，不存在松散怠慢的问题。这些人综合素质非常高，无论工作能力还是职业道德都没得说。而且，目前的情况他们也很着急。"王瑞的回答很干脆。"那就是你老板的问题啦。为什么不把工作提前安排好呢？"张朋开起老朋友的玩笑来。

"也许吧。但我不可能将太多的精力放在分配任务上，我还有大量其他的事情要做。告诉你吧，我现在真有些焦头烂额了，顾得了这头就顾不了那头。"王瑞显得很是无奈，"哎，你能不能帮我一个忙，帮我整一个东西，把这乱七八糟的局面理顺一下？"

"帮你物色几个高水平的精英人才？""不！我们的人水平够高了，有2/3都是硕士，且出自名校，还有博士。我不缺人才。"一提起员工，王瑞的回答就干脆利索，充满自信。

"那你要整个什么东西？"张朋的兴趣上来了。

"就那么一个东西，你看，我的员工虽然学历高，但都是工科或者计算机出身，懂技术，却不懂管理。怎么着让他们提高一下，规范一下，不仅管好自己的事务，还能从整体上兼顾一下其他。搞清楚每个人应该干什么，或者是……这么说吧，"王瑞用手比画着，"反正是不能再这样有些事没人干，有些人没事干。"

"整份培训计划，把员工们系统地培训一下？"

"不是，他们正分期分批地培训着。我们有很详细、很系统的培训计划。你知道《华为基本法》吧？那么类似的东西也许行。"王瑞不知道怎么说才好。

"《华为基本法》不是一下子就能出来的，也不是任何人都能出的，再说对你们也不一定合适。"张朋摆出专家的架子。

"知道，我也不一定要那个。我是想要类似的东西。"

"修正规章制度？"

"不是，我们早就有，非常先进。"王瑞摇头。

"业绩考评方法？""不是。"王瑞继续摇头。

"薪酬计划？""不是。"王瑞还是摇头。

"你到底是想要什么呢？"张朋有些不耐烦了。

"说实话吧，我也不知道我要的究竟是什么。"

"那你这不是难为我吗？还是有意开玩笑？"张朋又好气又好笑，"自己都不知道要什么，我怎么帮你呢？"

"真不是开玩笑。不是这样的难事我找你做什么？拜托，帮帮忙吧。"王瑞特认真。

望着王瑞严肃认真的表情，张朋陷入了沉思。送走王瑞后，他思考了好几天。

一周后，张朋给王瑞打了个电话："我知道你的要求了。你需要我为你的公司做一次详细的工作分析，为每一个人编一份'职务说明书'。将公司所有的工作整理一遍，分级分类，明确职务，明确职责，将每个人要做的事情固定下来，把每个人的主要职责区分清楚，再详细确定每个职务任职人员的任职资格。以后，举凡涉及人与岗的事情,都可以用'职务说明书'作为参考评定标准。你看行吗?"

"非常正确。我要的就是这个东西。到底是行家,一下子就点到了龙的眼睛上。"电话那头,王瑞大喜过望。

(来源:http://www.docin.com/p-1696257485.html)

看一看:编制工作说明书

 知识讲坛

工作分析的结果就是形成工作说明书。利用工作说明书,员工可以了解工作的任务,明确其工作职责范围,清楚组织对他们的期望值,还可以为管理者的人事决策提供依据。

一、工作说明书的概念和内容

(一) 工作说明书的概念

工作说明书,又称职位说明书、岗位说明书,是以标准的格式对岗位的工作特征及任职者的资格条件进行规范化描述的文件。工作说明书一般包括两部分:工作描述和工作规范(又称任职资格)。工作描述是对岗位工作基本信息的界定,说明该岗位做什么、为什么做、做到什么程度以及岗位的工作条件和环境等。工作规范则说明该岗位要承担的工作职责,必须具备的知识、技术、能力和经验等资格条件。这两部分不是简单的信息罗列,而是通过客观的内在逻辑形成的一套完整的工作岗位信息系统。

(二) 工作说明书的内容

1. 工作描述

工作描述是对工作岗位本身的内涵和外延加以规范描述的文件。不同的目的和工作描述不同的使用者,对工作描述的内容有不同的要求。工作描述主要包括以下内容。

(1) 工作标识,又称工作识别、工作认定,包括职位名称、所在部门、汇报关系和职位代码等。职位名称应能反映工作内容的性质,并能把这项工作与其他工作区别开。

(2) 工作概要,又称工作综述,是用简练的语言文字介绍工作的总体性质、中心任务和要达到的工作目标。它从总体上描述工作的性质,只需要列出工作的主要活动和功能即可,不需要细分工作职责与工作任务。

(3) 工作职责。工作职责是工作描述的主体,是描述组织中存在的岗位需要承担哪些具体的工作责任和任务，以及需要达到什么样的成果。工作职责重点描述从事该职位的工作所要完成或达到的目标，以及该职位的主要职责权限等，标准词汇应是负责、确保、保证等。

（4）工作程序。工作程序是指工作职责的履行程序，又称为职责细分或工作任务，是对工作职责的进一步分解，是对每项工作职责如何具体完成的过程性描述。工作职责关注的是"做什么"；工作程序关注的是"如何做"。

（5）工作权限。工作权限是根据权、责、利对等原则，赋予岗位完成任务的权力。这个权力不是完全自由的，有一定的限制，仅仅适用于履行工作职责的活动。工作权限可以帮助管理者明确工作职责的边界，防止工作中相互推诿现象的发生。工作权限一般包括业务权限、人事权限和财务权限。

（6）工作关系，也叫工作联系，说明工作任职者与组织内外的其他部门或人员之间所发生的联系。它一方面需要描述任职者所必须面对的各种工作关系，另一方面还要列举出联系的频繁程度、接触的目的和重要性，主要包括：受谁监督、监督谁、可晋升岗位、可转换岗位，以及可升迁至此的岗位、对内联系、对外联系等。

（7）绩效标准。这部分内容说明组织希望员工在执行说明书中每一项工作任务时所要达到的标准。基于工作职责的客观的业绩考核体系比基于对任职者工作的主观评价更有效。

（8）工作条件和环境。工作说明书还要列出工作场所类别、地点、工作条件、危险性、防护设备、工作岗位所处的环境条件（如温度、噪声、粉尘等），以及在不同阶段所需使用的工具和设备。在有些岗位的工作说明书中还要标明存在的危险或对任职者身体健康的影响，如可能引发的职业病等。

2. 工作规范

工作规范也叫任职资格，列出任职者为完成某项工作所要具备的资格与条件，例如学历要求、能力要求、年龄要求、性别要求和工作经历等，还包括体能要求，如工作所用的身体器官和精力、体力消耗等。

工作规范的内容主要包括知识、工作经验、生理心理特征、工作技能和能力等方面。

（1）知识：指胜任岗位应该具备的知识水平和知识结构。

学历要求，即胜任岗位所需要的最低学历要求，如高中、中专、大专、学士、硕士、博士等，学历代表任职者的受教育情况。

基础知识，指与工作相关的基础性理论知识，一般为一级或二级学科，不同工作性质需要不同的基础知识。例如，人力资源经理应该掌握的基础性理论知识有管理学、心理学、法学、经济学等。

专业知识，这是岗位的核心知识，体现了岗位之间要求的本质区别，一般可以用教育专业表示。比如财务部经理和人力资源经理，在基础知识上基本相同，都需要掌握管理学、经济学等；但专业知识方面却大相径庭，财务部经理需要掌握的专业知识是财务核算、报表编制、资金预测等，而人力资源部经理需要的专业知识是工作分析、人员测评、工作评价等技术。

相关法律法规知识,指胜任本岗位所应具备的相关政策、法律、法规、规章或条例方面的知识。通过了解相关的法律知识可以开阔任职者的眼界与工作思路,优化其工作质量。这部分知识包括:国家对行业的法律和政策、行业发展趋势、国家对经济的宏观调控政策等。

(2) 工作经验:采用社会工作经验和组织内工作经历相结合的方式来度量。社会工作经验是指任职者的所有工作经历,根据与岗位的相关性,具体分为一般工作经验、相关工作经验、专业工作经验和管理工作经验等四类。

(3) 生理、心理特征要求。生理特征要求指岗位的任职者在健康状况、身高、性别、体重、年龄等方面的要求。如宾馆的门童岗位,一般要求性别是男性,身高不得低于175厘米,而且要身体强壮等。心理特征是指一个人心理活动进行时经常表现出来的稳定特点。个性心理特征是多种心理特征的独特组合,一般把人的能力、性格和气质统称为个性心理特征。心理特征要求就是指岗位的性质和特点,对员工在能力、气质和性格等方面的要求。

(4) 工作技能:与工作相关的工具、技术和方法的运用。工作技能包括两类:一类是通用技能,如公文处理技能、计算机操作技能、外语技能等;另一类是专业技能,指某一特定领域所需的、履行岗位工作职责时必备的技能,可以通过资格证书来衡量。比如,医生要有相应级别的医师执照等。目前教育部推行的"1+X"证书制度,其中X是指职业技能等级证书,反映从事相关职业的职业技能。

(5) 能力:任职者顺利地完成某种活动所必须具备的心理特征。能力不同于知识、技能本身,它表现在获取知识、技能的动态过程中,即在其他条件相同时,任职者掌握知识、技能时所表现出的快慢、深浅、难易以及巩固的程度。心理学把能力分为一般能力和特殊能力。一般能力是从事许多基本活动都必须具备的能力,如观察力、记忆力、思维力、想象力等;而特殊能力则是指在某种专业活动中表现出来的能力。工作规范中的能力通常指特殊能力。例如,语言表达能力、人际交往能力、团队合作能力、沟通能力、创新能力、分析问题与解决问题的能力等。

二、编制工作说明书的注意事项

工作说明书的编制要求准确、规范和清晰,具体来说需要注意以下几点。

(1) 工作说明书的内容可依据工作分析的目标加以调整,内容可简可繁;

(2) 工作说明书可以用表格形式表示,也可采用叙述形式;

(3) 工作说明书中,需个人填写的部分,应运用规范术语,字迹要清晰;

(4) 使用浅显易懂的文字,用语要明确,不要模棱两可,避免含糊术语、修饰语句。

(5) 应具体说明工作的特征,以便与其他工作相区别,避免笼统描述和雷同化。

(6) 工作说明书应运用统一的格式,注意整体的协调和美观。

(7) 工作说明书的设计要注意实用,使读者一目了然,且使用方便。

案例导入

修改职务说明

会计主管王一辉十分恼火地来找人事部主管魏林力,说:"魏主管,你发的这份文件要求我在两周之内修改财务部全部10项工作的职务说明?"

"对,有问题吗?"魏林力问。

王一辉说:"这是在浪费时间,尤其是我还有其他更重要的事要做。它至少要花去我30个小时的时间。我们还有两周的内部审计检查工作未完成。你想让我放下这些去写职务说明?这办不到。我们几年都没有检查这些职务说明了,它们需要做大修改,而且当它们被发到员工手里时,我还会听到各种意见。"

"职务说明修改好后怎么还会有各种意见呢?"魏林力问道。王一辉回答:"这件事很复杂。让人们注意职务说明的存在,可能会使一些人认为职务说明中未规定的工作就不必做。而且我敢打赌,如果把我部门里的人实际正在做的工作写进职务说明里,无形中就强调了一些工作的现实迫切性,同时也就忽视了另外一些工作。我现在可承担不起士气低落和工作混乱的后果。"

魏林力答道:"你的建议是什么呢,王主管?上面已命令我两星期内完成这项任务。""我一点也不想做这工作,"王一辉说,"而且在审计工作期间绝对不做。难道你不能向上面反映一下,把它推迟到下个月?"

(来源:www.glzy8.com,有改动)

 任务拓展

工作规范

职务名称:招聘专员　　所属部门:人力资源部
职务代码:XL-HR-021　工资等级:9-13
直接上级职务:人力资源部经理

一、知识和技能要求

(1) 学历要求:本科及以上。

(2) 工作经验:3年以上大型企业工作经验。

(3) 专业背景:从事人力资源招聘工作2年以上。

(4) 英文水平:达到国家四级水平。

(5) 计算机水平:熟练使用Windows操作系统和Office系列软件。

二、特殊才能要求

(1) 语言表达能力:能够准确、清晰、生动地向应聘者介绍企业情况,准确、巧妙地解答应聘者提出的各种问题。

(2) 文字表述能力:能准确、快速地将希望表达的内容用文字表述出来,对文字描述很敏感。

(3) 观察能力：能够很快地把握应聘者的心理。

(4) 处理事务能力：能够将多项并行的事务安排得井井有条。

三、综合素质

(1) 有良好的职业道德，能够保守企业人事秘密。

(2) 独立工作能力强，能独立完成布置招聘会场、接待应聘人员、对应聘者进行非智力因素评价等任务。

(3) 工作认真仔细，能准确地把握同行业的招聘情况。

四、其他要求

(1) 能够随时出差。

(2) 假期一般不超过一个月。

做一做：学动物园里动物的叫声

项目自测

一、复习题

1. 什么是工作分析？它有什么作用？
2. 工作分析中常用的收集信息的方法有哪些？
3. 工作说明书包括哪些内容？
4. 如何编制工作说明书？

二、案例分析题

高管越级交叉管理导致主管人员离职，怎么办？

A公司是一家中型规模通信设备硬件公司，公司整个生产系统包括生产部、物流部、品质部、设备管理部，都由王副总负责。随着公司规模的扩大和业务发展的需要，为了更好地开展研发和生产工作，公司准备招聘1名生产部经理。通过精挑细选，公司找到了1名候选人刘先生。公司对刘先生寄予厚望，表示条件成熟可以让他做生产总监。刘先生上任后，把生产部的工作开展得很出色，无论是生产计划、品质管理还是客户验厂等都做得井井有条。然而，让大家不解的是，当大家以为刘先生将升任生产总监的时候，他却提出了离职。据了解，在刘先生安排工作的同时，王副总也会下达一些工作指令，有时候根本就不和刘先生打招呼，甚至出现和刘先生的要求不同，导致生产计划下达任务管理混乱的情况。你认为该如何解决这个问题？

项目四 慧眼识才 员工素质测评

项目概述

员工素质测评以心理学相关知识为基础,是一门应用性、操作性强的新兴学科,其在人力资源管理领域中越来越受到管理者的重视。其中所涉及的大量心理测量工具在人员招聘录用、绩效考核、职业生涯管理和干部选拔与任用方面使用广泛。本项目将对素质测评、信度与效度等概念进行界定,重点阐述素质测评的方法和信度、效度的分类。

项目目标

- 认知目标
  - 掌握素质测评的概念与类型;
  - 了解素质测评的功能和作用;
  - 了解信度的定义、特点及分类;
  - 了解效度的定义、特点及分类。
- 技能目标
  - 了解素质测评的方法。

任务一 组织员工素质测评

任务故事

听一听:中国建行总行的后备人才培养与选拔测评

中国建设银行总行的后备人才培养与选拔测评

为了应对2007年中国金融市场全面对外开放以及金融全球化所带来的激烈竞争,中国建设银行总行自2004年开始,在全国各一、二级分行选拔优秀青年干部进行培养,在此基础上建立一支高素质的领导人员后备队伍,以在未来的人才竞争中占据优势。

在这种背景下,该行人力资源部与清华大学管理学院合作,对现有青年管理人员进行分期、分批次的培训,培训内容包括现代银行管理知识和领导力提升相关课程。如何对现有的管理人员进行甄别,如何发掘有潜力的管理人员,如何对这些青年管理人员进行培养,都是摆在该行后备队伍建设工作面前的难题。经过慎重考虑,该行人力资源部决定引入第三方人才测评机构,在培训班中加入以现代人才测评技术为主的素质测评,将测评与培训相结合,实现培训和测评的双重目的。

在项目中,对参加清华管理培训班的该行青年管理人员进行了包括标准化测验和综合能力评价在内的素质测评,发掘有潜力的管理人员作为一级分行行长的后备人才;将测评与培训相结合,把测评过程作为一个培训过程实施;进行培训需求分析,为后续培养提供依据。最后让该行高层了解其中层管理人员的总体能力素质现状,为今后的人力资源规划提供依据。

在本项目中共有286人接受了测评。目前,这些接受过测评的人员当中有相当一部分已经走上了重要领导岗位,这些人在岗位上发挥了很好的作用,公司对他们的表现都较满意。

(来源:https://max.book118.com/html/2016/1206/68687268.shtm,有改动)

看一看:心理测验

 知识讲坛

一、素质测评概述

(一)素质测评的概念

素质测评就是指测评人员在较短时间内,采用科学的方法,收集被测人员在主要活动领域中的表征信息(行为事实),然后对被测人员的素质做出数量或价值判断。其宗旨是达到人与事、人与职位相匹配。

(二)素质测评的类型

1. 按人员素质的性质划分

这是一种常用的分类方法,与人员素质结构相关,具体有以下三种测评类型。

1)生理心理素质测评

生理素质测评主要是指对体质、体力及精力的测评,多数借用医学仪器设备测量。但有些生理素质测评,也可以运用观察、自评、笔试等方式来完成。心理素质测评是对个体心理特征及其倾向性的测评,主要运用经典的心理测评量表来完成,具体包括一般智力测评、职业倾向测评和创造能力测评等。

2）知识经验素质测评

知识经验素质测评是对人员已掌握的知识的测评，包括测评对知识掌握的深度、广度和灵活运用的程度。对知识经验素质的测评可以通过查阅学籍档案、面试或运用笔试、实际操作等方式进行。

3）能力测评

能力测评大多数通过面试、实际操作、演练的方式来进行。

2. 按素质测评的目的划分

人员素质测评按测评的目的可划分为以下五种类型。

（1）以选拔优秀人才为目的的选拔型测评。

（2）以人力资源合理配置为目的的配置型测评。

（3）以鉴定验证被测人员是否具备某种素质及其具体程度为目的的鉴定型测评。

（4）以了解人员素质现状或寻求原因为目的的诊断型测评。

（5）基于人员素质的可塑性，以开发人员素质为目的的开发型测评。

（三）素质测评的功能和作用

功能是素质测评活动本身固有的一种稳定机制，是一种相对独立的东西，而作用是素质测评活动外在影响的一种具体表现，它会受到各种偶然因素的影响。相对素质测评活动来说，功能是潜在的机制，而作用是外在的效应。

素质测评的主要功能与作用可以包括以下三个方面。

1. 评定

素质测评评定功能的正向发挥，在人力资源管理中首先表现为促进与形成的作用，素质测评的评定功能还表现出激励和强化作用，评定功能的正向发挥还表现出导向作用。

2. 诊断反馈

诊断反馈功能的正向发挥，首先表现出了咨询的作用，素质测评的诊断功能，对开发工作的计划和改进起着重要的参考作用。

3. 预测

素质测评，尤其是心理素质测评，是在对人们与素质有关的现在及过去的大量表现及行为结果全面了解与概括（或综合）的基础上，判断素质表征行为运动群的特征和倾向的过程，预测功能的正向发挥表现为选拔作用。

二、素质测评方法

（一）面试

面试指通过测评者与被测者之间面对面的交流和沟通，从而对被测者做出评价的方法。虽然学者们对面试的看法并不完全一致，但是在实践中，这是企业最常用的一种素质测评方法。

不同的组织对素质测评面试的过程会有不同的安排,但是为了保证面试的效果,一般都要按照下面几个步骤来进行。

1. 面试准备

面试准备阶段要完成以下几项工作。

第一,选择面试测评者。这是决定面试成功与否的一个重要因素,有经验的测评者能够很好地控制面试进程,能够通过对被测者的观察做出正确的判断。

第二,明确测评时间。这不仅可以让被测者做好充分准备,而且可以使测评者在测评前对自己的工作进行安排。

第三,了解被测者的情况。

第四,准备面试材料。这包括两个方面的内容。一是面试测评评价表,一般由被测者信息、评价要素以及评价等级三个部分组成。二是面试提纲,对于结构化和半结构化面试来说,一定要提前准备好面试的提纲;即使是非结构化面试,也要在面试之前大致思考一下准备提问的主题,以免在面试过程中离题太远。面试提纲一般要根据准备评价的要素来制定。

第五,安排面试场所。

2. 面试实施

这是面试的具体操作阶段,也是整个面试过程的主体部分,一般可分为以下三个小的阶段。

阶段一:引入阶段。被测者刚开始进行面试时往往都比较紧张,因此测评者不能一上来就切入主题,而应当经过一个引入阶段,聊一些比较轻松的话题以消除应聘者的紧张情绪,建立起宽松、融洽的面试气氛。

阶段二:正题阶段。经过引入阶段,面试就可以切入正题、正式开始了。在这一阶段,测评者要按照事先准备的提纲或者根据面试的具体进程,对被测者提出问题,同时对面试评价表的各项评价要素做出评价。

阶段三:收尾阶段。主要问题提问完毕以后,面试就进入了收尾阶段,这时可以让被测者提出一些自己感兴趣的问题,由测评者解答,以一种比较自然的方式结束面试谈话,不能让应聘者感到突然。

(二)心理测验

心理测验起源于实验心理学中个别差异研究的需要,它广泛应用于教育、企事业单位人员的挑选与评价。心理测验是间接对一组样本行为进行的客观的和标准化的测量,主要通过观察人们有代表性的行为,对贯穿在行为活动中的心理特征,依据事先确定的原则进行推论和数量分析。

心理测验主要有能力测验与性格测试两类。

1. 能力测验

能力是指个人顺利完成某种活动所必备的心理特征,任何一种活动都要求从事者具备相应的能力。能力测验用于衡量应聘者是否具备完成职位职责所要求的能力。能力测验有两种功能：一是判断应聘者具备什么样的能力，即诊断功能；二是测定在从事的活动中成功的可能性，即预测功能。能力测验包括一般能力测验、能力倾向测验和特殊能力测验三种。

（1）一般能力测验。一般能力测验源于智力测试，同时智力测试也是最早运用于人员的测评和选拔中的。常用的智力测试有韦克斯勒智力量表和瑞文标准推理测验。

1939年，美国纽约大学附属贝尔维医院神经科主任韦克斯勒发表了韦克斯勒智力量表。1942年，在《成人智力测定》一书中，韦克斯勒曾做过一次修订，但仍感测验有不足之处，需进一步修改。1955年韦克斯勒发表了修订版，定名为韦克斯勒成人智力量表，即WAIS。之后又相继开发了不同的版本。20世纪90年代中期，韦克斯勒成人智力量表在1981年修订版（WAIS-R）的基础上推出了新版本WAIS-Ⅲ，并做了标准化。WAIS-Ⅲ适用于16～89岁的成人。WAIS-R分言语量表和操作量表两部分，共有11项分测验，具体如表4-1所示。

表4-1 WAIS-R的分测验内容

分测验名称		测验的内容
言语量表	常识	知识的广度、一般学习能力及对日常事物的认识能力
	背数	注意力和短时记忆能力
	词汇	言语理解能力
	算数	数学推理能力、计算和解决问题的能力
	理解	判断能力和理解能力
	类同	逻辑思维和抽象概括能力
操作量表	填图	视觉记忆、辨认能力、视觉理解能力
	图片排列	知觉组织能力和对社会情境的理解能力
	积木图	分析综合能力、知觉组织及视动协调能力
	图形拼凑	概括思维能力与知觉组织能力
	数字符号	知觉辨别速度与灵活性

（2）能力倾向测验。在招聘选拔中经常测量的一些能力倾向有：语言理解能力、数量关系能力、逻辑推理能力、综合分析能力、知觉速度、准确性等。为了能方便地对能力倾向进行评价，一些机构编制了成套的能力倾向测验，其中比较有代表性的有一般能力倾向测验与鉴别能力倾向测验。一般能力倾向成套测验（GATB）最初是由美国劳工部自1934年开始花了10多年的时间研究制定的，包括9种职业能力倾向：一般能力、言语能力、数理能力、书写能力、空间判断力、形状知觉、运动协调、手指灵活度以及手腕灵巧度。这套测验所涵盖的各种能力与不同的职业类型密切相关，经过测试可以对应聘者是否适宜从事所应聘的职位做出判断，例如手指灵活度

不高的人,就不适宜从事打字员这一工作。

(3) 特殊能力测验。特殊能力指那些与具体职位相联系的不同于一般能力要求的能力。例如人力资源管理职位,就要求具备较强的人际协调能力;保安的职位,对反应能力的要求就比较高。

2. 性格测试

性格指个人对现实的稳定态度和习惯的行为方式,按照不同的标准可以将人们的性格划分为不同的类型。由于人们的性格在很大程度上决定着他们的行为方式,而不同的职位所要求的行为方式又不同,因此对应聘者的性格进行测试有助于判断他们是否能胜任所应聘的职位。例如销售职位需要经常与人打交道,因此要求应聘者的性格应当比较外向。

目前,性格测试的方法有很多,主要可以归结为两大类。一是自陈式测试,就是向被试者提出一组有关个人行为、态度方面的问题,被试者根据自己的实际情况回答,测试者将被试者的回答和标准进行比较,从而判断他们的性格。二是投射式测试,就是向被试者提供一些刺激物或设置一些刺激情景,让他们在不受限制的条件下自由地做出反应,测试者通过分析反应的结果,从而判断被试者的性格。

(三) 评价中心

评价中心起源于德国心理学家在1929年建立的一套选拔军官的多项评价程序,其中一项就是对领导才能的测评。测评的方法是让被测评者指挥一组士兵,他必须完成一个任务或向士兵解释一个问题,然后根据他在此情景下的表现对其进行综合评价。这就是现代评价中心技术的前身。第二次世界大战期间,美国战略情报局使用小组讨论和情景模拟练习来选拔情报人员,并获得了成功。1948年出版的《对人的评价》第一次使用了"评价中心"一词,并详细介绍了评价中心在第二次世界大战期间在军事上的发展与应用。战后,评价中心技术得到迅速发展和完善,开始进入工商界、行政管理部门,并广泛应用于管理人才的素质测评、选拔和培训活动中。此后,许多大公司,如通用电气公司、国际商业机器公司、福特汽车公司、柯达公司等都采用了这项技术,并建立了相应的评价中心机构来评价管理人员。

评价中心是一种综合性的人员测评方法,关于其定义较为权威的是2000年5月在美国加州举行的第28届评价中心国际会议上做出的定义:评价中心是基于多种信息来源对个体行为进行的标准化的评估,它使用多种测评技术,通过多名经过训练的评价者对个体在特定的测评情景中表现出的行为做出评价,评价者将各自的评价结果集中在一起进行讨论,以达成一致或用统计方法对评价结果进行汇总,从而得到对求职者行为表现的综合评价。这些评价是按照预先设计好的维度或变量来进行的,评价中心其实就是通过情景模拟的方法来对应聘者做出评价,它与工作样本比较类似。不同的是,工作样本是用实际的工作任务来进行测试,而评价中心则是用模拟的工作任务来进行测试。评价中心技术主要包括无领导小组讨论、文件筐测试、案例分析、模拟面谈、演讲、搜索事实、管理游戏等,其中最常用的是无领导小组讨论、文件筐测试和案例分析。

1. 无领导小组讨论

无领导小组讨论，又叫无主持人讨论、无领导小组测试，是评价中心技术中应用较广的测评技术。无领导小组讨论就是把几个应聘者组成一个小组，给他们提供一个议题，事先并不指定主持人，让他们通过小组讨论的方式在限定的时间内给出一个决策，评价者通过对被评价者在讨论中的言语及非言语行为的观察来对他们做出评价的一种测评形式。在无领导小组讨论测试中，可以不给被评价者指定特别的角色（不定角色的无领导小组讨论测试），也可以指定一个彼此平等的角色（定角色的无领导小组讨论测试），但都不指定领导，也不指定每个被评价者应该坐在哪个位置，而是让所有被评价者自行安排和组织。

无领导小组讨论比较独特的地方在于它能考察出求职者在人际互动中的能力和特性，比如人际敏感性、社会性和领导能力，同时，通过观察讨论过程中每个人自发承担的角色，可以对求职者的计划组织能力、分析问题和创造性地解决问题的能力、主动性、坚定性及决断性等意志力进行一定的考察。已有的研究和管理实践表明，无领导小组讨论对于评定被评价者分析问题的能力、解决问题的能力、衡量他们的社会技能，尤其是领导素质，有很好的效果。

无领导小组讨论的题目从形式上而言，可以分为开放式问题、两难问题、多项选择问题、操作性问题和资源争夺问题，具体如下。

（1）开放式问题。开放式问题答案的范围可以很广、很宽，主要考察被评价者思考问题是否全面，是否有针对性，思路是否清晰，是否有新的观点和见解。例如：你认为什么样的领导是好领导？关于此问题，被评价者可以从很多方面，如领导的人格魅力、领导的才能、领导的亲和取向、领导的管理取向等来回答，可以列出很多优秀品质。对考官来讲，这种题容易出，但不容易对被评价者进行评价，因为此类问题不太容易引起被评价者之间的争辩，所考察的被评价者的能力范围较为有限。

（2）两难问题。让被评价者在两种各有利弊的答案中选择其中的一种，主要考察被评价者的分析能力、语言表达能力以及说服力等。例如：你认为以工作为取向的领导是好领导还是以人为取向的领导是好领导？此类问题对被评价者而言，既通俗易懂，又能够引起充分的辩论。对于考官而言，不但在编制题目方面比较方便，而且在评价被评价者方面也比较有效。但是，此种类型的题目需要注意的是，两种备选答案都应具有同等程度的利弊，不存在其中一个答案比另一个答案有很明显的选择性优势。

（3）多项选择问题。多项选择问题是让被评价者在多种备选答案中选择其中有效的几种或对备选答案的重要性进行排序，主要考察被评价者分析问题、抓住问题的本质等各方面的能力。这类问题出题难度较大，但对于考察被评价者的能力和人格特点则较为有利。

2. 文件筐测试

文件筐测试也称公文筐测验，是评价中心技术中最主要的活动之一，也是对管理人员潜在能力最主要的测评方法。在文件筐测试中,被评价者假定要接替某个领导或管理人员的职位,每个人发一篮子文件,文件筐测试因此而得名。测试要求受测人员以领导者的身份模拟真实生活中的情景和想法,在规定条件下(一般是比较紧迫而困难的条件,如时间较短、提供的信息有限、孤立无援、外部环境陌生等),对各类公文材料进行处理并写出一个公文处理报告。公文可以包括信函、电话记录、命令、备忘录、请示报告、各种函件等,内容涉及人事、资金、财务、合同、工作程序、突发事件等诸多方面。文件筐所包含的文件是根据这个职位经常会遇到的各种典型问题而设计的,从日常琐事到重要大事都会有所涉及。文件可多可少,一般不少于5份,不多于30份,每个被评价者要批阅的文件可以一样,也可以不一样,但难度要相似。根据文件的难度和数量,规定完成的时间。测验时间一般为2~3小时,并要以文字或口头的方式报告他们处理的原则与说明自己为什么这样处理。如果评价者不清楚或想深入了解某部分内容,还可以与被评价者交谈,以澄清模糊之处。考官根据被评价者的处理情况把有关行为逐一分类,再予以评分,对其相关能力素质做出相应的评价。通过这种方法,可以对应聘者的规划能力、决策能力、分析判断能力等做出评价。

文件筐测试的优势非常明显,具体包括以下五种。

(1) 情景性强。完全模拟现实中真实发生的经营、管理情景,对实际操作有高度仿真性,因而预测效度高。相对于其他测验,更加生动灵活、有创新性,能较好地反映被评价者的真实水平。

(2) 非常适合评价管理人员,尤其是中层管理者。文件筐测试主要是对管理人员管理工作的一种模拟,其适用对象也就限定为有一定管理经验的人。

(3) 综合性强。测试材料涉及经营、市场、人事、客户及公共关系、政策法规、财务等企业组织的各方面事务,考察计划、授权、预测、决策、沟通等多方面的能力,从而能够对中高层管理者进行全面评价。

(4) 表面效度很高。由于文件筐测试所采用的文件十分类似于竞聘职位日常所要处理的文件,或者就是实际的文件,因此评价者对这种方式也就非常容易理解和接受。

(5) 操作简便,要求低。相对于其他测评方法,文件筐测试可采用团体纸笔测验的方式,实施者只要能向被评价者说明指导语即可,因此实施操作非常简便,对实施者的要求也很低。施测的场地只要是具备简单桌椅的、采光良好的一般房间即可,因此对场地的要求也低。

文件筐测试的缺点则有以下这些。

(1) 成本较高。测试的设计、实施、评分都需耗费较长的时间,投入相当大的人力、物力才能保证较高的表面效度,因此花费的精力和费用都较高。此外,由于较适合进行个体测验,当被评价者较多时也非常耗费时间。

(2) 评分较为困难。因为文件筐测试的作答基本上都是开放式的,不同的人因其背景、经验、管理理念、素质等的不同,处理文件的方式也不同。不同的评价者之间也会有不同的认识,尤其是专业人员与实践工作人员之间的差异较大。不过,这种情况可以通过将作答方式改为标准化试题予以改善。

(3) 公文筐测试对评价者的要求较高,它要求评价者了解测验的内核,通晓每份材料之间的内部联系,对每个可能的答案了如指掌。评分前要对评价者进行系统的培训,以保证测评结果的客观和公正。

(4) 由于被评价者单独进行作答,很难考察他们的人际交往等能力。

3. 案例分析

案例分析通常是让求职者阅读一些关于组织中存在的问题的材料,然后让其提出一系列建议,提交给更高级的管理部门。这种方法可以考察求职者的综合分析能力和判断决策能力,既包括一些一般性技能,也涵盖一些特殊技能。如果案例分析结果采取书面报告形式,那么还可以对求职者所撰写的报告的内容及形式进行评价。这种测试方法着重考察求职者的计划组织能力、分析问题的能力、决断性等。案例分析与文件筐测试有些类似,都是让被评价者对文件材料进行分析。但文件筐测试中所提供的材料可能相对稍显零散,而且是原始文件;而案例分析中所提供的文件大多都是经过加工的,例如一些图表。文件筐测试要求求职者针对文件提出一系列具体的问题,而案例分析则是要求求职者撰写分析报告。评价者可以根据其报告对求职者的综合分析能力或者管理及业务技能做出判断,但案例分析的一个不足之处就是它很难找到客观的评分方法。其优点是操作非常方便,分析结果既可以采取口头报告形式,也可以采取书面报告形式。

首先,案例分析主要适用于中高层管理者的选拔。研究表明,不同职业背景、不同职位、不同学历、不同经历的人在案例分析的得分上存在明显差异,因此如果试题编制得当,案例分析完全可以用于管理者的选拔。其次,案例分析既适合于个别施测,也适用于团体施测,尤其适合当有条件限制,其他测评方法如知识测验、心理测验、面试、无领导小组讨论等不便使用或不能使用的场合。最后,在实际应用中,案例分析不仅可以作为领导干部的测评手段,也可以作为领导干部的培训手段。

 案例导入

露得华公司的素质测评

露得华公司是一家从事日常生活用品生产和销售的中小型企业,经过几年的快速发展,开发了一系列产品,并在市场中塑造了自己的特有品牌形象。但是在众多大型知名日化品牌竞争的情况下,如何才能保持并继续发展自己的品牌,这正是摆在露得华公司高层领导面前的一大挑战。

公司总经理意识到,好的品牌需要由一流的人才及团队来塑造。为了全面了解公司现在品牌推广人员的能力素质,便于制订行之有效的人事计划,总经理决定对公司品牌推广人员开展一次全面的素质测评。

人力资源部刘经理接到任务后,分析此次测评的重要性和特殊性,在两位测评专家的帮助下,从公司内部挑选5位人员组成测评小组。接下来摆在大家面前的问题包括:如何对人员素质做出准确的评价和预测,让优秀或合格、合适的人才为公司所用?露得华公司应该采用哪些方法进行素质测评?

(来源:根据互联网资料整理)

 任务拓展

员工的素质测评

素质——个体完成一定活动(工作)与任务所具备的基本条件和基本特点,是行为的基础与根本特点,包括感知、技能、能力、气质、性格、兴趣、动机等个人特征。

素质测评——指测评主体采用科学的方法,收集被测评者在主要活动领域中的表征信息,针对某一素质测评目标体系做出量值或价值的判断过程,或直接从表征信息中引发与推断某些素质特性的过程。

素质测评内容有先天的条件,也有后天的。了解一个人的先天和后天,对于开展人力测评和对应聘者求职动机的考察都有着重要的意义。

所谓测评就是测和评的结果。如果你现在要找一份工作,你要了解的是这个行业的劳动密集度和你自己的工作效率,这样才能够对自己的工作能力有一个相对的了解。很多的公司,特别是一些小公司在招收了一些高薪员工之后,会想尽办法控制成本。有些行业的员工流动率超过了40%,高流失率是每个企业必须关注的重点,不然在招聘上所花费的时间和精力会大大超过预期。

一般测评的方法主要有四个:德、能、勤、绩。一般一些大型的跨国公司都会在固定的年限内对各区域的总经理进行测评,每隔两年或者三年。

一、员工素质测评的基本原理

(1)个体差异原理:员工测评的基本假设认为,人的素质是有差异的,而且这种差异是客观存在的。

(2)工作差异原理:员工测评的假设认为,不同的职位具有差异性,包括工作内容、工作权责。术业有专攻。

(3)人岗匹配原理:按人适其事、事宜其人的原则,根据个体间不同素质和要求,将其安排在各自最适合的岗位上,保持个体素质与工作岗位要求的同构性。

二、素质测评的四大类型

(一)选拔型测评

选拔型测评是以选拔优秀员工为目的的测评。

(1)强调测评的区分功能,即要把不同素质、不同水平的人区别开来。

(2)测评标准刚性强,即测评标准应该准确,不能使人含糊不解。

(3)测评过程强调客观性,即尽可能实现测评方法的数量化和规范化。

(4)测评指标具有灵活性,即允许指标有一定的灵活性,甚至可以是一些表面上看起来与测评标准不相干的指标。

(5)结果体现为分数或等级。

（二）开发型测评

开发型测评是以开发员工素质为目的的测评,是为了了解员工的优势、劣势。

如果某公司要给管理人员做培训,培训前需先做综合素质测评,这就属于开发型测评。

(1)摸清情况,了解测评对象在哪些方面有优势,哪些方面存在不足。

(2)为测评对象指出努力方向。

(3)为组织提供开发依据。

(4)测评结束,针对测评结果提出开发建议。

（三）诊断型测评

诊断型测评是以了解员工现状或者以查找根源为目的的测评。

(1)测评内容或者十分精细（查找原因）,或者全面广泛（了解现状）。

(2)结果不公开。

(3)有较强的系统性:观察—分析—查找原因—诊断—提出方案。

（四）考核型测评

考核型测评是以鉴定或者验证某种素质是否具备以及具备的程度为目的的测评。

做一做:性格小测试

任务二　评估测评的信度与效度

 任务故事

你曾思考过这些么?

当某小学教师欲研究他所教授的语文科目利用电子白板的教学效果时,他通过学生访谈和个人观察收集到了资料。那么,如何进行学生访谈、怎样进行个人观察,这些问题就是建构效度的问题;当他选择某一性质的分析方法,例如运用扎根理论进行资料分析时,怎样利用扎根理论分析收集到的资料,就是内在效度的问题;通过初步分析得到了一些结论,那么这些结论是否也同样适用于相同科目、相同学段、相同电子白板及其教学法的问题,就是外在效度的问题;最后他所做的一整套的研究过程,拿给其他老师按照这一模式进行套用,是否也能得出相同结论,这就是信度的问题。

·项目四　慧眼识才　员工素质测评·

听一听:有趣的老师的"信度和效度"故事

有趣老师的"信度和效度"故事

朱老师的课已经讲得渐入佳境。我不得不佩服他的深入浅出,用一些日常生活中的例子,把原本深奥的教育统计学术语讲透。在讲信度和效度时,他说,一次去云南考察,路上看打靶的游戏,游戏规则是只要你10枪打上90环以上就可以获得茅台酒一瓶,85环以上红塔山一条……最后,50环以下得打火机一个,大家跃跃欲试。一位退伍军人说一定要打瓶茅台回来,结果打了5枪都是3环,明显可以看出,枪是有问题的。人在旅途,同摆摊的老太婆理论是没有用的,于是他就给退伍军人出谋划策,说,如果你按照我说的去做,保证得一瓶茅台。"你们知道我为什么不给其他人说,而只给那个退伍军人说吗?因为给其他人说也没用,他们的环数一会儿3环,一会儿9环、2环,不具有稳定性,这也就是我们所说的信度,但退伍军人都是3环,稳定性高,有信度。但是有信度是否就有效度呢?显然,他的目标是靶心,离期望太远,没有效度。最后,我要他把枪抬高,瞄准上三环的地方打,结果次次是9环或10环,这就是歪打正着,只不过是有意识的歪打正着,这样,效度也就有了。"

通过这样一个故事,我们就把信度和效度两个容易混淆的概念记住并区分开来了。朱老师又给我们讲了另外一个故事。有一年市射击队到省里参加汇报比赛,所谓比赛就是代省队挑选人才。当所有射手都比赛结束之后,省队主教练将所有的靶纸收集起来,一张张地仔细端详。这时他发现了一张很有意思的靶纸,这张靶成绩并不理想,子弹大多偏离了靶心,但教练注意到一个有趣的细节:几乎所有的子弹都偏向同一个方向——右上方。这说明这位选手的技术动作肯定有大的问题,但同时,非常集中的着弹点又说明射手的稳定性非常好,而稳定性对于一个射击选手来说是非常重要的。事后,那位选手出人意料地进入了省队,不久进了国家队,并为中国奥运代表团实现了奥运金牌零的突破,他就是许海峰。当朱老师给同学们讲完这个故事之后,同学们开玩笑说,要是朱老师早生一个时代,说不定就是那个优秀的射击教练了。

(来源:根据互联网资料整理)

看一看:信度和效度的影响因素和提高策略

人力资源管理基础与实务

 知识讲坛

一、信度和效度的基本概念

（一）信度

1. 信度的定义和特点

信度是指测验结果的一致性、稳定性及可靠性，一般多以内部一致性来表示该测验信度的高低。信度系数越高即表示该测验的结果越一致、稳定与可靠。系统误差对信度没什么影响，因为系统误差总是以相同的方式影响测量值的，因此不会造成不一致性。反之，随机误差可能导致不一致性，从而降低信度。

信度即可靠性，它指的是采取同样的方法对同一对象重复进行测量时，其所得结果相一致的程度。从另一方面来说，信度就是指测量数据的可靠程度。

例如，"图书馆利用情况及满意度调查问卷"有以下问题：

①您今年平均每次在图书馆的时间为（　　）。
A. 1 小时以下　　B. 1～2 小时　　C. 2～3 小时　　D. 3 小时以上

②您入学以来平均一学期从图书馆中借阅书籍（　　）。
A. 10 本以下　　B. 10～20 本　　C. 20～30 本　　D. 30 本以上

对于第①题，若对同一个人每相隔三天，问同一个问题，若被调查者第一次回答选择 A，第二次回答选择 C，第三次回答选择 D，则说明对于该问题调查结果的信度低，因为调查结果的差异较大。若三次都选择相同的答案或者差异较小的答案，则在排除系统误差的条件下，说明调查结果的信度较高。

2. 信度的分类

信度分析的常用具体方法有重测信度、复本信度、分半信度、信度系数四种（后两种可归为内部一致性信度），另外还有评分者一致性信度等。

1）重测信度

重测信度也称为再测信度，是指对同一组被调查人员采用相同的调查问卷，在不同的时间点先后调查两次，两次调查结果之间的差异程度。重测信度反映了随机误差的影响。重测信度所考察的误差来源是时间的变化所带来的随机影响。在评估重测信度时，必须注意重测间隔的时间。对于人格测验，重测间隔在 2 周到 6 个月之间比较合适。在进行重测信度的评估时，还应注意以下两个重要问题：

（1）重测信度一般只反映由随机因素导致的变化，而不反映被试行为的长久变化；

（2）不同的行为受随机误差影响不同。

重测信度的缺点：重测信度有个两难的矛盾。缩短两次测试的时间间隔，被测试者较容易回忆起测试的题目；而延长两次测试的时间间隔，则被测试者较容易受外部影响而变化。

2) 复本信度

复本信度又称为等值性系数，是等值性信度的一种，指问卷调查结果相对另一个非常相似的问卷调查结果的变异程度，是对同一组被调查人员运用两份内容等价但题目不同的问卷进行调查，然后比较两组数据的相关程度。

它比重测信度工作量大，因为同一个测量工具（调查问卷、心理量表等）要构建两个等值的复本，两个复本要包含数量、类型、内容、难度相似的题目。评估复本信度要用两个复本对同一群受试者进行测试，再估算两种复本测量分数的相关系数，相关系数越大，说明两个复本构成带来的变异越小。这与再测稳定性信度中考虑时间产生的变异不同，也就是说，相关系数反映的是测量分数的等值性程度，故复本信度又称作等值性信度。

复本信度的主要优点在于：①能够避免重测信度的一些问题，如记忆效果、练习效应等；②适用于进行长期追踪研究或调查某些干涉变量对测验成绩的影响；③减少了辅导或作弊的可能性。

复本信度的局限性在于：①如果测量的行为易受练习的影响，则复本信度只能减少而不能消除这种影响；②有些测验的性质会由于重复而发生改变；③有些测验很难找到合适的复本。

3) 内部一致性信度

内部一致性信度主要反映的是测验内部题目之间的关系，考察测验的各个题目是否测量了相同内容和特质。一个具有可靠性的测量工具必须具有很好的内部一致性。例如，某职业兴趣测验中有10个项目，这10个项目都从不同角度测量个体的户外工作兴趣，你可以实施测试，然后统计分析不同个体对这10个项目的反应的总体差异程度，这个差异程度就是内部一致性信度。

它的优点是只需要一份问卷而且只需要测试一次，避免了再测信度和复本信度的弱点。

4) 评分者一致性信度

评分者一致性信度是指不同评分者对同样的对象进行评定时的一致性。最简单的估计方法就是随机抽取若干份答卷，由两个独立的评分者打分，再求每份答卷两个评判分数的相关系数。它在面试或情境性测评方法中尤其重要，可以反映多个面试者或观察者对被测者的评价是否一致。

它的优点：能克服评分者的主观误差和个体差异性带来的误差，尤其可检测面试或评价中心技术中的评分者误差，如高考作文评分中的评分者信度检验。

3. 影响信度的因素

影响信度的因素很多，被试、主试、测验内容、施测环境等各方面均能引起随机误差，导致分数不一致，从而降低测验的信度。下面介绍几个影响测验信度系数的重要因素。

1) 被试的样本

影响信度估计的一个重要因素是被试样本的情况。样本团体的异质程度与分数的分布有关,一个团体越是异质,其分数分布的范围也就越大,信度系数也就越高。由于信度系数与样本团体的异质性有关,因此我们在进行同一个测验时,不能认为当该测验在一个团体中有较高的信度时,在另一个团体中也具有较高的信度。此时,往往需要重新确定测量的信度。

经研究表明,信度系数不仅受样本团体的异质程度的影响,而且受样本团体平均水平的影响。因为对于不同水平的团体,项目具有不同的难度,每个项目在难度上的变化累积起来便会影响信度。但是,这种影响不能用统计公式来推估,只能从经验中发现。

2) 测验的长度

一般来说,测验越长,信度值越高。这是因为:①测验加长,可能改进项目取样的代表性,从而能更好地反映受测者的真实水平;②测验的项目越多,在每个项目上的随机误差就可以互相抵消一些。

3) 测验的难度

测验的难度与信度没有直接对应关系,但是当测验太难或太易时,则分数的范围就会缩小,从而降低信度。显然只有当测验难度水平可以使测验分数的分布范围最大时,测验的信度才会最高,通常这个难度水平为0.50。当题目过难时,被试可能凭猜测作答,从而也会降低信度。

(二) 效度

1. 效度的定义和特点

效度就是正确性程度,即测评工具能准确测出其所要测评特质的程度,或者简单地说是指一个测验的准确性、有用性。在社会测量中,对作为测量工具的问卷或量表的效度要求较高。鉴别效度须明确测量的目的与范围,考虑所要测量的内容并分析其性质与特征,检查测量的内容是否与测量的目的相符,进而判断测量结果是否反映了所要测量的特质的程度。

效度具有相对性和连续性的特点。任何测验的效度是对一定的目标来说的,或者说测验只有用于与测验目标一致的目的和场合才会有效,所以,在评价测验的效度时,必须考虑测验的目的与功能,即效度具有相对性;另外,测验效度通常用相关系数表示,它只有程度上的不同,而没有"全有"或"全无"的区别,效度是针对测验结果的,所以说效度具有连续性。

2. 效度的分类

1) 内容效度

内容效度指的是测验题目对有关内容或行为取样的适用性,从而确定测验是否是所欲测量的行为领域的代表性取样。检验内容效度就是检验实际测到的内容与所要测量的内容之间是否吻合。它主要应用于成就测验、职业测验,不适合能力倾向测验和人格测验。

2) 构想效度

测验实际所测得的结果应该符合测验的理论构想或假设,这就是测验的构想效度。构想效度关注的问题是,测验是否能正确地反映理论构想的特征。如对业务人员进行知识素质的测试,这项测试所测评的是不是业务人员真正需要具备的知识素质,是否对业务人员知识素质的理论概念中所包含的所有特点(如市场营销、法律、财务知识等)都进行了测试。

3) 准则效度

准则效度又称效标效度、实证效度,或关联效度。准则是指被假设或定义为有效的测量标准,符合这种标准的测量工具,可以作为测量某一特定现象或概念的效标。当对同一现象或概念进行测量时,可以使用多种测量工具,每种测量方式与效标的一致性就称为准则效度。

效标是衡量一个测验是否有效的外在标准。例如,用大学入学考试来预测被测者入学后的学习,如果预测准确性高,便说明这是一个好测验。

效标效度就是考查测验分数与效标的关系。因为效标效度需要有实际证据,所以又叫实证效度。效标效度通常以效标与测试间的相关系数表示,称为效度系数。效度系数的大小,表示以效标分数作为标准来衡量测试结果正确性的高低。目前公认的相对标准为:$0.9\sim1$,关系非常密切;$0.7\sim0.9$,关系密切;$0.4\sim0.7$,关系一般;$0.2\sim0.4$,略有关系;0.2 以下,几乎没关系。

3. 影响效度的因素

影响测验效度的因素很多,除了前面介绍的影响信度的因素以外,测验本身、测验的实施和被试等都会对效度产生影响。其中有些因素的影响较为普遍且明显,有些因素的影响却不易察觉。

1) 测验本身

(1) 项目质量。

测验的指导语和试题的解答说明不明确,试题的编制不符合测量目的,试题难度不合适,试题的编排不合理,试题提供了额外线索,选择题的答案排列具有明显的规律性等,都会影响测验的效度。

(2) 项目数量。

增加测验的长度不但能提高测验的信度,在一定程度上也能提高测验的效度。

2) 测验的实施

在施测时不遵照指导语,被试作弊,测验环境太差,评分标准不客观,记分错误等,都会影响测验的效度。

3) 被试

(1) 身心状态。

被试的兴趣、动机、情绪、态度、反应心向和身体状况等都会影响被试的反应,从而影响测验的效度。

(2) 样本特点。

测验的效度和样本团体的特点具有很大的关系。同一个测验对不同的样本团体其效度有很大的不同,因此在做效度分析时,必须选择具有代表性的被试团体。

样本团体的异质性对测验效度是非常重要的。如果其他条件相同,样本团体越同质,分数分布范围越小,测验效度就越低;样本团体越异质,分数分布范围越大,测验效度就越高。

4) 效标

效标测量的可靠性以及效标和测验分数的关系类型也会影响效度。

总之,所有与测量目的无关而又能带来误差的因素都会降低测验的效度。

二、信度和效度的关系

信度与效度之间既有明显的区别,又存在着相互联系、相互制约的关系。信度主要回答测量结果的一致性、稳定性和可靠性问题;效度主要回答测量结果的有效性和正确性问题。

一般来说,信度是效度的必要条件,也就是说,效度必须建立在信度的基础上;但是没有效度的测量,即使信度再高,这样的测量也是没有意义的。信度和效度的关系有如下几种类型。

(1) 信度低,效度就不可能高。因为如果测量的数据不准确,也就不能有效地说明所测评的对象。

(2) 信度高,效度未必高。例如,准确地测评出某人的受教育水平,也未必能够说明他的工作能力。

(3) 效度低,信度未必低。例如,即便一项测评未能说明某人离职的原因,但它很有可能很精确、很可靠地调查了此人的工作业绩。

(4) 效度高,信度必然高。能够有效地说明所测评的对象,其所测评的资料数据一定是很准确的。

读一读 & 想一想:N公司的人员素质测评

案例导入

以信度与效度论科举之演变

自汉代以来,中国文官选拔的整体倾向是逐渐注重信度和公平,而选拔贤能的效度越来越低。选拔贤能之才是文官选拔制度的目的。贤与能无法都通过测试得出,特别是贤的考核主要依赖于主观判断的方式,但是涉及主观判断的评价过程容易受人为干扰导致不准确,因此只能放弃主观评判部分的考核,退而求其次,采取笔墨测验的方法选拔人才。这样的选材方式使得信度能够维持在一个较高的水平,进而保证了公平。但是采取笔墨测验的方式也不保险,不少考生铤而走险,在考试过程中作弊,这种做法同样影响了信度。为了保证信度,科举考试形式和内容的标准化程度越来越高,贡院的规定越来越完善。发展到清末,不论是考生的考试过程还是考官的评卷过程都有了很高的信度,但是这样的科举考试和选贤任能的初始目标已经有了很大的脱节。也就是说,中国历史上选拔文官的方法从低信度和低层次公平演变为信度和公平最大化,也从某个基本的效度演变为效度最小化。

不同考试条件下考试结果的一致性称为信度。考试结果、分析、应用与考试初衷的一致性称为效度。如果考试由于其设计等方面的不合理造成了不同人群的考试成绩有不同的意义时,这个考试就欠缺公平性。在理想的情况下,希望考试不仅具有高效度,而且具有高信度。心理测量学中的信念是:要有高效度,必须先有高信度。如何证明效度,传统的方法是通过收集相关证据再结合统计学方法进行验证。在这种情况下,这个信念是正确的。但是效度包含的范围很广,有些证据是无法通过统计方法验证的。因此,有些情况下高效度不但不需要高信度,甚至两者可以背道而驰,相互矛盾,此消彼长。

人才是需要具备多种才能的,对选拔文官来说,主要是选拔贤能。贤和能都有多种评判指标,因此对贤能人才的考评需要从多个维度进行。但是有些维度的测评要达到高信度非常不容易,甚至没有办法达成,在注重信度的情况下,往往放弃这些维度的测评,也就是说对贤能的测评从多元逐渐转变为少元,甚至只有一元。一切以程文为去留,说的就是一元考试。单元考试比较容易控制和减少差错,因而比较容易使信度最大化,但是选拔贤能的初始目标却是多元的,贤是人格、行为、忠孝、管理、权谋、智慧、知识、哲理等方面的能力。而如果用一个单元考试来选拔人才,就具有片面性,甚至会脱离初始目标。构造多元的贤能人才很多方面不可以只以笔墨考试来探测,而是需要裁判员的观察和评判,或者说综合评价。因此,综合评判通常较容易达到初始目标,使效度最大化。但是多元的观察和评判会同时引入很多随机性误差,而这些误差也很难控制,因而使信度最小化。

中国历史上科举文官选拔方法,从汉至清,渐渐从多元演变成少元甚至单元;从注重观察评判演变成注重笔墨考试;从半随机性变成标准化;从半系统性实地考察变成高度控制贡院考试。这一切都加强了选拔文官过程和成绩的信度与公平,但与此同时,却与选拔文官的初衷渐行渐远。

(来源:http://www.doc88.com/p-9025922389350.html,有改动)

 | 任务拓展

了解难度和区分度

一、难度

项目的难度即指一个项目的难易程度。对于能力测验来讲,可以讲一个项目的难度或者容易程度,但对于兴趣、动机和人格这些无所谓正误的测验来说,这类测验使用的指标为通俗性,表示在答案的方向上回答人数的多少,其计算方法与难度相同。

在心理与教育测量中,每个题目都有自己的难度值,通常以每一个题目的通过率作为难度指标,表示为:$p=R/N$(p 指项目难度,N 为全体被测者人数,R 为答对或通过该项目的人数)。

由公式可知,难度值的变化范围为 $0\sim1$,p 值越大代表题目越简单,p 值越小说明题目越难。难度为 0 意味着这个题目太难,没有人能答对;难度为 1 说明题目太简单,所有人都能答对。

二、区分度

区分度(discrimination)是指测验项目对于所研究的受测者的心理特性的区分程度或鉴别能力。区分度高的项目,能将不同水平的受测者区分开来,能力强、水平高的受测者得分高,能力弱、水平低的受测者得分低;区分度低的项目,就没有很好的鉴别能力,水平高和水平低的受测者得分差不多。

区分度也是指测验题目对所要测量的心理特性的灵敏度或鉴别能力。凡是区分度较好的题目,则能将不同水平的被试区别开来。题目的区分度从实质上讲就是题目本身的效度。题目的区分度是评价题目质量好坏的一个重要指标,也是筛选题目的主要依据。

项目区分度(item discrimination)是指项目对不同水平的被试的区分程度。项目区分度分析可以分为两种类型:一种是"项目效度"的分析,根据外部效标选取题目,适用于人格测验;另一种是"内部一致性"分析,根据测验总分选取题目,适用于教育成就测验和能力倾向测验。

区分度的计算以被测者对项目的反应与某种参照标准之间的关系为基础,其取值范围是 $-1.00\sim+1.00$。一般情况下,区分度应为正值,称作积极区分,值越大则区分度越好;若区分度为负值,则为消极区分,说明这个题目有问题,应删除或修订;区分度为 0,表示无区分作用。

测验专家伊贝尔认为:试题的区分度在 0.4 以上表明此题的区分度很好;$0.3\sim0.39$ 表明此题的区分度较好;$0.2\sim0.29$ 表明此题的区分度不太好,需修改;0.19 以下表明此题的区分度不好,应淘汰。

做一做:倾听能力测试

项目自测

一、复习题

1. 什么是素质测评?素质测评的类型有哪些?
2. 素质测评的方法有哪些?
3. 什么是信度?什么是效度?信度的类型有哪些?效度的类型有哪些?

4. 信度和效度有何关系？

二、案例分析题

1. 下面是一个面试题目，请说明案例的出题思路和测评要素，并且在此基础上给出参考答案。

材料：三九集团总裁赵新先决定改革内部评价高级管理人员的制度，提出以上缴利润作为提拔高级管理人员的标准。具体做法为：下属组织上缴利润超过5000万元，其总经理可以提拔为集团总裁助理；上缴利润超过1亿元，其总经理可以提拔为集团副总裁；提前和大幅度超额完成任务者，其总经理可以提拔为第一副总裁和常务副总裁。

问题：你认为这种用人制度合理吗？你认为应该如何评价人、选拔人？

2. 请结合案例写出测评的方法和步骤。

某大型保健品公司（以下简称R公司）是一家集现代生物和医药制品研制、生产、营销于一体的高科技股份制公司，在国内保健品行业具有很高的知名度，是国内保健品行业上市公司之一。随着业务的发展，R公司希望在未来抓住机遇，加快实现超常规发展，在产品系列化、产业多元化、经营规模化、市场国际化的基础上，使R公司的品牌真正成为国内、国际知名的一流品牌。

一流的品牌必须要有一流的人才来支持。为了创建一流的品牌经营团队，R公司决定对其所有的30余名品牌经理、市场经理和大区销售经理进行全面的考核与评价，以此全面了解这三类人员的岗位胜任能力和潜在素质。为了保证评价的科学性和公正性，R公司希望通过专业的测评机构对这些营销骨干人员进行科学、公正的评估，并提供中立的、客观的专业评估意见，为科学、合理地配置这三类人才提供决策依据。

问题：假设你是专业测评机构项目工作组的带头人，请你为R公司的三类人员进行评估，写出你的测评方法和步骤。

项目五　严把进口　招聘甄选人才

 项目概述

招聘是组织人才流入的主要途径,成功的招聘是组织成功的开始,所以,人才招聘与甄选一直是人力资源管理中的重要环节。同时,随着职场竞争的日趋激烈,如何才能招募到合适的人才,越来越为管理者所关心。

为组织、用人部门招到合适的人才,增加对职位要求的了解和掌握,掌握对应聘人员全方位多角度考察的技巧,是各级成功管理者、人力资源经理和职业经理人的基本职业素质要求。本项目内容将带领大家学习科学、标准的人才招聘与甄选的实务技术,同时还介绍了招聘战略制定、招聘流程设计、招聘策略选择、招聘面试工作组织实施的一般操作步骤、招聘面试工作结束后新员工的录用和培训等。

 项目目标

- **认知目标**
  - 了解招聘的定义及原则;
  - 了解招聘的渠道及流程;
  - 了解甄选的定义及过程;
  - 了解甄选测试方法及其可靠性分析;
  - 了解面试的概念、特点及形式;
  - 了解面试的准备与实施;
  - 了解员工的录用原则与配置原则。
- **技能目标**

  通过对员工招聘与甄选过程的学习,掌握员工招聘的方法和过程,掌握甄选的方法和技巧。
- **情感目标**
  - 学习优秀的人力资源招聘专员的素质;
  - 学习优秀的人力资源面试官的素养。

· 项目五　严把进口　招聘甄选人才·

任务一　开展员工招聘

 任务故事

听一听:韩国三星公司的"开放式"招聘

韩国三星公司的"开放式"招聘

1938年,韩国三星公司(以下简称"三星")不过是一家小小的贸易公司;而1970年,三星还在为日本三洋公司组装黑白电视机,进行贴牌生产,获取微薄利润;而仅仅十多年前,三星还在向索尼、松下购买芯片……七十多年过去了,三星发展道路上的一个个巨人倒下了,它却愈战愈勇,成长为今天的世界500强。三星在全世界70个国家,拥有近500个法人及办事处,拥有员工约319 000人,年营业额超过1 700亿美元(于2015年统计)。

纵观三星的发展历史,可以发现历代三星的领导者(李秉喆和李健熙)将人才作为组织的核心竞争力,即在经营战略上把人才当作组织最宝贵的资产,从而为三星的崛起乃至成功发挥出了重要的作用。这就是韩国三星公司人才经营策略下的重要一环——"开放式"招聘。

1957年,三星成为韩国国内首次实行新职员公开招聘的公司,当时在普遍以血缘、地缘、学缘定出身的韩国组织界,刮起了不小的旋风。三星组织的核心力量是公开招聘的员工,他们一步步晋升为科长、次长、部长,直到CEO,积累了大量的经验。

1993年,自三星新经营开始之后,李健熙大力强调"消除性别歧视",开始招聘女性职员。三星为了吸纳新的人才资源——女性力量,专门为已婚女性提供了托儿所和女性保护等支持服务,强化女性干部的领导力教育,灵活处理产假、离职,提高女性人才的就职保障措施,并不断引入改善女性工作环境的系统。这并不是为了照顾女性,而是为了公司的生存,因为21世纪是一个多元、开放、创意无限的时代,女性所具有的力量,尤其是母爱的勇气和韧性超越了人类的想象。

1993年,三星在国内首次引进大学毕业生公开招聘制度,同年7月,三星选拔了500名女性人才。当时,韩国的大企业一年选拔的女性职员仅为1 500名,换言之,仅三星就占据其中的三分之一,这在韩国企业界掀起了轩然大波,开创了聘用女性人才的潮流。1994年,三星又实施了针对女性的专门职位公开招聘,扩大了女性人才的招聘量。1995年,"开放式"招聘制度的进一步实施,废除了典型的简历筛选程序,取消学历限制。具体规定,公司在招聘三级新职员的时候,必须排除与个人能力无关的学历、性别等因素,公司内部终于刮起了招聘文化变革之风;同时,三星引进职务适应性测试(SSAT),全面考察综合能力,脱离了以单一的学历或知识为主的评价模式,走向以能力作为主要评价标准的时代。这样的雇佣模式进一步给更多有天赋的人提供了机会,扩大了组织的人才队伍,以不同的方式获取更多不同种类的核心人才。

21世纪的产业社会处于剧烈变化之中,是快速变化的信息时代、数字时代,机器代替了批量生产的简单重复的劳动,传统的管理型人才已经远远不能满足组织的需要,三星需要的是多种多样的管理型、国际型、营销型、法务型、技术型和创新型人才。这一时期,李健熙所强调的具有创意性的天才更符合时代的发展要求。同时,李健熙针对李秉喆时期确立的以公开招聘为中心的人力资源管理体系的不足,提出人才"混血强势论",大力通过临时招聘与特殊招聘,从组织外部引进了各式各样的人才,其中不乏一些天才,他们给三星带来了活力。

2005年,三星引进大学生实习生制度。实习生制度不仅给予大学生在进入社会之前体验三星企业文化与业务的机会,更充实了三星的人才库,更好地发现与网罗大学毕业生人才。到2012年,先后已经有2万多名大学生在三星任实习生,其中的1万多名毕业后更直接进入三星任职,开启了自己的职业生涯。

2011年,三星引入残疾人招聘制度。为了给残疾人创造稳定的社会生活环境,发挥各种不同类型人才的优势,同时承担企业的社会责任,三星引进了残疾人公开招聘制度,又针对残疾大学生实行"基础实习培训"制度,赋予残疾学生体验职场生活的机会。现在一共有约3 700名残疾人为三星工作。

2012年,三星公司的"开放式"招聘被赋予了新的内涵,当时,三星以在就业市场上受到歧视、在社会上受到忽略的弱势群体为关注的对象,寻求招聘方式的变化。主要体现在以下几个方面:关注低收入群体,为贫困家庭青少年提供"希望之桥"助学项目;规定三级新员工招聘中,必须有5%的名额来自贫困家庭;将地方大学的招聘比例扩大到35%;加大招聘高中毕业生的比例,打破以学历作为唯一标准的招聘方式。

(来源:http://www.hrsee.com/?id=477,有改动)

看一看:开展员工招聘

 知识讲坛

一、招聘的含义及内容

招聘是指通过多种方法,把具有一定技巧、能力和其他特性的申请人吸引到组织或组织空缺岗位上的过程。它由两个相对独立的环节组成,一是招募,二是选拔聘用。招募是聘用的基础和前提,聘用是招募的目的。招募主要是通过宣传来扩大影响,达到吸引人应征的目的;而聘用是使用各种筛选方法和技术挑选合格员工的过程。

综上,我们可以将招聘的含义表述为:招聘是指组织为了生存与发展,根据人力资源规划和工作分析提出的人员需求数量与任职资格要求,通过需求信息的发布来寻找、吸引那些有能力又有兴趣到本组织任职者,通过科学甄选从中选出适宜人员予以录用,并将他们安排到组织所需岗位的过程。这里包括以下四个方面的内容。

(一)人力资源规划与工作分析是招聘与选拔的两项基础性的工作

组织的招聘与选拔工作应该有计划地进行,人力资源规划是在组织的发展战略与目标确定之后,在科学预测未来的人力资源需求与供给的基础上制定的,因而,它规定了在特定的时期需要招聘新员工的部门、职位、数量、时间等。工作分析则为招聘提供了拟招聘岗位员工的任职资格。只有建立在这两项基础工作之上的招聘与选拔工作才可能是科学的。

(二)组织通过需求信息的发布来吸引应聘者

组织要找到合适的人员,需要有相对较大的选择范围。这就要求组织的人员需求信息发布的范围应相对较广,包括组织内部大范围的空缺职位公告以及对外公开发布的招聘信息。信息发布渠道的选择、信息内容的设计、信息发布的时间等因素都会影响到应聘者的数量与质量。而应聘者的数量与质量又必将最终影响录用新员工的质量。这个环节在招聘活动中称为招募。

(三)需要运用科学的甄选手段从应聘者中选拔适宜人员

能否从众多的应聘者中选拔到适宜的人员予以录用,主要取决于甄选方法。人的能力与素质表现为多个维度,选拔的手段也应该能够从多个角度对应聘者进行客观的评价,并通过科学的方法对应聘者进行综合评价,根据综合评价的结果做出录用决策。一般的选拔方法有资料筛选、笔试、面试、心理测试、体检、背景调查等。

(四)将录用的人员安排到合适的岗位上

适才适岗是人力资源配置与使用的基本原则。在对录用的新员工进行岗前培训以后,应该将他们安置在合适的位置上,避免出现"大材小用"与"小材大用"的现象。是否将新员工安排在合适的岗位上,可以通过新员工的表现与业绩、新员工主管的满意度、员工个人的满意度、新员工的流动率等指标来考察。

二、招聘原则

在所有的行业中,无论拟招聘的人员数量是多还是少,也无论招聘工作是由组织内部的人力资源部门完成,还是外包给专业机构完成,只有奉行一定的原则,才能确保整个招聘工作的有效性。

(一)公开原则

公开原则即需将招聘单位、职位名称、数量、任职资格,测评的方法、内容和时间等信息向可能应聘的人群或社会公告,公开进行招聘。

(二)竞争原则

竞争原则即通过履历分析、结构化面试、心理和行为测验、业绩考核、资信调查等一系列方法来确定申请者的优劣和决定人员的取舍,而不是靠个别人的直觉、印象、与自己关系的亲密程度来选人,这样才有利于增强选、录的科学性。

(三)公平原则

一视同仁,不人为地制造各种不平等的限制条件和各种不平等的优先优惠政策。

(四)全面原则

尽可能地采取全方位、多角度的评价方法,通过申请者的上级、下级、平级同事以及其直接或间接服务的客户对申请者进行德、能、勤、绩等方面实事求是的调查,客观地衡量申请者的竞争优势与劣势以及其与职位、组织的契合度。

(五)择优原则

好中取好,优中取优。目前,人们越来越清醒地意识到:组织最根本也最具活力的竞争源泉就是人。人若缺乏内在竞争力,组织的生命力也不可能持久。

三、招聘渠道

(一)内部招聘

许多非进入水平的岗位空缺虽然可以用外部招聘的方式弥补,但在多数企业或组织内是由那些已经被确认为接近提升线的人员或通过平级调动来补充,由此造成的岗位空缺也要求确定可晋升的候选人。

1. 内部招聘的途径

(1)内部提升:用现有员工来填补高于他(她)原级别职位空缺的政策。组织如果强调内部提升,其员工就有为提升而拼搏的积极性,故这种政策常能提高员工的士气。

(2)调动:在同级的岗位中调换员工的工作。通过调动向员工提供全面了解组织中不同机构、不同职位的机会,为将来的提升做准备,或为不适合职位的员工寻找最恰当的位置。

(3)工作轮换:暂时的工作岗位变动。它以实习或培训的方式使管理职位的受训者深入广泛地了解组织的工作流程和各部门的工作特点等情况,使他们在工作变换中得到全面锻炼的机会,有利于今后管理工作的开展和工作压力的缓解。

(4)返聘:组织将解雇、提前退休、已退休或下岗待业的员工再召回来工作。这些人大多熟悉组织工作,无须过多地培训。

2. 内部招聘的方法

内部招聘的三种方法是布告招聘、利用技术档案的信息和内部人员推荐。

(1) 发布公告法。发布公告是在组织内部招聘人员的常用方法,过去的做法是在公司或组织的布告栏发布工作岗位空缺的信息,现在已开始采用多种方法发布招聘信息。

(2) 利用技术档案的信息。内部招聘的另一种方法是利用现有人员技术档案中的信息。这些信息可以帮助招聘人员确定是否有合适的人选,然后,招聘人员可以与他们接触以了解他们是否有意愿提出申请。

(3) 内部人员推荐。组织内部人员根据组织需要的岗位介绍和推荐其在该组织内所熟悉的合适人员,供用人部门的直线主管和人力资源部门进行考核与选择。

(二) 外部招聘

往往在内部招聘不能满足组织需要,特别是在组织处于初创期、快速成长期,或者组织因产业结构调整而需要大批中高层技术或管理人才时,组织将视线转向社会这个广阔的人力资源市场,选用外部招聘渠道来吸引所需人员。常用的外部招聘渠道主要有以下几种。

1. 广告招聘

这是一种常用的外部招聘渠道。它以报纸、杂志、广播、电视、网站等为媒介,广泛告知,吸引候选人。

1) 选择发布招聘广告的媒体

报纸。选择报纸的理由往往是广告的大小灵活,发行范围集中于一个特定的区域。由于报纸可以将广告进行分类,也使求职者能够很方便地查找。另外,报纸可以说是招聘那些高流失率行业人员的最好方法,因为高流失率行业的人,必然倾向于在招聘广告最多的媒体上寻找工作。在报纸上刊登广告之前,首先应该了解当地有什么报纸,各家报纸的发行数量多大,其读者群是什么人。在选择某家报纸刊登广告之前,最好事先看看该家报纸的招聘广告,如果该报上根本没有类似的广告,最好换一家报纸。版面大小也应谨慎考虑。

杂志。杂志的优点在于能够满足特定群体的需要。广告的对象往往定位在一个较小的目标区域内。杂志广告的大小也很灵活。杂志招聘广告的缺点是,必须考虑每期的发行时间间隔。

广电媒体。广播电视的宣传力度很大。只要在播放的时候,观众收听或者收看了节目,一般不会被忽略。这种广告的优点是能够发挥广播电视的长处,将职位机会的优点进行戏剧化的设计,加深人的印象。其缺点是由于广告费用很高,只能将简短的、不完整的信息传递给听众和观众,详细的信息由于时间的限制往往得不到充分的表达。

网站。随着互联网时代的高速发展,利用网络开展招聘宣传是目前的主流。其覆盖面广、时效性强、成本低、针对性强等特点,使其受到众多组织的青睐。组织可以在自己的网站上或门户网站、分类信息网站等互联网媒体上发布信息,使用简历数据库或搜索引擎等工具来完成招聘过程。

2) 招聘广告的编写原则

真实。真实是招聘广告编写的首要原则。招聘的组织必须保证招聘广告的内容客观、真实,并且要对虚假广告承担法律责任。

合法。广告中出现的信息要符合国家和地方的法律、法规和政策。

简洁。广告的编写要简洁明了,重点突出招聘的岗位名称、任职资格、工作职责、工作地点、薪资水平、社会保障、福利待遇、联系方式等内容。对公司的介绍要简明扼要,不要喧宾夺主。

2. 校园招聘

每年有大批应届生毕业,这为组织的招聘工作提供了大量的人选,一批青年人进入组织,给组织注入了活力,带来了生气。但由于他们缺少实际工作经验,组织必须对其进行培训。一些大公司还对新进公司的应届大学生,采用评价中心技术进行评估,选出发展潜力大的优秀者予以重点培养,若干年后不少人成了公司高级管理人员。

3. 职业介绍机构

改革开放以来,我国已经出现了许多职业介绍机构。公立职业介绍所主要为蓝领员工服务,有时还兼管失业救济金的发放。私立职业介绍所主要为高级专业人才服务,要收一定的服务费。职业介绍所的作用是帮助雇主选拔人员,节省雇主的时间,特别是在组织没有设立人事部门或者需要立即填补空缺时,可以借助于职业介绍所。但是,如果需要长期借助于职业介绍所,就应该把工作说明书和有关要求告知职业介绍所,并委派专人同几家职业介绍所保持稳定的联系。

在下述情况下,适合采用就业中介机构的方式:第一,用人单位根据过去的经验发现难以吸引到足够数量的合格工作申请人;第二,用人单位只需要招聘很小数量的员工,或者是要为新的工作岗位招聘人力,因此设计和实施一个详尽的招聘方案是得不偿失的;第三,用人单位急于填充某一关键岗位的空缺;第四,用人单位试图招聘到那些现在正在就业的员工,尤其是在劳动力市场供给紧张的形势下更是如此;第五,用人单位在目标劳动力市场上缺乏招聘的经验。

4. 互联网招聘

网络招聘以其招聘范围广、信息量大、可挑选余地大、应聘人员素质高、招聘效果好、费用低获得了越来越多的公司的认可。

网络招聘一般有以下两种渠道:

(1) 注册成为人才网站会员,在人才网站上发布招聘信息,收集求职者信息资料,查询合适的人才信息。这是目前大多数组织在网上招聘的方式。由于人才网站上资料库大,日访问量高,所以组织往往能较快招聘到合适的人才。

(2) 在自己公司的主页或网站上发布招聘信息。很多公司在自己的站点上发布招聘信息,以吸引来访问的人员加入,同时借机展示公司的最新形象与最新动态。

为了方便来访者查询,很多公司的网站上都设有专门用于招聘的网页或专区,有的还为特殊群体开设专栏。

5. 猎头公司

组织在招聘有经验的专业人员和管理人员工作中,当无合适的其他来源时,可以求助于猎头公司。猎头公司是寻找适合于特定职位的管理人员的机构。快速的成长已使猎头公司从最基本的招聘服务,逐步发展成具有广泛作用且富有经验的机构。现在猎头公司可帮助组织进行人力资源需求决策、建立报酬制度以及修订组织结构。猎头公司是有偿为企业和组织工作的。不论一次搜寻是否招聘到合适的候选人,企业和组织都必须向猎头公司支付费用。这些猎头公司通常与它们的顾客保持密切的业务关系,它们需要熟知组织的文化、目标、结构和需要填补的职位空缺。借助猎头公司主要是为中、高层管理职位或高年薪的高级技术职位招聘管理人员或技术人员。

6. 招聘会

这是一种比较传统的招聘方式,它是由一批组织共同举行的用以吸引大批求职者直接见面的一种人员招募方法。招聘会的最大特点是求职者与招聘者可以直接进行面对面的互动式交流,从而为供需双方都提供了极大的便利。招聘会可以分为专场和非专场两种类型。专场招聘会有的是面向特殊群体举办的。

四、招聘流程

(一) 制订招聘计划

组织的人力资源管理部门在实际展开招聘活动之前,必须解决好两个问题:一是要做出识别和吸引求职者的具体实施计划;二是要解决一系列具体问题,比如说印制多少份"组织介绍",派出多少名招聘者,做多大的招聘预算等。

1. 编制岗位说明和任职资格

招聘前的一项重要内容是编制岗位说明和任职资格,尽可能详细地陈述空缺岗位所要求的知识、技术和能力。

2. 确定淘汰比例

在招聘过程中,组织必须吸引到比空缺职位更多的求职者,就需要事先确定淘汰比例。估算淘汰比例比较常用的一个工具是招聘产出金字塔。使用这种方法,人力资源管理部门的招聘人员可以知道,为了确保招聘足够数量的员工,在招聘之初,必须吸引多少个申请者才能保证满足所有的工作空缺。

3. 招聘预算

每年的招聘预算应该是全年人力资源开发与管理总预算的一部分。招聘预算主要包括广告预算、招聘测试预算、体检预算、其他预算。

(二) 进行岗位分析

要弄清楚一份工作的要求,并不是一件容易的事情,因为不同的工作有不同的要求,而且组织内有不同的部门、不同的职级、不同的工作及不同的环境。即使是相同的工作岗位也会因客观条件的变化而产生不同的工作范围、表现水平及产出标准。因此,岗位分析在整个招聘过程中的地位与作用是非常突出的。

传统意义上的岗位分析主要是确定空缺职位所包含的一系列特定任务、职责和责任,它能使员工明白,在这个工作岗位上,期待他们去做的究竟是什么。而现代意义上的岗位分析则有两个主要目的:①确定岗位所需的关键才能或胜任标准,为拟定人员招聘条件提供依据;②为整个筛选工作科学、有序地进行提供依据。

(三)发布招聘信息

一旦决定招聘人员,就应该迅速发布招聘信息。发布招聘信息就是向可能应聘的人群传递组织将要招聘的信息。这直接关系到招聘的质量,应引起有关方面的充分重视。一般而言发布招聘信息的面越广,接收到该信息的人就越多,应聘的人也越多,这样可能招聘到合适人选的概率就越大。发布招聘信息要遵循以下原则:

(1)面广原则。发布招聘信息的面越是广,接收到该信息的人越是多,应聘的人也越是多,这样可能招聘到合适人选的概率越是大。

(2)及时原则。在条件许可的情况下,招聘信息应尽量早地向外界发布,这样有利于缩短招聘进程,而且有利于使更多的人获取信息,使应聘人数增加。

(3)层次原则。招聘的人员都是处在社会的某一层次的,要根据招聘岗位的特点,向特定层次的人员发布招聘信息。

(四)招聘测试

招聘测试是指在招聘过程中,运用各种科学方法和经验方法对应聘者加以客观鉴定。人与人之间是存在差异的,这种差异可以通过各种方法加以区别,这为招聘测试奠定了基础。

1. 招聘测试的意义

(1)挑选合格的员工。挑选合格的员工对于建立组织文化、提高生产率、发展组织均有重要的推动作用。只有通过测试才能挑选到合格的员工。

(2)让适当的人担任适当的工作。许多应聘者来应聘多个岗位时,有时会出现"某人适合从事甲岗位而不适合从事乙岗位"的现象,只有通过测试才能了解谁担任哪个岗位最合适。

(3)体现公平竞争原则。当应聘者多于招聘名额时,测试可以让最合适的人选脱颖而出,让落选者也能了解自己的不足之处,相对比较心平气和地接受落选的事实。

2. 招聘测试的种类

(1)心理测试:指通过一系列的心理学方法来测量被试者的智力水平和个性方面的差异。

(2)知识考试:指通过纸笔测验的形式,对被试者的知识广度、知识深度和知识结构进行了解的一种方法。

（3）情景模拟：指根据被试者可能担任的职务，编制一套与该职务实际情况相似的测试项目，将被试者安排在模拟的、逼真的工作环境中，要求被试者处理可能遇见的各种问题，用多种方法来测评其心理素质、潜在能力。

（4）面试：指要求被试者用口头语言来回答主试者提问，以便了解被试者心理素质和潜在能力的测评方法。

读一读 & 想一想：招聘启事中的工资与合同不一致，以哪个为准？

 案例导入

一次真实的招聘失败分析

位于武汉新世界广场的某外资 SP 公司因发展需要在 10 月底从外部先后招聘了两位行政助理，结果都失败了。具体情况如下：

第一位 A 入职的第二天就没来上班，没有来电话，上午公司打电话联系不到本人。经她弟弟解释，她不打算来公司上班了，具体原因没有说明。下午，她本人终于接电话，不肯来公司说明辞职原因。三天后又来公司，中间反复两次，最终决定不上班了。她的工作职责是负责前台接待。入职当天晚上公司举行了聚餐，她和同事谈得也挺愉快。她自述的辞职原因：工作内容和自己的预期不一样，琐碎繁杂，觉得自己无法胜任前台工作。HR 对她的印象：内向，有想法，不甘于做琐碎、接待的工作，对批评（即使是善意的）非常敏感。

第二位 B 工作十天后辞职。B 的工作职责是负责前台接待、出纳、办公用品采购、公司证照办理与变更手续等。自述辞职原因：奶奶病故了，需要辞职在家照顾爷爷。（但是当天身穿大红毛衣，化彩妆）透露家里很有钱，家里没有人给人打工。HR 的印象：形象极好、思路清晰、沟通能力强，行政工作经验丰富。总经理印象：商务礼仪不好，经常是小孩姿态，撒娇的样子，需要进行商务礼仪的培训。

公司的招聘流程如下。

（1）公司在网上发布招聘信息。

（2）总经理亲自筛选简历。筛选标准：本科应届毕业生或者年轻的，最好有照片，看起来漂亮的，学校最好是名校。

（3）面试：如果总经理有时间就总经理直接面试；如果总经理没时间，HR 进行初步面试，总经理最终面试。

（4）新员工的工作岗位、职责、薪资、入职时间都由总经理决定。

（5）面试合格后录用，没有入职前培训，直接进入工作。

SP 公司背景：此公司是一国外 SP 公司在中国投资独资子公司，主营业务是为电信运营商提供技术支持，提供手机移动增值服务和手机广告。该公司所处行业为高科技行业,薪水待遇高于其他传统行业。公司的位置位于武汉繁华商业区的著名写字楼,对白领具有很强的吸引力。总经理为外国人,在中国留过学,自认为对中国很了解。

招聘的员工背景如下。

A——23岁,武汉人,专科就读于武汉商学院,后来专升本就读于湖北大学。其间1月到12月做过少儿剑桥英语的教师一年。

B——21岁,武汉人。学历大专,就读于武汉市广播电视大学电子商务专业。在上学期间在两个单位工作过:一个为拍卖公司,另一个为电信设备公司。职务分别为商务助理和行政助理。B曾参加过选美比赛,说明B的形象气质均佳。

招聘行政助理连续两次失败,作为公司的总经理和HR觉得这不是偶然现象,在招聘行政助理方面肯定有重大问题。问题出在什么地方?

(来源:http://www.hrsee.com/?id=382,有改动)

任务拓展

招聘流程图

招聘流程图如图5-1所示。

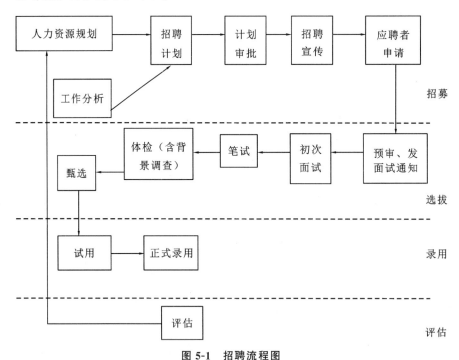

图5-1 招聘流程图

·项目五　严把进口　招聘甄选人才·

做一做:撰写招聘广告和应聘申请表

任务二　进行员工甄选

 任务故事

听一听:农场招聘捕鼠科科长

农场招聘捕鼠科科长

有一个农场,因捕鼠科科长离职而造成场内鼠患成灾,农场总经理命令人力资源部经理:"五天之内要给我招一个捕鼠科科长回来,否则你也给我走人。"

人力资源部经理接到这个指示后,回去赶紧就写了一张小红纸条,贴在了农场的大门口,上面这样写道:"本农场欲招捕鼠科科长一位,待遇优,福利好,有意者请来面试。"

第二天,农场门口来了这么七位应聘者——鸡、鸭、羊、狗、猪、猫、猫头鹰。好,现在开始筛选。

第一轮筛选是学历筛选。鸡、鸭都是名牌大学的优秀毕业生,当然过关;羊和狗是大专毕业,也过关;猫和猫头鹰是高中毕业,人力资源部经理皱了皱眉头,也过关了。结果,第一关淘汰下来的只有一位,那就是只读到小学二年级的猪先生。

第二轮是笔试。这当然难不倒大学本科毕业的鸡和鸭;羊因为平时勤勉,也勉强过关了;狗呢,上学的时候不太认真,碰到这些题目有些为难,可是它在这么短短的一会儿时间内,已经给主考官鞠了六个躬,点了九次头,所以也过关了;猫头鹰本来是不会做的,可是它眼力好,偷看到了,所以也就抄过了关。只有猫因为坚持原则,不会做就是不会做,所以,这一轮被淘汰的只有猫一个。

第三轮是答辩,总经理、农场主和人力资源部经理三个人坐在那里,应聘者一个接一个地进来。第一个是鸡,它一进来就说:"我在学校时是学捕鼠专业的,曾经就如何掌握鼠的习性与行动方式写过一篇著作。"三个人一碰头,这个好,留下。第二个进来的是鸭,它说:"我没有发表过什么著作,但是在大学期间,我一共发表了18篇有关鼠的论文,对于鼠的各个种类,我是了如指掌。"这个也不错,也留下了。

第三个进来的是羊,羊说:"我没有那么高的学历,也没有发表过什么论文、著

111

作,但是我有一颗持之以恒的心和坚硬的蹄子。你们只要帮我找到老鼠洞口,然后我就站在那里,高举着我的前蹄,看到有老鼠出来我就踩下去,十次当中应该会有两三次可以踩死,只要我坚持下去,相信有一天我会消灭老鼠的!"三个主考官被羊的这种精神感动了,于是也录取了。第四个进来的是狗,狗一进来就点头哈腰地说:"瞧三位慈眉善目的,一定都是十分优秀的成功人士。"一顿马屁狂拍,三个人被拍得晕晕乎乎的,最终狗也被录用了。最后一个是猫头鹰,没有高学历,没有什么论文著作,唯一的成绩就是从事捕鼠一年多来抓了五六百只的田鼠,但是又不会拍马屁,又长得恶形恶脸的,一点都不讨人喜欢,所以就被淘汰了。

至此,整个招聘活动结束了,大家可以看到的是,真正会捕鼠的——像猫、猫头鹰,都被淘汰了。这个招聘是结束了,但是结果呢?当然是失败的……

为什么会导致这个失败的结果呢?我想原因每一个做HR的都应该很清楚:就是单纯的以学历、以外在的东西来招聘,而忽略了招聘的本质是什么。我们在选择一个人的时候,常常都会不经意地陷入这样的误区:"学历这么低,他能胜任吗?""这人怎么这么不讨人喜欢!"……我相信如果让每一个人来说的话,都不会说出这样的话,但是在做招聘的时候,却往往会受到这些因素的影响。所以,才会造成我们在招聘当中的成功率不高。

综上所述,我们在招聘之前应该做的是思考——我们所需要的是什么样的人?他们应该具备什么样的能力、素质?如何在面试过程中去辨别这些能力?我们应当通过什么样的渠道去搜寻这样的人才?把这些事情都做好了以后,我们才有可能把招聘成功率提升到一定的程度。

我们有很多的管理手段,都是去精英化的行为,这无论是在招聘过程中,还是在实际的管理过程中,都会发生,当然,这需要第三方中立的人才能评估出来,一般情况下,自己发现自己是很难的。

2018年,还是这个农场,捕鼠科科长还是离职了,农场内依旧鼠患成灾,农场总经理命令人力资源部经理:"五天之内要给我招一个捕鼠科科长回来,否则你也给我走人。"

人力资源部经理接到这个指示后,回去赶紧发布招聘信息,拟好职位需求:本农场欲招捕鼠科科长一位,待遇优,福利好,有意者请来面试。

第二天,系统收到雪花般的简历,经过初步筛选,剩下这么七位应聘者的简历——鸡、鸭、羊、狗、猪、猫、猫头鹰。好,现在开始精选。

输入关键字——捕鼠、经历、资质,于是鸡、鸭、猫、猫头鹰的简历筛选了出来,进入面试环节,其余落选的几位一同放入人才库。

面试环节,猫和猫头鹰依靠捕鼠的专业技能一同通过面试,鸡和鸭的简历放入人才库。一阵子后,该农场捕鼠研发部需要科研人才到位,人力资源部经理马上从人才库找到鸡和鸭的简历,经过面试,鸡和鸭顺利上岗。研发部经理感谢人力资源部经理及时招人,两部门关系更加融洽。

至此,整个招聘活动结束了,大家可以看到的是,真正会捕鼠的——像猫、猫头鹰,都被留下了。不仅猫和猫头鹰人尽其用,鸡和鸭也在农场找到了合适的发展定位,可以说,这是一个成功的招聘案例。

人的素质能力绝大部分是隐藏性的,从外表可以看出来的仅仅是冰山的一角,大部分的东西还是在水面以下的。有时候 HR 主观判断产生的误差,信息科技可以帮你纠正,而当这些技能为 HR 所用的时候,也正是 HR 大放异彩的时候。

(来源:http://www.hrsee.com/?id=371,有改动)

看一看:进行员工甄选

 知识讲坛

一、甄选的概念及过程

(一)甄选的定义

所谓甄选是指在当前的环境条件下,为一个组织从一系列申请者中挑选出最符合可能职位的甄选标准的人的过程。一个组织的甄选过程将包括多个目标。

(二)甄选的重要性

(1)个人最大潜能的发挥和组织需要相吻合时,组织会迅速产生绩效。

(2)节约组织培训成本。当要为组织找到一个中层以上的领导者时,一个大学毕业生要锻炼培训十年以上,其中还包括他在十年期间工作缺少经验造成的损失,俗称"高学费",正确的招聘可以节省这些培训成本和"失败学费"。

(3)迅速地与组织文化观念相融合,有利于建设优秀的团队。正确的甄选人选能与组织文化融合,认可组织文化,同时能严格要求自己,把握正确的角色定位,有利于团队建设。

(4)改变组织原有的结构缺陷,为人力资源管理做准备。

(5)个人有提升的希望,组织有"岗得其才"的综合效应。

(三)甄选的基本步骤

(1)初步筛选。剔除求职材料不实者和招聘资料明显不合格者。

(2)初步面试。根据经验剔除明显不合格者。

(3)心理和能力测试。根据测试结果剔除心理健康程度和能力明显不合格者,也可以按一定比例从高分到低分淘汰低测试分值者。

(4)诊断性面试。诊断性面试是整个甄选过程的关键,为最后决策提供决定性的参考意见。

(5) 背景资料的收集和核对。根据核对结果剔除资料不实或品德不良者。
(6) 匹配分析。根据具体岗位需求剔除明显不匹配者。
(7) 体检。剔除身体状态明显不符合岗位要求者。
(8) 决策和录用。

二、甄选测试方法

(一) 心理测验法

1. 智力测验

智力测验一般包括知觉、空间意识、语言能力、数字能力和记忆力等方面的内容，要求受测者运用比较、排列、分类、运算、理解、联想、归纳、推理、判断、评价等技能来解答测试题。

2. 个性测验

个性测验用以了解被测试者的情绪、性格、态度、工作动机、品德、价值观等方面。通过个性测验可以寻求应试者的性格特征和工作要求的匹配。

3. 心理健康测验

目前，能有效用于心理健康诊断的心理测验主要有：明尼苏达多相人格问卷（MMPI）、罗夏的罗夏墨迹测验、默里的主题统觉测验（TAT）、艾森克的情绪稳定性测验、马斯洛的安全感-不安全感问卷。

4. 职业能力测验

职业能力是一种潜在的与特殊的能力，是一种对于职业成功在不同程度上有所贡献的心理因素。从内容上看，与职业活动效率有关的能力包括语言理解和运用、数理能力、逻辑推理、空间关系、知觉速度、手指关节灵巧度、人际协调、影响力、判断力、决策力等。职业能力测验可以分为两类：一类是一般职业能力测验；另一类是专门职业能力测验，主要用于一些专业领域职业人员的选拔和录用。

5. 职业兴趣测验

一个人职业上的成功，不仅受到能力的制约，而且与其兴趣和爱好有密切关系。职业兴趣作为职业素质的一个方面，往往是一个人职业成功的重要条件。了解职业兴趣的主要途径就是采用职业兴趣测验量表或问卷来进行测试。

6. 创造力测验

一般而言，发散性思维是创造力的基本操作模式。创造力包括的基本能力主要是流畅力、变通力、精通力、敏觉力和独创力。创造力的测验并不玄妙，有些简单的方法就可施测，如单字联想测验、物件用途测验、寓言测验、模型含义、远隔联想等。

(二) 评价中心法

评价中心法又称情景模拟法，是创设一个模拟的管理系统或工作场景，将被测试者纳入该系统中，采用多种评价技术和手段，观察和分析被测试者在模拟的工作情景压力下的心理和行为，以测量其管理能力和潜能的测评方法。由于评价中心法不是对被测试者的素质进行抽象的分析,而是将其置于一系列的活动、安排、环境布置、压力刺激的动态情境中来测试,故具有预测的可信度和效度高、信息量大、针对性强、客观公正等特点,是一种很有价值和发展前途的测评技术,因而它被广泛地应用到组织高层管理人员的测评中。

1. 公文筐处理

公文筐处理是一种具有较高信度和效度的测评手段,可以为组织高级管理人才的选拔、聘用、考核提供科学可靠的信息。在这项测试中,设计出一系列管理者所处真实环境中需要处理的各类公文,这些公文可以涉及财务、人事备忘录、市场信息、政府法令、客户关系等。由于这些公文通常是放在公文筐中,公文筐测验因此而得名。测验要求被测试者以管理者的身份,模拟一个公司所发生的实际业务、管理环境,在规定的条件下对各类公文材料进行处理,形成公文处理报告,从而对被测试者的计划、组织、分析、判断、决策、文字等能力进行评价。

2. 无领导小组讨论

在此测试中,被测试者组成一个临时工作小组,让他们讨论一些精心设计的管理活动中比较复杂棘手的问题。由于这个小组是临时拼凑的,并不指定谁是负责人。在这种情况下,通过对被测试者在讨论中所显露的语言表达能力、独立分析问题的能力、概括能力、应变能力、团队合作能力、感染力、建议的价值性、措施的可行性、方案的创意性等划分等级,进行评价。其目的就在于考察被测试者的表现,尤其是看谁会从中脱颖而出,成为自发的领导者。

3. 角色扮演法

在一个模拟的人际关系情境中,设计出一系列尖锐的人际矛盾和人际冲突,要求被测试者扮演其中某一角色并进入情境,去处理这些矛盾和问题。通过对被测试者在不同的角色情境中表现出来的行为进行观察和记录,评价被测试者是否具备符合其身份的素质特征及个人在模拟情境中的行为表现与组织预期的行为模式、将担任职务的角色规范之间的吻合程度,即代表了个人的个性特征与工作情境间的和谐统一程度。这种方法主要用于评价角色扮演者协调人际关系的技巧、情绪的稳定性和情绪的控制能力、随机应变能力、处理各种问题的方法和技巧。

(三)观察判断法

观察判断法是以观察被测试者行为反应作为基本手段,判断其内在素质能力的一种方法。它以测评人员素质为目的,借助一定的量表,在观察的基础上进行测评活动。

1. 事件记录与关键事件法

事件记录一般包括事件的真实记录与记录者当时对事件的客观性分析两个部分。事件记录主要用来描述被测试者在异常情况下如何行事、如何对发生的情况做出特定的反应、如何找出问题的原委及其解决的办法。关键事件法则是通过对被测试者生活工作中极为成功或极为失败的事件的观察与分析来测试有关素质。

2. 检核性描述量表

检核性描述量表一般由左右两部分内容组成,左边是一些词句组成的有待检核的项目,右边是"是"与"否"的两列空格,要求被测试者选择其中的一个作记号。对于该表内的各个项目,可以根据实际需要赋予一定的分数,然后计算其总和。

3. 观察测评量表

观察测评量表形式上类似其他量表,也是由两部分组成。一部分是被测试的行为项目,另一部分是测评结果的表述或记录的方式。观察测评量表,从表格的内容形式上划分有简单型与综合型;从测评技术上划分有标准参照式与常规比较式;从测评的结果表述形式上划分有图示、数字、等级与词语描述等几种。

（四）纸笔测评法

纸笔测评法是测试应聘者学识水平的重要工具,可以有效地测量被测试者的基本知识、专业知识、管理知识、综合分析能力、逻辑推理能力和文字表达能力等素质差异。其优点在于一次能够出十几道乃至上百道试题,考试的取样较多,对知识、技能的考核的信度和效度都较高,可以大规模地进行分析,因此花时间少,效率高,被测试者的心理压力较小,使他们较易发挥出水平,对成绩的评定也比较客观。

（五）面试法

面试是在人才选拔中使用最为广泛的技术方法,也是在最终的选拔决策中起关键作用的方法。有关面试法的相关内容,我们将在本项目的任务三中详细探讨。

三、甄选测试的可靠性分析

（一）甄选测试的信度与效度

信度与效度是组织在决定采用何种甄选方法时所依据的两个非常重要的指标。在对应聘者进行甄选测试时,应做到既可信又有效。

1. 测试的信度

信度又叫可靠性。为了使甄选标准有更高的可信度,甄选的标准必须保持一致性,这就是所谓的信度。一个好的甄选工具必须稳定可靠,即多次测量的结果要保持一致,否则就不可信。

影响测试信度的误差来源主要有以下几种。

（1）测试对象的特征。被测者的个人影响因素有应试动机、测试经验、身心健康状况、注意力、持久性、求胜心、作答态度等。被测者团体因素有团体的异质性和团体的平均水平。

（2）招聘者或主测者的影响因素,包括不按规定实施面谈或测试、制造紧张气氛、给予某些被测者特别协助、主观评分等。

（3）测试内容方面的影响因素,包括测试题目取样不当、不一致性低、题目数量过多或过少、题目意义含糊等。

（4）实践测试的情景方面的影响因素,包括测试的现场条件,如通风、温度、光线、噪声、桌面好坏、空间大小等。

2. 测试的效度

效度是比信度更重要的甄选指标。效度又称为有效性或正确性,指一种甄选技术能够真正衡量所要衡量对象的程度。在甄选过程中,有效测试的结果应能够正确地预测应聘者将来的工作成绩,即甄选结果与以后的工作绩效考评得分是密切相关的。这两者之间的相关系数越大,说明测试越有效。

影响测试效度的误差来源主要有以下几种。

(1) 测试组成方面的影响因素。测试的取材、测试的长度、试题的难度、试题的编排方式等对测试均有影响。如果测试试题经过审慎选择,测试的长度合适,难易程度适中且编排得当,则效度比较高。

(2) 测试实施方面的因素。在测试实施的过程中,无论是场地的布置、材料的准备,还是作答方式说明、时间的限制等,如果不按照标准化的程序进行,则必然使效度降低,失去测试的意义。

(3) 受测者的反应方面的影响因素。受测者的兴趣、动机、情绪、态度和身心健康状况等,都足以决定其在测试情境中的反应,而受测者是否充分合作与尽力而为,均能影响测试结果的可靠性和正确性。

(二) 甄选测试准则

自从甄选测试被运用到招聘过程中后,招聘者从过去完全依靠主观判断的被动中解放出来,对应聘者的观察和认识更客观、更准确。但测试本身尚有许多不完善之处。无论是在能力、技能还是在知识方面的测试成绩,都不能说是对应聘者提供了非常准确和可靠的指标,在解释测试分数时应该保持谨慎的态度。为了尽可能避免测试的缺陷,必须遵循若干准则。

(1) 测试仅是甄选技术的补充手段。

(2) 应该根据自身情况选择合适的测试方法。

(3) 对组织现行的录用和晋升标准进行分析。

(4) 对于决定和原因都应保持准确的记录,有利于将来进行分析研究。

(5) 对候选人进行测试,按照测试分数雇佣候选人,然后在日后将他们的工作绩效与测试分数进行比较。

(6) 由人力资源方面的专家实施测试工作。

(7) 应当在隐秘安静、光照充足、通风良好的地方进行测试,且所有应聘者应在同样的环境下进行测试。

读一读 & 想一想:天洪公司的招聘问题

案例导入

小米公司是如何招聘人才的？

当年面对小米这家刚起步的创业公司，有些面试候选人还会犹豫，这时候怎么办？雷军和小米创始人团队，轮番上阵面谈，有很多都是一聊就近10小时。小米手机硬件结构工程负责人第一次面试是在雷军办公室，从下午1点开始，聊了4个小时后憋不住出来上了个洗手间，回来后雷军说：我把饭定好了，咱们继续聊聊。后来聊到晚上11点多，他终于答应加盟小米。过后他自己半开玩笑说：赶紧答应下来，不是那时多激动，而是体力不支了。

在小米成立第一年，雷军花了绝大多数时间做的事情就是找人！其中搭建硬件团队花了最多时间。因为小米刚开始的几个创始人都来自互联网行业，不懂硬件，也没有懂硬件方面的足够的人脉。在第一次见到后来负责硬件的联合创始人周光平博士之前，公司已经和几个候选人谈了两个多月，进展很慢，有的人还找了"经纪人"来和小米谈条件，不仅要高期权，而且要比现在的大公司还好的福利待遇。有次谈至凌晨，雷军、林斌（联合创始人、总裁）都觉得快崩溃了。

员工招聘上，小米的宗旨是，要用最好的人。公司一直都认为研发本身是很有创造性的，如果人不放松，或不够聪明，都很难做得好。"你要找到最好的人，一个好的工程师不是顶10个，是顶100个。所以，在核心工程师上面，大家一定要不惜血本去找，千万不要想偷懒，只用培养大学生的方法去做。最好的人本身有很强的驱动力，你只要让他沉浸在他喜欢的事情上，让他自己有玩的心态，他才能真正做出一些事情，打动他自己，才能打动别人。所以你今天看到很多的小米工程师，他们自己在边玩边创新。"

乔布斯曾经说过一句话，让人觉得非常震撼："我过去常常认为一位出色的人才能顶两名平庸的员工，现在我认为能顶50名。我大约把四分之一的时间用于招募人才。"据说乔布斯一生大约参与过5 000多人的招聘，组建由一流的设计师、工程师和管理人员组成的"A级小组"，一直是乔布斯最核心的工作。

小米在创办4年后，市场估值100亿美元，业界把小米看作创业的明星公司。但在这种前提下，公司找人依然花费巨大的精力。主要是因为小米想找的人才要最专业，也要最合适。

最合适，指的是他要有创业心态，对所做的事情要极度喜欢。员工有创业心态就会自我燃烧，就会有更高的主动性，这样就不需要设定一堆的管理制度或KPI考核什么的。创业心态有时更通俗地说就是热爱，如何持续激发团队的热爱？

"首先，让员工成为粉丝。其次，'去KPI化'。小米内部确实是没有KPI的。但是没有KPI，不意味着我们公司没有目标。小米对于这个目标怎么分解呢？我们不把KPI压给员工，我们是合伙人在负责KPI的。但我们定KPI，都是定一个数量级，比如说今年要卖4 000万台，不会去约定如果你完成A档、B档、C档，我就给你一个什么样的奖励。"

（来源：http://www.hrsee.com/?id=425，有改动）

任务拓展

人力资源甄选流程图

人力资源甄选流程图如图 5-2 所示。

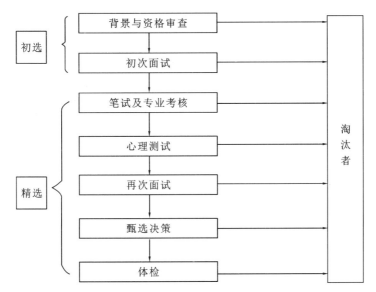

图 5-2　人力资源甄选流程图

做一做：学生开展模拟招聘

任务三　组织员工面试

任务故事

听一听：宝洁公司的标准化面试

宝洁公司的标准化面试

宝洁公司的面试一般分为两轮。第一轮为初试，一位面试经理对一个求职者面试，一般都用中文进行。面试人通常是有一定经验并受过专门面试技能培训的公司部门高级经理。一般这个经理是被面试者所报部门的经理，面试时间在30~45分钟。

通过第一轮面试的学生，宝洁公司将出资请应聘学生来广州的宝洁（中国）有限公司总部参加第二轮面试，也是最后一轮面试。为了表示宝洁对应聘学生的诚意，除提供免费往返机票外，面试全过程在广州最好的酒店或公司总部进行。第二轮面试大约需要60分钟，面试官至少是3人，为确保招聘到的人才真正是用人单位（部门）所需要和经过亲自审核的，复试都是由各部门高层经理来亲自面试。如果面试官是外方经理，宝洁还会提供翻译。

一、宝洁的面试过程

宝洁的面试过程主要可以分为以下四大部分：

第一，相互介绍并创造轻松交流气氛，为面试的实质阶段进行铺垫。

第二，交流信息。这是面试中的核心部分。一般面试人会按照既定的8个问题提问，要求每一位应试者能够对他们所提出的问题做出一个实例的分析，而实例必须是在过去亲身经历过的。这8个问题由宝洁公司的高级人力资源专家设计，无论被面试者如实或编造回答，都能反映其某一方面的能力。宝洁希望得到每个问题回答的细节，高度的细节要求让个别应聘者感到不能适应，没有丰富实践经验的应聘者很难很好地回答这些问题。

第三，讨论的问题逐步减少或合适的时间一到，面试就引向结尾。这时面试官会给应聘者一定的时间，由应聘者向主考人员提几个自己关心的问题。

第四，面试评价。面试结束后，面试人立即整理记录，根据求职者回答问题的情况及总体印象做出评定。

二、宝洁的面试评价体系

宝洁公司在中国高校招聘采用的面试评价测试方法主要是经历背景面谈法，即根据一些既定考察方面和问题来收集应聘者所提供的实例，从而来考核该应聘者的综合素质和能力。

宝洁的面试由8个核心问题组成：

第一，请你举一个具体的例子，说明你是如何设定一个目标然后达到它的。

第二，请举例说明你在一项团队活动中如何采取主动性，并且起到领导者的作用，最终获得你所希望的结果。

第三，请你描述一种情形，在这种情形中你必须去寻找相关的信息，发现关键的问题并且自己决定依照一些步骤来获得期望的结果。

第四，请你举一个例子说明你是怎样通过事实来履行你对他人的承诺的。

第五，请你举一个例子，说明在完成一项重要任务时，你是怎样和他人进行有效合作的。

第六,请你举一个例子,说明你的一个有创意的建议曾经对一项计划的成功起到了重要的作用。

第七,请你举一个具体的例子,说明你是怎样对你所处的环境进行一个评估,并且能将注意力集中于最重要的事情上以便获得你所期望的结果的。

第八,请你举一个具体的例子,说明你是怎样学习一门技术并且怎样将它用于实际工作中的。

根据以上几个问题,面试时每一位面试官当场在各自的"面试评估表"上打分:打分分为三等:1～2(能力不足,不符合职位要求;缺乏技巧、能力及知识),3～5(普通至超乎一般水准;符合职位要求;技巧、能力及知识水平良好),6～8(杰出应聘者,超乎职位要求;技巧、能力及知识水平出众)。具体项目评分包括说服力/毅力评分、组织/计划能力评分、群体合作能力评分等项目评分。在"面试评估表"的最后一页有一项"是否推荐栏",有三个结论供面试官选择:拒绝、待选、接纳。在宝洁公司的招聘体制下,聘用一个人,须经所有面试经理一致通过方可。若是几位面试经理一起面试应聘者,在集体讨论之后,最后的评估多采取一票否决制。任何一位面试官选择了"拒绝",该生都将从面试程序中被淘汰。

(来源:http://www.hrsee.com/?id=468,有改动)

看一看:组织员工面试

知识讲坛

一、什么是面试

(一)面试的定义

面试是在人才选拔中使用最为广泛的技术方法,也是在最终的选拔决策中起关键作用的方法。面试是一种互动的、可控的测评方式,它通过评价者与被评价者双方面对面的观察、交流,使评价者通过双向沟通形式来了解面试对象的素质状况、能力特征以及应聘动机。

许多实践者存在这样的误区:他们把面试作为一种获得被试者基本背景信息(如家庭情况、教育背景等)的手段。而实际上这不是面试的主要目的,也不经济。因为这些信息,我们通过简历、申请表的方式就能得到。面试所考察的应该是难以通过书面材料考察的、求职者更深入的特征。

(二)面试的意义

面试在员工招聘中有重要的意义:

(1) 为主试者提供机会来观察应聘者；
(2) 给双方提供了解工作信息的机会；
(3) 可以了解应聘者的知识、技巧、能力等；
(4) 可以观察到被试者的生理特点；
(5) 可以了解被试者的非语言行为；
(6) 可以了解被试者的其他信息。

（三）面试的目标

1. 招聘方的面试目标

创造一个融洽的会谈气氛，使应聘者能够正常展现自己的实际水平。让应聘者更加清楚地了解组织发展状况、应聘岗位信息和组织人力资源政策等。了解应聘者的专业知识、岗位技能和非智力素质，决定他们是否通过本次面试。

2. 应聘者的面试目标

创造一个融洽的会谈气氛，尽量展现出实际的水平。有充分的时间向面试人员说明自己具备的条件。被理解、被尊重，并得到公平对待。充分地了解自己关心的问题，决定是否愿意来该公司工作。

从面试人员和应聘者双方的面试目标可以看出：首先，面试人员和应聘者的面试目的并不完全相同；其次，面试人员和应聘者之间是双向选择的关系。由于在面试活动中，面试人员始终处于主动状态，所以，面试人员在进行面试安排和进行面试时，除了要考虑达成自己的面试目标之外，还要帮助应聘者达成应聘者自身的面试目标。

（四）面试的结构要素

一项标准的面试活动通常是由五大要素构成的：
(1) 面试官，亦称作评委、面试者、考官，即组织选派的主持和参加面试的人。
(2) 应试者，亦称作被面试者、考生、被试者，即参加面试的申请者。
(3) 面试内容，包括所提问题及评分标准等。
(4) 实施程序，通常分为五个阶段，即初始—引入—正题—变换—结束。
(5) 面试结果。

二、面试的特点和运用

（一）面试的特点

(1) 面试法通过对人员的外部行为特征的观察与分析及对过去行为的考察来评价一个人的素质特征。

心理科学与人员测评科学认为，一个人的气质、性格、能力往往是通过一个人的外部行为特征表现出来的。人的外部行为特征主要是一个人的语言行为与非语言行为。因此，通过面试，对一个人的外部语言行为与非语言行为进行观察与分析，可以了解一个人的内在心理素质状况。

(2)面试法以观察与谈话为主要工具。

观察法是现代科学普遍运用的一种方法,也是现代人员甄选中运用的一种基本方法。它是以观察者的感官(眼睛、耳朵)为工具,有目的、有计划地直接观察被试者的言语行为与非言语行为,并将观察到的结果,按照时间顺序做系统的记录、研究和分析。这种研究方法,在现代人员甄选录用中,还可以借助于其他视听设备的帮助,例如录音机、录像机等。观察法运用于面试中,要求主试者善于运用自己的感官,特别是视觉和听觉。

(3)面试时间的持续性。

首先,面试是因人而异的。主考官提出问题,应聘者针对问题进行回答,考察内容不像笔试那么单一,既要考察应聘者的知识水平、工作能力和实践经验,又要考察其头脑的机敏程度、反应能力以及言谈举止、仪表风度,因此只能因人而异,逐个进行,以评价岗位申请人的真实情况。其次,面试一般由用人部门主持,各部门、各岗位的工作性质、职责以及对其他方面的要求也不同,面试差异较大,无法在同一时间进行面试。最后是面试一位应聘者的时间,不能做硬性规定,而应视应聘者面试的情况而定,如应聘者对所提问题对答如流,表述清楚,主试人很满意,在约定时间内即可结束面试;如应聘者对有些问题回答不清楚,主试人需要继续追问,或需要进一步了解应聘者的某些情况,则可适当延长面试时间。

(4)面试内容的不固定性。

面试内容对每一位应聘者来说都是变化着的、不定型的。

(5)面试的双向沟通性。

面试是主试者与被试者之间的一种双向交流、彼此传达,引发彼此的态度、情感、想法、期望的过程,是包括言语及非言语两种水平的信息交流过程。在面试中,被试者并不完全处于被动状态。主试者可以通过观察和言辞答问来评价被试者,被试者也可以通过主试者的行为来判断主试者的态度偏好、价值判断标准以及主试者对自己面试过程中的表现的满意度,以此来调节自己在面试中的行为;同时,被试者也可以借此机会了解将要给予他的工作岗位的条件、特殊性,并由此决定自己是否可以接受这一职务。因此,面试不仅是对被试者的一种考察,也是主客体之间的一种沟通、情感的交流和能力的较量。

(二)面试的优点

有一项调查显示,70%的组织在招聘过程中使用了某种形式的面试技术或方法。面试之所以备受重视,其原因是它具有以下四点优势。

(1)面试官有机会直接接触应聘者,并随时解答各种疑问,这是申请表格和测评都无法做到的。

(2)面试官可以判断应聘者是否具有热忱和才智,还可以评估应聘者的面部表情、仪表以及情绪控制能力等。

(3)面试是一种双向沟通的过程。在面试中,不仅仅是面试人员了解应聘者,同时应聘者也在了解他正在应聘的组织。

（4）考察内容相对灵活。尤其是非结构化的面试,面试的形式和内容可以根据被试者的经历、背景和面试表现的不同而不同,也可以根据职位的不同而不同。

（三）面试的缺点

（1）成本高,费时长,效率低,不宜大规模采用。

（2）评分主观随意性大,不易保证信度。

（3）由于面试官可能存在的偏见和申请者的刻意掩饰,对应聘者的品格、诚实度、忠诚度、技能等方面难以完全把握。

（四）面试运用的对策

面试是一种员工招聘的有效的测评方法,虽然它有一定的缺点,但是只要我们注意克服缺点,严格地运用科学的程序来进行面试,我们还可以使面试发挥更大的作用。运用面试的主要对策如下：

（1）在面试前不要让主试者了解太多有关被试者的资料,因为这样会使主试者造成种种偏见,不利于面试的进行。

（2）不要大规模地运用面试,也就是说面试的人数不要太多,否则会使主试者感到疲倦,而使面试的测评结果前后不一致。可以运用其他测评方法的时候,应该运用其他的测评方法,只有当被试人员较少的时候,运用面试效果才比较好。

（3）在面试时要尽量提与工作有关的问题,主要包括对工作的知识、人际关系、心理素质等。

（4）要运用一个有程序的结构形式,而不要运用一个没有程序的散漫形式,这样才能够自始至终比较一致地对每一个被试者进行面试。

（5）运用标准的评分表。在面试以前,首先应该制定好客观的标准答案,在面试时就要运用标准的评分表来给每个被试者进行评分。

（6）要及时记录每一位被试者的表现。有的主试者认为应当在面试结束以后,再对每个被试者进行评分,其实这时已经遗忘了很多信息。因此,只有一边面试,一边记录,才能够把全部信息尽可能多地记录下来。

（7）运用面试控制板,把有关的要点、目标、要求、程序、需要提的问题写在一张纸上,这样就能够保证面试规范化。

（8）培训主试者。主试者一般应该是组织中的高级管理人员,或者是有关的专家,但是也应该抽出一定的时间对主试者进行培训,主要是提高主试者接收信息的能力、评价信息的能力、观察行为的能力、综合分析的能力、运用标准答案的能力等。

三、面试的准备

（一）明确面试准备的意义

面试前的准备工作对于面试的成功是至关重要的。做好面试前的准备工作,至少有两点好处：一是能够帮助面试者更好地对被试者做出判断；二是能够帮助被试者形成对公司的良好印象。

(二) 回顾职位说明书,确定面试目的

对职位的描述和说明是在面试中判断一个候选人是否能够胜任该职位的依据,因此主试者在进行面试之前必须对职位说明信息了如指掌。在回顾职位说明的时候,要侧重了解的信息是职位的主要职责,对任职者在知识、能力、经验、个性特点、职业兴趣取向等方面的要求,工作中的汇报关系、环境因素、晋升和发展机会、薪酬福利等。

(三) 选择面试方式

面试方式的变化可以分为两类:一类是变化应聘人接受面试的次数;一类是变化面试的形态。

1. 一对一面试

一对一面试,只有一位主考官,多用于小规模招聘以及较低职位员工的招聘。

2. 小组面试

小组面试是指几个面试官使用一套事先准备的问题进行面试,几个面试官坐在一起共同听候选人回答问题。小组面试往往由几名主管或经理组成面试小组。其优点是,既节约面试的时间和精力,又为参与雇佣决策的人提供了同等的机会来观察候选人的反应。这种方式的主要缺陷是给候选人造成了压力。如果选用小组面试方式,一定要告知候选人这种安排,不要把面试时间拖得太长,并且一定要指定一个真正发挥作用的小组负责人。

3. 结构化面试

结构化面试能使整个面试过程遵守规范化的操作流程,保证质量。一般分为四个部分,即一般职位因素、教育程度、技术方面的特殊因素(关于特殊技能、训练及经验方面)和其他问题(应有相当的弹性)。事先准备好一份问题的清单,这些问题系统全面地概括了所要了解的情况。面试过程中,严格按该清单的问题程序发问,然后按标准格式记下应聘者的回答。结构化面试可以使面试不至偏离正轨,从而避免面试官忘了提问关键的问题。

4. 阶梯型面试

阶梯型面试指通过一系列连续的面试积累信息的面试方法。每轮面试中的信息汇集在面试评估表中并传递给下一轮面试官。下一轮面试官根据记录和关注事项进行准备。阶梯型面试中需要询问的问题不可以统一的格式事先印制,一定要为每轮面试留下准备时间,以便面试官可以事先查阅评估表并设计问题。阶梯型面试之所以有效,是因为它将每轮面试连接起来,形成逐步深入而且内容丰富的会谈。运用这种面试方法也有一定的限制,当组织开始建立自己的面试制度时,只有具备了足够的时间并且获得资深的主持面试者的协助,才可以考虑这种系列式面试。

(四) 培训面试主考

主考是面试过程中至关重要的一个因素,主考的观念、经验、知识结构等都直接影响着面试成功与否。因此,对主考的培训不容忽视,否则,公司在面试上投入的时间和资金可能达不到理想效果。对主考的培训主要包括以下几方面的内容:

首先,要让主考明确面试的目的是为公司选用优秀的人才,是要考察应聘者相关的能力结构,主考应该从公司的利益出发,公正、客观地对应聘者做出评价,不要只凭自己的好恶做决定。

主考应对招聘岗位有个全面的了解。不仅要了解专业技术知识,也要对工作职责、工作内容有所认识。如果是多对一的面试,主考小组应至少包括部门主管和人力资源部人员,这样才能保证在知识结构上的完整。

必须使主考明确:面试不是简单的面对面谈话,不是想问什么问题就问什么问题,也不是完全凭主考的直觉和经验就能做出判断,得出结果。主考要严格把握评分标准的客观统一。

(五)拟定面试内容主题

完成工作分析之后,管理者对一个工作岗位便会有充分的了解,较全面地掌握这个工作岗位的工作要求,这在挑选应聘者的过程中起着巨大的作用。如果管理者没有客观地给予评价,"乱花迷眼"的情况便会出现,招聘面试的准确性亦因此而被拖垮。草拟合适的问题是进行招聘面试前的一个重要步骤,如果管理者在工作分析的过程中下足功夫,他在草拟问题时便易如反掌了。

(六)选择面试场所

面试场所的选取是最后一项准备性工作。面试场所安排不当可能会对面试的顺利进行产生很大的干扰,诸如使应聘者感到紧张、不自在或注意力无法有效集中等。

(七)明确面试时应注意的事项

(1)制造和谐的气氛。一般来说面试的气氛较和谐,了解的信息比较准确。在一般情况下,尽可能在面试刚开始时,和被试者聊聊家常,缓解面试的紧张气氛,使被试者在从容不迫的情况下,表现出其真实的心理素质和实际能力。

(2)避免重复谈话。面试应该规定一个基本的时间界限。

(3)对每一个被试者前后要一致。也就是说不能先紧后松,或者先松后紧,这种现象在面试时经常会出现。

(4)紧紧围绕面试的目标。问的问题尽量要与工作有直接的关系,不要问与工作无关的问题,这样才能够紧紧围绕面试的目标。

(5)对被试者要充分重视。有时主试者在面试中会表现出对被试者一种漫不经心的态度,这样使被试者感觉到自己受冷落,就会做出不积极的反应,这样就不能了解被试者真正的心理素质和潜在能力。

(6)避免过于自信。有些主试者过分自信,先入为主,不管被试者反应如何,他都根据自己事先已经考虑好的东西去判断,这样就容易造成失误。

(7)避免刻板印象。刻板就是指有时对某个人产生一种固定的印象。这种刻板印象往往会影响主试者客观、准确地评价被试者。

（8）注意非语言行为。人们的语言往往是通过大脑的深思熟虑才讲出来的，尤其是面试的时候，被试者往往事先做过充分准备，他讲话的时候往往把最好的一面反映出来，但是要真正了解被试者的心理素质，有时应该很仔细地观察被试者的非语言行为，这里边包括他的表情、动作、语调等。

（9）防止不必要的误差。有时因为主试者对面试不熟练，或者没有面试经验，往往会造成不必要的误差。

（10）注意第一印象。第一印象可能是正确的，也可能是不正确的，而面试时产生的第一印象常常是不正确的，因此要防止第一印象的影响，这样才能比较客观地判断、评价一个人。

四、面试的实施

（一）面试的程序

面试过程往往分为五个阶段。这只是人为的大致划分，实际操作中没有必要照搬。

1. 准备阶段

这个阶段多以社交话题为主，主要是为了帮助应聘人消除紧张戒备心理。面试开始，面试者要努力创造一种和谐的面谈气氛，使面试双方建立一种信任、亲密的关系，解除应聘者的紧张和顾虑。

2. 导入阶段

主考官一般根据应聘人的履历情况提出问题，逐步引出面试正题。在这个阶段，要给应聘人一个真正的发言机会，同时主考官开始对应聘人进行实质性评价。整个提问可以先易后难，针对疑点逐一提问，以达到预期的目的。

3. 核心阶段

这是面试的实质性阶段，主考官通过广泛的话题从不同侧面了解"面试评价表"中所列各项要素。在这个阶段，需要注意的是面试提问技巧，提问可采用以下几种方式。

（1）引导式提问。当涉及工资、福利、工作安排等问题时，征询应聘人的意向、需要和一些较为肯定的回答。

（2）压迫式提问。为了考察应聘人在压力情形下的反应，提问多从应聘人的矛盾谈话中引出。比如面试过程中应聘人表示出对原单位工作很满意，而又急于调换工作，主考官可针对这一矛盾进行质询，常常形成压迫性的谈话。

（3）连续式提问。为考察应聘人的反应、逻辑性和稳定性，主考官可以连续提问，形成一定的压力。

（4）假设式提问。采用假设性提问可以拓宽评估空间，目的是考察应聘人的应变能力、思维能力和解决问题能力，有时会收到很好的提问效果。

4. 转换阶段

一般在面试时集中提出一些问题。注意求职申请表中所填的内容,加以推测分析。同时询问应聘者过去做过的工作,据此来判断他将来能否胜任此岗位,这是完全有必要的。但有时应聘者也会编造一些假象。为解决这一问题,在考察对象的工作能力、工作经验时,可针对应聘者过去工作行为中特定的例子加以询问。基于行为连贯性原理,所提的问题并不集中在某一点上,而是一个连贯的工作行为。此阶段是面试的收尾阶段,此时,面试的主要问题已经谈过了,主考官可以提一些更尖锐、更敏感的问题,以便能更深入地了解应聘人,但要注意分寸。

5. 结束阶段

在这个阶段,应给应征者留下自由提问的时间。结束要自然。结束后,面试者应立即整理面试记录,填写评价表。

(二)面试提问的技巧

主试者准确地把握提问技巧是十分重要的。这不仅可以直接起到有针对性地了解应聘者某一方面的情况或素质的作用,而且对于驾驭面试进程、净化面试的主题、形成良好的面试心理气氛都有着重要影响。因此,主试者在提问时应注意掌握以下技巧。

1. 尽量采用开放式提问

如果条件允许,除了简单的"是/否"选择外,应要求应聘者回答一些与岗位有关的开放式的问题。如果时间充裕,重要问题的提问应将答案加以小结反馈给应聘者,以便检查一下主试者是否完全理解了他们的本意。

2. 采用答案泄露也不影响评估结果的问题

在网络时代,还有谁能够把面试问题保守为秘密呢?一个谨慎的主考官应该想到,将要向应聘者提出的问题会不会早已被应聘者见到过?有的人或许多年前就从朋友那里听说过了这样的问题和答案。还有的人临时抱佛脚在面试的前一天晚上从网上下载了许多这方面的问题。很多应聘者不会"坦白地"把这些事实透露给你。

3. 不问没有正确答案的问题

"给绿色下个定义"或者"如果门外来了一艘太空船,你愿意坐上去并飞到什么地方吗",这样的问题只适合在一些聚会游戏中使用,不值得为它们花费宝贵的面试时间。

4. 先易后难、循序渐进地提问

面试的问题一般都是根据重点内容的需求拟定的。在进行面试时,可将那些应聘者熟悉、容易回答的问题排列在前面。这样有利于应聘者逐渐适应,展开思路,进入"角色"。在面试开始时,还要注意题目与目的的相关性。有经验的主试者的提问一般具有较高的有效性,例如,当其随手翻阅申请表时问:"我看到你以前在某公司工作,你觉得那里的工作怎么样?"比如:"你喜欢那个工作吗?"或"你为什么离开那里?"等等,这些问题更具有综合性,可以了解更多的信息。

5. 注意面试节奏,把握好面试时间

应规定一个时间界限,所谈的问题要集中,对每一个应聘者前后要一致,不能前紧后松,或前松后紧,这样的面试结果既不理想也有失公平。另外,主试者应根据时间把握好进度,特别是对有些问题不要同应聘者纠缠,以免延误时间。

6. 提问要具体

求职者在面试过程中有可能拿一些内容空洞的答案代替具体例子。当求职者缺乏足够的专业知识,却想用华丽的辞藻给面试者留下深刻印象时,就有可能发生这种情况。例如,面试者问:"你的最大优势是什么?"求职者可能会回答:"我善于解决问题。"问得不错!回答得也很妙,对不对?事实上并非如此。关于求职者你都了解了些什么?如果你想了解一个人的长处,应采用"两面夹击"的办法问他:"你的最大长处是什么?"接下来问一个素质考核问题:"举例说说你是如何在目前的工作中发挥自己的最大优势的。"此刻,如果求职者用"我擅长解决问题"来回答第一个问题的话,他必须举一个具体例子来证明这一点;如果他做不到,或者拿出更多华丽的辞藻来搪塞,你便可以看出他是在哆哆嗦嗦地敷衍你。华而不实的回答还有可能将面试者的注意力从对求职者的不利方面引开。求职者自然会强调自己的长处与优点,而面试者也往往会注重积极因素,以期望找到最佳候选人,结果,相关的不利特点常常被忽略,待求职者被录用后才表现出来。招聘者务必要问一些能说明求职者以往错误和问题的素质考核问题,以便了解一些不利情况。在这些方面问一些开放式、假设性、探究性和封闭式问题也有助于既了解求职者的长处,同时又认清其不足之处。

7. 避免带有暗示性的问题或选择题

决不能让求职者认为他们必须在两个或更多的选项中做出选择,这种结构的问题意味着正确的答案就在招聘者给的选项中,因而排除了任何其他可能性,求职者可能会感到拘束,而招聘者则有可能错过一些宝贵信息。有时招聘者会因为失去了对面试的支配能力而使用带暗示性的问题。如果招聘者想重新掌握主动,应当连续问几个封闭式问题,然后再接着问一些更有意义和素质考核的问题。

(三) 做好面试记录

不管你自己认为你的记忆力有多强,在面试的过程中都应该做记录。记忆并不一定都能靠得住,特别是在一些具体的细节问题上。做笔记是你对在面试过程中所获信息进行比较分析的唯一途径。这是一种至关重要的工具。它可以帮你在全部面试结束之后对应聘者进行分析比较。

事先准备好要提问的问题,特别是那些与工作有关的问题。将这种准备作为你做记录的一部分。你应该知道你所准备的问题可以从应聘者那里获得什么信息。把要获得的信息列在问题的下面,到时候根据应试人的回答打钩就行。留下一定的位置用于填写应试人提供的附加信息,用关键字词标上即可。

(四) 面试过程的误区

在整个面试过程中,主考官应努力避免犯一些错误,这些错误的做法可能对整个招聘过程并无大的影响,但不良的因素毕竟也是存在的。

1. 主考官不知不觉"泄露"答案

一些提问,实际是暗示对方应该做肯定回答,即使这个应征者在这方面知之甚少。

2. 主考官话多,令对方无开口机会

有时在面试中主考官花大量时间在为应聘者阐述评价意见,或解释问题。这实际是在浪费时间,这是和面试目的背道而驰的。

3. 不停地记录,使应聘人受影响

主考官另外一种常犯的错误就是在面试过程中不停地记录,给应聘人一种谨慎回答的暗示,妨碍了双方正常的沟通与交流,影响了面试的正常进行。

4. 主考官只听不观察

学会听对方说话是主考官必须具备的基本技能。不但要听而且要看,即不但要留意对方说了什么,还要留意观察对方的面部表情、言谈举止。主考官还应避免先入为主,在应聘人实际说完之前,主考官在潜意识里以自己所想的话"代"应聘人完成了尚未说完的话,因而又形成了一种主观偏见,结果应聘人的回答每每受到主考官的曲解或误解。

5. 不考虑应聘人的紧张心情

有的应聘人进入面试室时,表现得很局促、紧张。主考官这时不宜立刻开始提问,可找一些轻松的话题作为开场白,使应聘人平静下来。主考官应尽量避免在面试开始时,便提出可能会让对方难以回答,甚至对方可能认为是故意向他挑战的问题,而应该先易后难,渐入佳境。主考官如果认为非问这样的问题不可,至少也必须留待面试的后一阶段再提出。另外在面试中,当应聘人对一些问题回答不上来时,可能会产生紧张情绪,这时评委们应适当加以诱导,或转向别的问题。当然在面试过程中,主考官也可适当制造一些紧张气氛以观察应聘人承受压力的能力。

6. 忽视面试中的交流

虽然应聘人主要是信息提供者,但应聘者并不完全处于被动状态。主考人可通过观察和言辞答问来评价应征者,而应聘者也可通过主考官的行为来判断主考官的态度偏好、价值判断标准及对自己表现的满意度,从而调整自己的行为。同时应聘者还可以借此机会了解自己所要应聘岗位的情况,决定是否接受这一职务。由于面试可以说是一种情感的交流,因此主考官不仅要有丰富的面试经验,还应有过人的沟通能力和驾驭全局的能力。

7. 面试中存在偏见

每一个主持面试的人,因个人的偏爱和过去的经历(但这种经历和现在的招聘工作已毫无关系),常常会在一定程度上影响他去正确挑选应试者。我们的目标是认识到这些偏见,并使用完整的强调行为表现的面试来控制偏见。

(1) 因相似引起的偏见。你是否注意到,你和一个人谈话时,如果这个人的背景、信仰、观念和业余爱好、上的学校或故乡等方面,和你有许多相似之处,你就很容易喜欢上他,与他相处时也会感到更舒服一些。问题是,这种相似性常常使我们看不到一个人的重大缺点。这就叫因相似而引起的偏见。

(2)初次印象产生的偏见。你是否曾经有过见到一个人后,很快就知道你不喜欢他(她)的情况?我们总会很快对其他人形成一种看法,这就叫初次印象产生的偏见。

(3)以偏概全。你是否因一个应试者有很高的技能而认定他(她)能成为一个好的领导?我们经常会因一个人的某一特长影响对其整体的感觉。

(4)招聘压力带来的偏见。如果你是招聘和筛选的负责人,现有五个正在进行的项目中的某些岗位需招聘人才。而这些岗位昨天就该补缺了。你在这种情况下进行面试时,一些应聘者即使不是真的可以接受,你也可能让他(她)通过。这叫作招聘压力带来的偏见。

(5)印象上的明显反差。你刚结束对5个难缠的应试者的面试,下一个应试者是在平均水平以下,而且在一般情况下,你是不会录用这个人的。但是在与这5个难缠的应试者打交道之后,你就会觉得这个应试者还可以接受,所以你就录用了他。这时,由于在印象上有明显的反差而产生的偏见,使你做了一个拙劣的决定。

(五)面试结果汇总

每位主考官对每位应聘者在面试评价表中都有一份独立的评价结果,汇总结果就是将多位主考官的评价结果综合,形成对应聘者的统一认识。这个工作可以在综合评价表上完成。综合评价表是将多位主考官的评价结果汇总得出,并根据需要对应聘者的评价结果排序。

面试过程一结束就应填写面试结果汇总单,主考官在填写总评一栏时,不能仅以对某一应聘人的印象为基础,而应是全部应聘人比较后的结论。根据这张表,可以将职位要求条件和应聘人的实际情况做比较,主考官应对应聘人的各种素质能力进行排序,还应结合空缺岗位综合考虑,并密切注意应聘人的其他因素中与职位要求最贴近的项目。比如应聘职位是一个纯技术性的职位,那么应聘人只要有足够的技术知识和经验就可以了;而若是一个中层管理者,经验则是更重要的因素。一般情况,主考官衡量应聘人的条件是以公司本身的需要为前提的。对应聘人的评审,每位主考官的看法可能不同,这时可先让主考官根据面试评价表打分,然后再将所有主考官的分数加起来,求得平均数,就可代表该应聘人所得分数了。

读一读 & 想一想:双环公司该如何处理面试问题

 案例导入

"60后"的刘备如何面试"80后"的诸葛亮?

刘备三顾茅庐是家喻户晓的故事,它比喻诚心诚意,一再邀请、拜访有专长的贤才,流传至今,成为世间美谈。故事发生在公元207年,刘备生于公元161年,所以他当时47岁,是"60后",而诸葛亮生于181年,当时27岁,是"80后",两人相差20岁。那么,作为"60后"的刘备,是如何招聘到"80后"的诸葛亮的呢?这段历史佳话,又带给我们今天的组织招聘管理怎样的启示呢?

刘备需要什么样的人才?

与曹操相比,刘备自身的业务能力并不强。刘备意识到了智谋之士的重要性,他心里非常清楚,他要取得快速发展,扩大自己的地盘,急需一位职业经理人来辅佐他。这位职业经理人必须要具备刘备及其身边人所没有的条件:有较强的战略眼光,有较强的分析思维,有较强的求职动机,有一定的管理能力,有工作经验者优先考虑。

刘备通过什么方式招聘?

三国时期不像现在手机、网络什么的这么发达,所以招聘的渠道和手段相对较少。像刘备这样典型的"三无"组织(一无资金,二无市场,三无品牌),内部培养来不及,外部招聘找不到,因此选人必须另辟蹊径,而他的招聘定位也十分准确。

(1)打着刘皇叔的旗号。在这个兵荒马乱的年月,要成大业,必须要有一块像模像样的牌子。

(2)主动出击,定点搜寻。像刘备这种创业型公司,如果守株待兔,人才主动找上门来的概率是很低的。所以他就采取熟人推荐、挖别人墙脚两种方式来主动网罗人才。

(3)树立雇主品牌。刘备三顾茅庐中的种种细节,体现了他对人才的尊重。

刘备为什么看中诸葛亮?

(1)看学历。这得从诸葛亮的老师说起。诸葛亮的老师到底是谁,众说纷纭。但是,与刘备的老师卢植(官至尚书),曹操的老师乔玄(官至太尉)、许劭(著名人物评论家)等官方名士相比,无论是学术水平还是知名度,都有一定的差距。因此,如果说刘备、曹操是985高校毕业的,诸葛亮只能算二本毕业。在学历上,诸葛亮没有太多的优势。

(2)看出身。诸葛氏在荆襄地区是望族,诸葛亮根本不是布衣,他是名副其实的"官二代"。

(3)看气质。陈寿《进〈诸葛亮集〉表》写道:亮少有逸群之才,英霸之器,身长八尺,容貌甚伟,时人异焉。翻译成现在的话就是,小诸同志"颜值爆表",我和我的小伙伴们都惊呆了。他有自己的土地,有自己的助理(童子)。综合来看,诸葛亮就是一个"高富帅"。

(4)看才学。认识诸葛亮的人对他的评价都非常高。司马徽评价他:可比兴周八百年之姜子牙、旺汉四百年之张子房也。

(5)看志向。诸葛亮自比管仲乐毅,说明他志向远大,是有意要出来当官的。

通过以上分析,诸葛亮虽然是个没有工作经验的待业青年,却是一个高潜质人才,既有才学,又有人脉,求职动机又强,符合刘备招聘条件中的前四条,所以刘备要选他。

刘备哪些地方吸引诸葛亮？

（1）有远大抱负。对于老板来说，梦想总是要有的，万一实现了呢？老板有抱负，下属跟着你才会有肉吃。

（2）发展空间大。像曹操、刘权、袁绍集团人才济济，诸葛亮这样的没有经验的应届毕业生，他们根本不会重视。但在刘备这里，他就能得到重用，有施展才华的空间。

（3）刘备有诚意。不光是上门拜访三次这么简单，就是在今天来看，让一个"60后"的老板去找一个"80后"的应届毕业生，都是非常难得的事情，而且每次上门，关羽、张飞都不耐烦，而刘备总是很沉得住气。特别是最后一次，刘备见诸葛亮之前还特地吃了三天素，简直就是把诸葛亮当"男神"的节奏。

刘备是怎样测评诸葛亮的？

（1）面试方法恰当。刘备在面试诸葛亮时，问了一个问题："汉室倾颓，奸臣窃命，备不量力，欲伸大义于天下，而智术浅短，迄无所就。惟先生开其愚而拯其厄，实为万幸！"表面上看是在向诸葛亮请教，实际上是在考察诸葛亮的战略思维。

（2）面试流程严谨。在面试前刘备做了背景调查。面试时，刘备先考察诸葛亮的能力，之后再谈入职一事。这样一整套流程，步步为营，环环相扣，衔接顺畅，在我们今天看来也是恰到好处的。

（3）注重试用期的管理。刘备把诸葛亮招聘进来之后，没有不闻不问，而是"待孔明如师，食则同桌，寝则同榻，终日共论天下之事"。这是一举三得，一来讨论了业务问题，二来进一步考察了诸葛亮的能力，三来让诸葛亮觉得自己受到重视，对他起到了激励作用。

（来源：http://www.hrsee.com/?id=153，有改动）

任务拓展

组织开展面试工作

1. 设计面试评分表

根据岗位需要的素质和能力进行设计；每项评估内容要有明确的分值，分值大小根据侧重点确定；每项评估内容划分优、良、中、合格、差五个等级。

2. 制订面试实施方案

方案中要明确时间、地点、过程、面试考官组成、评分要点等事项，要注意方案的可操作性，并附上面试评估表和面试题目。

做一做：气质测评

任务四 实施员工配置

任务故事

听一听:从南唐后主李煜谈现代企业的人岗匹配

从南唐后主李煜谈现代企业的人岗匹配

李煜,五代十国时南唐国君,961—975年在位,字重光,初名从嘉,号钟隐、莲峰居士。汉族,彭城(今江苏徐州)人。南唐元宗李璟第六子,于北宋建隆二年(961年)继位,史称李后主。开宝八年,宋军破南唐都城,李煜降宋,被俘至汴京(今河南开封),授右千牛卫上将军,封违命侯。后因作感怀故国的名词《虞美人》而被宋太宗毒死。李煜虽不通政治,但其艺术才华却非凡。他精书法,善绘画,通音律,诗和文均有一定造诣,尤以词的成就最高,著有千古杰作《虞美人》《浪淘沙》《乌夜啼》等词。在政治上失败的李煜,却在词坛上留下了不朽的篇章,被称为"千古词帝"。

"春花秋月何时了?往事知多少。小楼昨夜又东风,故国不堪回首月明中。"这是南唐后主李煜的《虞美人》。从这首词开头可读出,当国破家亡之时,这位皇帝回想着过去笙歌艳舞的美好情景,心中充满悲苦愤慨和些许悔恨之意。不过这也不能怪他,李煜并不想当一个圣明的英主,或者说他根本就不想当皇帝。如果从管理学角度去看,这是一个很明显的"人岗不匹配"的反面例证。

君王的人岗不匹配,会造成一个国家的灭亡,那么一个组织的人岗不匹配会造成什么样的后果呢?这么比喻有点危言耸听,但是道理是相通的。组织中也常有人岗不匹配的现象,他们要么是大马拉小车,要么是小马拉大车,更有的本身不是马,也占着一个拉车的位置。有诸多人岗不匹配的现象产生,组织效率还怎么能提高,组织效益又怎么能提升呢?

只选最对的而不是最好的

HR深知人岗匹配的重要性,但是如何实现人岗匹配却着实难倒了他们。

现在很多组织在招聘时,都喜欢招进最好的、最优秀的,殊不知,最好的、最优秀的却并不一定适合自己的组织和岗位,结果可想而知。由此可见,组织招人应该是选择最适合这个岗位的人才,而不是一味地追求最高学历。招对人的前提是知道自己想要什么样的人,所以组织首先就要明确岗位对任职者的要求,这是岗位能否选对人的前提。

不同的岗位,对任职者有不同的要求,例如行政文秘类岗位需要具备敏锐的反应能力和出色的领悟能力,质量工作者需要严守规则与标准的特性,研发人员就要侧重于开放性思维和创新精神……

双赢——真的可以有

留不住人才,也是很多组织的心病之一,而人岗匹配是专治这一心病的良方之一。如果员工在组织里找到了与自己的职业兴趣、个人特质相吻合的岗位,并能够对自己在组织中未来的职业发展做出合理预期与定位,能够看到组织为实现个人与组织的价值共赢所做出的种种管理举措,员工就没有必要冒险去做新的就业尝试。

组织还应该意识到人岗匹配是动态均衡的,现在匹配并不意味着永远匹配,现在不匹配也不意味着将来不匹配,岗位要求也会随着组织的发展而发展。人力资源管理不仅仅要考虑因岗找人、因岗培训,同时也必须尊重员工的个体差异、能力特征和价值追求,尽可能让员工积极参与和合作。

(来源:http://www.hrsee.com/?id=263,有改动)

知识讲坛

员工配置是组织人力资源管理流程中的重要环节,也是组织管理中最重要的基础之一。员工配置是将组织的员工安置到最合适的岗位上去,实现"人适其事,事宜其人"。但是在现实的组织管理工作中,很多人力资源管理者都会面临"找不到合适的人,招不到人,留不住人"的难题。

一、新员工的录用

当应聘者经过了各种筛选后,最后一个步骤就是录用与就职。人员录用是指从招聘选拔阶段层层筛选出来的候选人中选择符合组织需要的人,做出最终录用决定,通知他们报到并办理入职手续的过程。这项工作是招聘工作的关键环节,它将直接决定组织吸收的人才素质。有不少组织由于不重视录用与就职工作,新员工在录用后对组织和本职工作连起码的认识都没有就直接走上了工作岗位,这不仅会给员工今后的工作造成一定的困难,而且会使新员工产生一种人生地不熟的感觉,难以唤起新员工的工作热情,这对组织是不利的。因此,组织应该认真做好这项工作。

二、人员录用的原则

(一)公开原则

公开原则指把招考单位、招考的种类和数量、招考的资格条件、考试的方法、考试的科目和时间,均面向社会公告周知,公开进行。

(二)平等原则

平等原则指对待所有报考者,应当一视同仁,不得人为地制造各种不平等的限制(如性别歧视),努力为社会上的有志之士提供平等竞争的机会,不拘一格地选拔录用优秀人才。

（三）竞争原则

竞争原则指通过考试竞争和考核鉴别，以确定成绩的优劣。必须有严格统一的考试、考核程序，科学地决定录用人选。竞争原则还有另一层含义，即动员和吸引招考的人越多，竞争越激烈，越容易选择优秀人才。

（四）全面原则

全面原则指录用前的考试和考核应该兼顾德、智、体诸方面，对知识、能力、思想、品德进行全面考核。这是因为各类劳动者、干部的素质，不仅取决于文化程度，还有智力、能力、人格、思想上的差异，而且往往非智力素质对日后的作为起决定作用。

（五）择优原则

择优原则是考试录用的核心。择优是广揽人才，选贤任能，为各个岗位选择第一流的工作人员。因此，录用过程应是深入了解、全面考核、认真比较、谨慎筛选的过程。做到"择优"必须依规章制度办事，用纪律约束一切人，特别是有关领导。

（六）量才原则

量才原则指招聘录用时，必须考虑有关人选的专长，量才录用，做到"人尽其才""用其所长""职得其人"。这有赖于人才市场、劳务市场的发育成熟，是原来的计划分配体制所难以做到的。

三、新员工的配置

（一）新员工配置的原则

1. 人适其事

所谓人适其事，是指每个人都有适合自己能力和特长的岗位和具体工作。俗话说，没有不能用的人，只有用不好的人，就是说明没有找到适合其工作的岗位。在今天的许多组织中，仍然存在着用人方面的随意性，不考虑员工的特长和意愿，结果自然造成诸如"专业不对口""能力得不到发挥"等抱怨。所以组织要对员工的个性特长有深入的了解，针对其特点安排相应的工作，做到人适其事。

2. 事得其人

所谓事得其人，是指组织中的每项工作和每个岗位都找到合适的员工来承担。工作的责任要明确，责任人当然也要明确，不能出现无人负责的现象，而这个员工必须是能够完成这项工作的。有的组织在人员使用上目光狭隘，只会在小圈子中寻找人选，往往就会出现"都不行，但退而求其次，只能用他"的现象。这既是人员使用不当的表现，也给工作带来了潜在的危机。所以，组织在使用人员上，一定要坚持为每个岗位找到最合适的人选，这样才能真正把工作完成。

3. 人尽其才

人尽其才是在组织中说得最多的一句话，但在实际中，很少有组织真正做到了人尽其才,许多员工的才能得不到完全的发挥,即使是在合适的岗位上。这就与组织的人力资源管理的大环境直接相关,比如有的组织的某些薪酬政策,使员工产生干多干少一个样、干好干坏一个样的印象,人们自然就不会将能力发挥到极致;或者员工的职业发展通道与个人能力绩效没有直接的关系,而与资历正相关,员工也不会全力工作。所以人力资源管理的整个系统要能够调动员工的积极性,做到人尽其才,这样组织才能获得员工最大的主观能动性和使用效益。

4. 事尽其功

所谓事尽其功,就是要使工作做得最好,或者说获得在现有条件下最好的效果。这一个原则看上去与人员使用无关,但实际上反映了人员合理使用后的结果,也是衡量人员是否合理使用的标准。

(二)人员配置的重要性

人员配置是对组织各类人员进行恰当而有效的选择、使用、考评和培养,以合适的人员去充实组织结构中所规定的各项职务,从而保证组织正常运转并实现预定目标的职能活动。

1. 有利于强化管理职能,完善组织管理系统

在组织各类人员中,管理人员处于特殊地位,具有极为重要的作用。这不仅表现在企业计划、组织、指挥、控制等各项管理职能要依靠各级管理人员行使和承担,而且其他各类人员的配置和使用也主要依赖于管理人员进行。因此,管理人员的配置是组织人员配置的核心和关键。合理选拔、任用和培养管理人员,把素质好、能力强、能胜任管理工作的人分配到各级管理岗位上,进而形成一支强有力的管理人才队伍,可以促进组织管理职能的有效实施,不断提高管理效率,推动组织管理系统的持续稳定运行。

2. 有利于促进组织结构功能有效发挥

组织在划分管理层次和部门,确立了一定形式的组织结构之后,要使职务安排和设计的目的得以实现,让组织结构真正成为凝聚各方面的力量、保证组织管理系统正常运行的有力手段,必须把具备不同素质、能力和特长的人员分别安排在适当的岗位上。只有使各类人员的配置尽量适应各类职务的要求,从而使各类职务应承担的职责得到充分履行,组织设计的要求才能实现,组织结构的功能才能发挥出来;反之,如果人员的安排和使用不符合各类职务的要求,或人员的选择与培养不能满足组织设计、工作设计的预期目标,组织结构的功能则难以得到有效的发挥。

3. 有利于充分开发组织的人力资源

人力资源在组织各项资源要素中占据首要地位,是组织最重要的资产。现代市场经济条件下,组织之间的竞争实质是人才的竞争,而竞争的成败很大程度上取决于人力资源的开发程度。在管理过程中,通过适当选拔、配备和使用人员,可以充分挖掘每个职工的内在潜力,实现人员与工作任务的协调匹配,做到适才适能,人尽其才,从而使人力资源得到高度开发。

4. 有助于提高群体质量,形成最佳工作组合

群体是组织的基本构成单位。在企业组织中,各类人员通常归属于某一群体,与群体内部其他成员协同从事某项生产经营活动。每个成员的个别劳动及其成果也主要以群体的共同劳动和整体绩效的形式表现出来。而群体工作绩效的高低不仅取决于各个成员的个人素质与能力,而且直接取决于成员之间的素质构成。通过人员配置,将群体成员加以合理组合,形成群体内部最佳的知识结构、能力结构、性格结构等,可以极大地提高群体质量,促进成员关系的协调一致,发挥互补优势;减少或避免因相互扯皮而造成的损耗,从而增强群体的活动效率。

读一读 & 想一想:优秀经营管理人才小李的闪电离职

 案例导入

美国强生公司的大学生招聘和新员工培训

美国强生成立于1886年,是世界上规模最大、产品多元化的医疗卫生保健品及消费者护理产品公司。作为一家百年企业,它的一些管理制度透露出该公司独有的特点,对我们的工作有很大的启发意义。

强生的招聘和面试

因为强生公司的业务范围较广,由制药、医疗器材、消费品三大类组成,因而在强生公司有很多的就业机会,最大的可能性是财务管理、市场与销售管理、生产管理。有些职位如财务、生产、计算机应用等,需要学生有较强的专业背景;对其他的一些职位如销售、市场、人力资源、行政管理等,则没有很强的专业要求。总体来说,强生更加注重的是一个人的能力。英语并不是强生唯一的用人标准。作为一家国际性的公司,英语是重要的沟通工具,但英语并不是唯一的用人标准,因为英语能力可以通过训练来提高,而其他素质,如品格、思维方式、工作态度和能力却不是简单的培训可以造就的。

强生公司是用什么方式来面试的?

面试的方式有很多种,得根据不同的职务要求、用人标准以及公司的惯例来决定。在强生公司,除了专业要求很强的职位会有技能方面的测试外,强生认为,能进入中国一流大学的学生,在IQ方面是没有问题的,所以面试的重点通常在以下几个方面:态度、做某项工作的能力与愿望、团队精神、学习的愿望、聪明并成熟、有相关的知识与技能。这些信息通常会在应聘者的言谈举止和处事方式中体现出来,在面试中,有经验的招聘经理会发现它们。

强生公司怎样培训大学生?

公司里有一位刚毕业不久的同事,他为了进强生公司,不惜放弃了在上海一流

医院工作的机会,还为此赔偿了几万元。他告诉我说,他之所以选择强生公司,是因为在择业过程中,他感到强生是实实在在地注重他这个人。确实,注重人是强生公司成功的重要原因之一,这从强生公司对培训的大量投资上可见一斑。

新进公司的大学生除了日常的工作和接受工作必备的技能培训以外,还会接受特别设计的系列培训课程,以帮助他们更快地适应新的工作环境并迅速成长。这些课程包括入职培训、公司文化、演讲能力、商务礼仪、英语沟通(书面及口语)、经营业务行为准则、领导的标准概要、SOQ(管理评估系统)概要、高效人士的七种习惯、职业生涯管理入门,这些课程由强生管理学院在大学生进公司的第一年内全部完成。

与培训相辅相成的是,公司利用工作轮换的方式使新员工进入"角色",从而了解公司的整个运作过程;他们会从市场部到销售部,从上海到外地,从单一职责到多项职责。在这样的锻炼中,新员工会感受到本身的进步,体会到公司在真正利用人才。

有一位1997年毕业的学生,他在工作轮换中不仅了解了销售与市场工作的特点,还显示出自己的勤奋与才干,半年不到就负责一个重要的市场项目的策划与实施,并圆满地完成了工作任务。他在计划、协调及实施方面的表现得到了同事及领导的一致好评。

很显然,员工在这样的环境中,工作会有成就感,环境又会激励他们继续努力。所以,在强生,你只要有潜力,肯努力,就会有机会脱颖而出。

在强生公司,什么样的人才可以得到发展、升迁的机会?

看过强生公司信条的人都会有一种耳目一新的感觉,它清楚地表明了强生公司的经营哲学,即公司要承担起对客户、对员工、对社会及对股东的责任,公司不只是为自身的利益而存在。强生公司正是以符合高道德标准并致力于提高人们的生活质量为公司发展的基本宗旨。很自然,那些行为符合道德规范、致力于实现信念价值、工作勤奋并有突出业绩的人可以在公司内获得更多的发展机会,具体表现在以下几点。

能以长远的眼光来看待个人职业发展。他们看重的是自己是否有继续学习和发展的机会,对他们来说,金钱不是成功的唯一标志,他们会坚持勤奋工作,不断付出。

积极主动,不断创新。他们不满足于现有的成绩和现有的工作方式,而愿意尝试新的方法,因为在不断变革的今天,只有未雨绸缪,才能化被动为主动,才有能力迎接新的挑战。

有商业头脑,注重成果。他们知道,如果没有成果,不能达到预定的目标,所有的辛苦都会付诸东流。他们会以公司的信条为指南,对自己的行为负责,会尽全力去实现目标。

富有团队协作精神。他们深知个人的力量是有限的,只有发挥整个团队的作用,才能克服更大的困难,获得更大的成功。

不断学习。他们知道一个人的竞争能力还反映在他的学习能力上,他们会利用一切机会学习、吸收新的思想和方法,他们会从错误中吸取教训,从错误中学习,不再犯相同的错误。

(来源:http://www.hrsee.com/?id=113,有改动)

任务拓展

如何利用STAR模型判断面试人员的匹配性

【案例背景】 A组织在面试时,往往通过面试人员的经验评估求职者的岗位匹配性。公司领导认为"相马不如赛马",所以在面试时,面试人员一般不太认真,只是按流程走走过场。目前,公司在招聘技术人员时,很多人都不愿意来。沟通后了解到,求职者听说公司试用期通过率很低,大家认为公司也不大清楚到底需要什么样的人,只不过是在不断地换人。了解到这个情况后,人力资源部和相关领导进行了沟通,大家达成一致,认为确实有必要对招聘工作进行完善,在前端做好匹配性的评估,减少试用期人员的流失。请结合本案例分析,招聘面试时,如何判断面试人员的匹配性?

【案例解析】 针对本案例的情况,由于公司忽视对面试人员匹配性的评估,导致人员试用期通过率低。同时,由于试用期人员通过率低,引起业内口碑差,大家不愿意过来面试。

基于以上的分析,公司应从三个方面进行完善:①明确招聘人员的定位、岗位职责、任职资格;②有效评估面试人员的匹配性;③降低试用期人员流失率,树立良好的口碑。匹配性评估主要包括三个方面:①工作经验的匹配性;②工作能力的胜任性;③任职资格的符合性。有效评估面试人员的匹配性,要重点评估面试人员的能力和素质,主要通过面试沟通来进行,判断其工作经历的真实性。一般采取"STAR"模型,即了解面试人员在什么情况下(situation),接受了什么任务(task),采取了什么行动(action),结果是怎样的(result)。结果不好,又采取了什么措施。了解面试人员在某个具体工作项目中,承担了什么角色,做了什么任务,做得怎样。通过行为化的面试方式,了解面试人员的能力,评估面试者的匹配性。

【知识点】 "STAR"面试模型,指的是在面试过程中,面试人员以应聘者过去工作、生活中实际发生的工作为实例,按照发生情境、需完成任务、应聘者所采取的行动以及行动结果这四个要素进行提问,通过了解应聘者的过去行为表现来衡量其自身素质与能力是否适合所招聘岗位的要求,因此也可称为"STAR"面试法。"STAR"模型是行为面试法中的一种,是对应聘者工作行为的有效评价方式。

做一做:测试你是什么样的人

项目五 严把进口 招聘甄选人才

项目自测

一、复习题

1. 招聘的主要渠道是什么?
2. 甄选的主要过程有哪些?
3. 甄选测试的主要方式有哪些?
4. 面试是如何实施的?主要有哪些过程?
5. 员工的录用原则有哪些?

二、案例分析题

1. 某高新技术公司,售前技术部门提出招聘需求,人力资源部接到需求后开始招聘。人力资源部初试后陆续安排了一些人员到售前技术部门的张经理那边,但张经理面试后总是说不合适。经沟通后,张经理说,面试人员的能力不能够满足目标岗位的要求。一个月过去了,由于一直无法找到合适人选,人力资源部刘经理压力很大,两个部门的关系也很紧张。

问题:如果你是刘经理,你会怎么做?

2. 小王是人力资源部的人事主管,由于工厂业务发展迅速,各部门都将需要的人员报了上来,小王根据部门写的条件,统计到需要技术人员 10 名、管理人员 5 名,小王在报纸上打了一个广告。应聘人员有的寄资料,有的发传真,一时间收到了上千份简历。由于人多,小王开始从简历中筛选。有的字迹潦草、没贴照片,还有一些资料不全的都被淘汰掉了。这样还剩 300 多人。小王决定来一次笔试。他从电脑中找到了一份以前进行过的职工入厂考试题,复印后,由这些应聘者来做,随后以标准答案给每个考试者打分,这样又选出了 30 人进入面试。面试中小王单刀直入,问了几个尖锐的问题,一些应聘紧张、反应慢的人员被小王淘汰掉了,最后终于招到了部门需要的人员。

问题:小王在招聘中有没有什么不对的地方?应怎样操作?

3. NLC 化学有限公司是一家跨国企业,以研制、生产、销售医药、农药为主。耐顿公司是 NLC 化学有限公司在中国的子公司,主要生产、销售医疗药品。随着生产业务的扩大,为了对生产部门的人力资源进行更为有效的管理开发,2020 年初始,分公司总经理把生产部门的经理于欣和人力资源部门经理田建华叫到办公室,商量在生产部门设立一个处理人事事务的职位,主要负责生产部与人力资源部的协调工作。

最后,总经理说希望通过外部招募的方式寻找人才。在走出总经理的办公室后,人力资源部经理田建华开始了一系列工作。在招募渠道的选择上,他设计了两个方案。一个方案是在本行业专业媒体中做专业人员招募,费用为 3500 元。好处是对口的人才比例会高些,招募成本低。不利条件是组织宣传力度小。另一个方案为在大众媒体上做招募,费用为 8500 元。好处是组织影响力度很大。不利条件是非专业人才的比例很高,前期筛选工作量大,招募成本高。拟初步选用第一方案。总经理看过招募计划后,认为公司处于初期发展阶段,不应放过任何一个宣传组织的机会,于是选择了第二种方案。

其招募广告刊登的内容如下:

> 您的就业机会在 NLC 化学有限公司下属的耐顿公司
> 1 个职位:希望发展迅速的新行业的生产部人力资源主管
> 主管生产部和人力资源部两部门协调性工作
> 抓住机会!充满信心!
> 请把简历寄到:耐顿公司人力资源部收

问题:

(1) 该公司在以招聘广告为手段进行员工招聘时犯了什么错误?

(2) 若你是该公司人力资源部招聘主管,你会怎样做?

项目六 操练有术 员工培训

 项目概述

招聘到优秀人才并不等于拥有了优秀的员工,我们应该清楚地认识到,员工培训是现代人力资源管理的重要组成部分。由于现代科学技术日新月异的发展和现代社会经济的不断进步,要使员工能不断地适应新形势下的发展要求,就必须重视员工培训。培训是人力资本投资的重要形式,是开发现有人力资源和提高人员素质的基本途径。本项目将从认知员工培训、实施员工培训、评估员工培训三个方面进行阐述。"工欲善其事,必先利其器。"虽然员工培训是一种人力资本投资行为,需要付出代价,但是,今天为员工培训所付出的每一分钱,都会在明天转变为巨大的财富。

 项目目标

- **认知目标**
  - 了解员工培训的定义;
  - 了解员工培训的步骤及其意义;
  - 了解评估员工培训的意义、原则和目标。
- **技能目标**
  - 了解员工培训的前期准备工作;
  - 掌握员工培训的方法和技巧。
- **情感目标**
  - 学习优秀的员工培训理念;
  - 学习优秀的团队合作意识;
  - 学习优秀的人力资源开发的能力。

任务一 认知员工培训

 任务故事

听一听:聪明的打鱼郎

小故事，大启发：聪明的打鱼郎

有个打鱼郎十分勤奋，每天天刚亮，就到河边打鱼，又是捞，又是钓，又是网，又是叉。打鱼郎所有的手段几乎都用尽，直到太阳下山也没弄到几条鱼。戴着斗笠、蹲在河岸小树边的老翁，则时不时就钓上一条鱼来，每天都是一大篓。看到打鱼郎如此卖力，老翁心怀恻隐地对打鱼郎说："小伙子，我钓得不少，你就拿几条去吧。""您是老人家，我怎么好意思拿您的鱼呢？"打鱼郎说："如果您老真的看得起我，您就收我做徒弟，教我一些技巧吧。"看到打鱼郎如此诚恳，老翁点点头："明天你带着渔具和鱼篓来吧。"第二天，打鱼郎清早起来，拿上渔具和鱼篓，还特意烙了几个香喷喷的米饼送给老翁。打鱼郎有心学，老翁有意教，没多久，打鱼郎就把打鱼的本领学到了。从此，一老一少每天都满载而归。

（来源：《世界五百强企业培训故事全案》，邱庆剑，黄雪丽，广东经济出版社，有改动）

看一看：企业专家谈培训助力企业发展

知识讲坛

这就是"授人以鱼不如授人以渔"的来由。给人一条鱼，只能享用一次，而学会了捕鱼的方法，却能享用一生。对于员工，不仅要告诉他们怎样做，而且要告诉他们为什么要这样做。这就是培训员工的基本点。

一、员工培训的发展历史及其含义

（一）员工培训的发展历史

1. 早期的学徒培训阶段

18 世纪，由熟练技术工人经营的小店铺为了满足顾客对商品不断变化的需求，店主不得不额外雇用工人。但当时并没有出现类似今天的职业学校和技术学校，所以店主们只能自己训练新雇用的且毫无工作经验的工人，把他们作为学徒。这些学徒向师傅学习手艺，只能拿到很少的工资或根本就不拿工资，直到自己成为熟练工为止。后来，这种模式在医生、老师、律师等职业中也开始采用。这个时期的人力资源开发活动，基本是一对一的师傅带徒弟式的培训。这种培训方式在今天的许多行业，特别是实践性强的行业仍被采用。

2. 早期的职业教育阶段

1809 年，美国人戴维特·克林顿在纽约城建立了第一所公认的私人职业学校，这也是一所手工技能培训学校，旨在给失业或有犯罪记录的、无熟练技术的年轻人提供职业培训机会。这是职业教育的雏形。如今，职业教育已经成为各国公共教育系统中非常重要的一部分。

3. 工厂学校的出现

工业革命时期，随着制造业的出现，一方面大量新工人不具备操作新机器的知识和技能，另一方面经验丰富的老员工也需要重新参加培训，对熟练技术工人的需求很快超过了职业教育学校毕业生的数量。为了满足这种需求，工厂开始尝试自行建立被称为"工厂学校"的机修和机械培训学校。其中比较有代表性的是福特公司的工厂学校，这为福特"T型"汽车引领时代潮流起到了很大的推动作用。第一次世界大战期间，为了满足对军事设备的巨大需求，许多生产非军工产品的工厂不得不重新装配机器并培训它们的工人，这更加促进了对非熟练工人的培训。这期间美国海运委员会主管查尔斯·艾伦创建的"演示、讲解、操作、检验"四步骤指导方法至今仍在组织员工的培训中使用。

4. 培训职业的创建与专业培训师的产生

第二次世界大战的爆发，使得人们不得不重新开始依赖工厂生产军需用品，美国联邦政府为此建立了行业内部培训服务机构（TWI）来组织和协调培训计划，培训项目包括与国防领域有关的各个工业领域。TWI同时还开展了关于公司的培训员如何在各自的工厂里开展培训项目的活动，并对工厂和培训服务机构的主管进行培训资格认证。1942年，美国成立了美国培训与发展协会（ASTD），为培训行业建立了标准，培训职业得以创建，专业培训师由此产生。

（二）员工培训的含义

所谓员工培训，是由组织根据某一时期的工作需要，有计划地对员工进行教育和示范，以更新他们的知识、理念，提高他们的综合素质，影响和改变他们的行为方式，增进其绩效，从而更好地实现组织目标的战略性人力资本投资活动过程。

二、员工培训的特征和对人力资源管理的作用

（一）员工培训的特征

1. 经常性

通过对员工培训可以使员工获得新的知识和技能，通过及时的充实和长期的积累使组织人员保持技术上的先进地位，发挥最大的潜能。

2. 超前性

员工培训是以一种长期的眼光来看待组织需要具有什么技能、知识和能力水平的员工，目的在于最大限度地培养、激发员工的创造力。

3. 后延性

培训的效果常常需要一定的时间才能逐渐甚至完全显现出来。

（二）员工培训和人力资源管理的关系

员工培训与人力资源管理其他模块的关系如图6-1所示。

员工培训与人力资源管理各模块之间的关系非常重要，其主要原因是现代组织

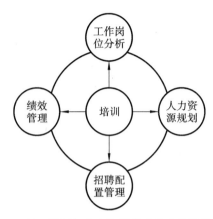

图 6-1 员工培训与人力资源管理其他模块的关系

人力资源管理的系统化趋势越来越明显,员工培训也越来越需要与人力资源管理其他职能模块进行对接。

1. 培训和工作岗位分析的关系

一方面,通过工作岗位分析和绩效考评,可以发现员工的工作绩效与组织期望绩效之间的差距,从而确认培训需求;另一方面,可以通过素质测评模型,对比工作分析所形成的工作说明书,找到员工的不足之处,确认培训方案。

2. 培训和人力资源规划的关系

组织通过整体人力资源规划来确定重点对哪些人员进行哪些内容的培训。

3. 培训和招聘配置管理的关系

新员工导向培训可以确保员工了解组织对员工的各项要求、了解组织文化和了解组织的待遇福利,从而更好地适应工作岗位的要求。

4. 培训和绩效管理的关系

员工绩效改进的重要手段和工具就是培训,通过它能够提升员工的绩效。

另外,员工培训对组织、对员工来说都有重要作用。

(1) 员工培训可以让员工尽快进入角色。

研究发现,新员工在刚进入组织的过渡期内(通常是 3~6 个月),将会依据自己对组织的感受和评价来选择自己如何表现,决定自己是要在组织谋发展还是将其作为跳板。因此,许多发展比较成功的组织会通过系统的导向培训,尽可能地消除新员工的种种担心和疑虑,让他们全面、客观地了解其工作环境、组织氛围及新工作所需要的知识和技能,以促使新员工尽快全方位地融入组织中。

(2) 员工培训可以提高员工的工作绩效。

对员工进行有效的培训,可以使员工的知识结构得到更新,工作技能明显提高,人际关系得到改善,工作思维更加有效,工作动机更加端正稳固。

(3) 员工培训可以为组织造就人才。

有效的培训会使员工的知识水平、技术能力及人际关系的处理能力都得到强化,个性特质更加满足岗位需求,从而使员工成为某一领域的专门人才。

(4) 员工培训可以增强员工的忠诚度。

通过培训,员工可以提高自己胜任工作的能力,也可以帮助组织改变不良的管理实践,从而使员工对组织产生新的认识,在一定程度上改变员工的工作态度,缓解员工队伍的波动情绪,使其心理契约更加稳定,员工的职业忠诚度明显提升。

(5) 员工培训有助于提高和增进员工对组织的认同感和归属感。

通过培训,可以使组织中具有不同的价值观、信念、工作作风的员工和谐地统一起来,为了共同的目标而各尽其力。

(6) 员工培训可以使组织更具有生命力和竞争力。

组织发展的内在动力就在于组织的不断创新。通过员工培训,为组织发展提供智力资源,使组织不断调整自己的战略,朝更高的目标迈进。

读一读 & 想一想:西门子员工的培训

 案例导入

启迪心智,销售技巧培训:把木梳卖给和尚

有家公司为扩大销售,决定培训一线销售人员。培训师给大家布置了一道实践性的试题,就是"如何能把木梳尽量多地卖给和尚"。绝大多数员工感到困惑不解,出家人要木梳何用?这该如何推销?培训师交代:"以10日为限,我和大家一样,也去推销,看看最终谁能出色地完成任务。"10日到,培训师问甲:"卖出多少把?"答:"1把。""怎么卖的?"甲讲述了经历的辛苦:游说和尚应当买把梳子,无甚效果,还惨遭和尚的责骂,好在下山途中遇到一个小和尚一边晒太阳,一边使劲挠着头皮,甲灵机一动,递上木梳,小和尚用后满心欢喜,于是买下一把。培训师问乙:"卖出多少把?"答:"10把。""怎么卖的?"乙说他去了一座名山古寺,由于山高风大,进香者的头发都被吹乱了,他找到寺庙的住持说:"蓬头垢面是对佛的不敬,应在每座庙的香案前放把木梳,供善男信女梳理鬓发。"住持采纳了他的建议。那山有十座庙,于是乙卖出了10把木梳。"嗯,很好。"培训师接着说,"你们想知道我卖出去多少把吗?1 000把。"员工们惊问:"怎么卖的?"培训师说他到一个颇具盛名、香火极旺的深山老庙,朝圣者、施主络绎不绝。"我对住持说,凡来进香参观者,都有一颗虔诚之心,老庙应有所回赠,以做纪念。于是,住持在我这儿订了1 000把梳子。"大家茅塞顿开。培训结束后,这家组织的销售额一个月之内翻了几番。

把木梳卖给和尚,这种行为是一种思维的创新。采用常规思维只卖了1把,考虑到香客,便卖了10把,考虑到"积善梳"则卖到了1 000把。不同的思维方式产生不同的结果。和尚不是木梳的消费主体,但是与和尚相关联的香客是木梳潜在的消费群体,思维到达的高度决定了木梳的销售数量。把木梳的作用由狭窄的梳头作用扩展到赠品,并借外部环境和"积善"的行为加以销售,完成了由固定思维向发散性思维的转变。所以,员工的心智状态决定了其行为和发展。通过简单的实践加培训启发,就可以让员工在短期内具有积极心态和良好的精神面貌,以高昂的士气去迎接工作的挑战。

(来源:https://wenku.baidu.com/view/33ef53df6137ee06eff918fc.html,有改动)

 | 任务拓展

员工培训中主要存在哪些误区?

一、新进员工自然而然会胜任工作

一些管理者错误地认为:新进员工只要随着时间的推移,就能逐渐适应环境而胜任工作。因此,一些组织忽视对新进员工的培训,这样一来,新员工的成功与否,基本上取决于员工本身的适应能力及其所处的小环境。组织不进行新进员工培训,或只进行敷衍了事的培训,往往会使新进员工在较长时间内很难提高工作绩效,同时往往会使员工缺勤率、离职率居高不下。

二、流行什么就培训什么

人是不会让自己去做自己认为做不到的事情的。欲改变员工的内心愿望、目标、抱负和标准,使员工进一步同化到组织中来,进而使员工的积极性和工作绩效得到提高,这就需要组织有目的、有步骤、系统地进行培训,而不能东一榔头西一棒槌地组织低效率的培训,这样做的结果只能是浪费人力、物力、财力。

三、高层管理人员不需要培训

一些组织的最高领导人错误地认为,培训只是针对基层的管理人员和员工的,而高层管理人员不需要培训。其理由是:他们都很忙,他们经验丰富,他们本来就是人才。这种认识危害极大,应该说一个组织高层管理人员的素质高低对组织的发展影响最大,因而越是高层管理者,参加的培训应越多。

四、培训是一项花钱的工作

传统观点认为培训是组织的一种成本支出,作为成本,当然应该尽量降低,因此,一些组织在人员培训上的投入是能省则省。现代人力资源开发与管理的理论与实践反复向人们指出培训是一项回报率极高的投资。在同样的条件下,通过培训,改善人力资源,使组织效益成倍增长是可望可及的事情。一个麦当劳餐厅经理的诞生,需花费数十万元的投资和让他接受超过450小时的训练。

五、培训时重知识、轻技能、忽视态度

一些管理者在培训时往往片面地强调立竿见影,而知识的获得相对较容易,因此出现了"重知识"的误区。知识获取得快,但知识遗忘得相对也快。与知识相比,技能的获取虽然较慢,但一旦掌握了技能就不易失去。再就是建立正确态度的重要性,一旦态度正确,员工会自觉地去学习知识、掌握技能,并在工作中运用。所以,正确的观点应该是:在培训中以建立正确的态度为主,重点放在提高技能方面。

思考:组织的管理人员还存在哪些误区呢?到底什么样的员工需要培训呢?

做一做:培训热身小游戏 Seven Up

任务二　实施员工培训

任务故事

听一听:两个和尚

小故事,大启发:两个和尚

有两个和尚分别住在相邻的两座山上的寺庙里。两座山之间有一条溪,这两个和尚每天都会在同一时间下山去挑水,久而久之他们便成了好朋友。时间飞逝,不知不觉中他们一起挑水的日子一晃过了一年。突然有一天,东面这座山的和尚没有下山挑水,西面那座山的和尚心想:"他大概睡过头了。"便不以为意。哪知道第二天、第三天,直到过了一个月仍然见不到朋友下山挑水。他很担心对面的朋友可能生病了,于是决定到东面的寺庙里去找他,看看是否能帮上什么忙。等他到了东面的寺庙,看到他的老友居然正在门前悠闲地打太极拳,一点也不像一个月没喝水的人,也没有生病。他很好奇地问:"你已经一个月没有下山挑水了,难道你可以不喝水吗?"东面这座山的和尚说:"来来来,我带你去看。"于是他带着西面那座山的和尚走到庙的后院,指着一口井说:"这一年来,我每天做完功课后都会抽空挖这口井,即使有时很忙,能挖多少就算多少。如今终于让我挖出井水来了。"

(来源:https://www.yuzhenhai.com/view/201604/29241.html,有改动)

看一看：新员工入职该如何培训

知识讲坛

我们的工作有如和尚挑水的任务，而"打井"就像在工作中和业余时间不断地学习。如果我们整天在办公室就是打打电话、发发文件，做些驾轻就熟的服务性工作；如果我们总是强调自己工作很忙，不愿意挤出时间来学习；如果我们安于现状，得过且过，那就可能挑一辈子的水。学习就好比培训，是人力资源管理工作中必不可少的环节。那么，我们又该如何实施培训呢？

一、员工培训计划的制订

俗话说："凡事预则立，不预则废。"太过匆忙地实施培训往往会忽视员工真实而具体的培训需求，忽略组织的每个培训措施是否恰当的问题，从而导致培训工作与组织的现实问题以及目标彼此脱钩。这不仅会造成巨大的培训费用的损失，而且会产生培训无用的误解。因此，要确保培训工作的顺利开展和提高培训的质量，就必须制订一份规范、详细且实用的员工培训计划。

培训计划是培训工作和培训事业发展的重要手段，没有科学合理的培训计划，培训工作就不可能有序发展。那么一项培训计划主要包括哪些内容呢？

1. 培训对象

哪些人是主要培训对象？根据二八法则，20%的人是公司的重点培训对象。这些人通常包括中高层管理人员、关键技术人员、营销人员，以及业务骨干等。确定培训对象还因为需要根据人员，对培训内容进行分组或分类，把同样水平的人员放在一组进行培训，这样可以避免培训浪费。

2. 培训目标

培训管理员在进行培训前，一定要明确培训的真正目标，并且要将培训的目标与公司的发展、员工的职业生涯紧密地结合起来，这样可以使培训更有效，针对性也更强。因此，我们在组织一个培训项目的时候，一定要很清楚地知道此次培训的目标，并且需要用简洁明了的语言将它描述出来，以成为培训的纲领。

3. 培训师

培训师在培训中起到了举足轻重的作用。培训师分为外部培训师和内部培训师。涉及关键课程以及组织内部人员讲不了的，就需要聘请外部培训师。

4. 培训时间

培训计划的时间安排应具有前瞻性，要根据培训的轻重缓急来安排。时机选择要得当,以尽量不与日常的工作相冲突为原则,同时要兼顾学员的时间。一般来说,可以安排在生产经营淡季、周末或者节假日的开始一段时间,并应规定一定的培训时数,以确保培训任务的完成和人员水平的真正提高。

5. 培训场地

培训场地可以因培训内容、方式的不同而有区别,一般可分为利用内部培训场地及利用外面专业培训机构的场地等两种。内部培训场地的优点是组织方便、费用节省,缺点是培训形式较为单一,且受外部环境影响较大;外面专业培训机构场地的优点是可利用特定的设施,并离开工作岗位而专心接受训练,且应用的培训技巧亦较内部培训多样化,缺点是组织较为困难,且费用较高。

6. 培训预算

国际大公司的培训总预算一般占上一年总销售额的1%~3%,最高的达7%,平均1.5%,而我国的许多组织都低于0.5%,甚至不少组织在0.1%以下。

二、员工培训的方法

培训方法是实施培训的最直接手段,是培训者和学员交互作用的形式。培训方法具有多样性,每种方法都有自己的特点和适用领域。下面就给大家介绍几种常见的方法。

(一)在职培训——能力开发的主要形式

在职培训的特征是培训活动与日常工作有机结合,员工在不离开工作岗位、不影响日常工作的情况下接受和完成培训。在职培训的形式可以是安排有经验的老员工带领新员工开展工作,也可以是让拟晋升的管理者在不同的职能部门或岗位上工作,也就是通常所说的轮岗。

1. 师带徒

师带徒是最传统的、历史最悠久的一种在职培训方式。在管道工、理发师、木匠、机械师和印刷工等需要手工技艺职业的新员工培训中通常采用这种方式。师带徒的年限较短的可能是两三个月,如面包师、理发师;较长的可能是七八年,如雕刻师、手工艺传承人。培训的时限因所需技艺的不同要求而不同,也随科技的发展而变化。

目前,师带徒作为组织新员工培训的正式形式,也讲究正式的程序,以提高带教的效果。师带徒培训形式的优点,在于师傅传授的是与具体工作直接有关的知识和技能,而师傅通常确实具有这方面的优势,因而带教效果较好,能够帮助新员工尽快适应工作岗位,提高工作效率。

为了保证师带徒的培训效果,组织可以从管理的角度下功夫:如给师傅规定具体的带教要求,对师傅培训工作的价值给予充分的认可和必要的奖励;又如,要求徒弟尊敬师傅,谦虚好学,懂得回报和感恩;再如,当徒弟学有所成,能够并应该替代师傅的岗位时,对师傅妥善安排,采用各种可行的措施弥补师傅的利益损失。

现代组织中采用的师徒制,形式上类似师带徒,但带教的领域已经从手工技艺扩展到所有相关知识、技能的领域,培训师对员工的指导更全面,不仅涉及与工作直接有关的知识技能,还进入间接影响工作绩效的职业价值观和思维方式等领域。

2. 工作轮换

工作轮换亦称"轮岗",指有计划地安排员工先后在一些岗位上工作,以丰富员工的经历,拓展员工的技能,发展员工的人脉,为员工胜任更重要的工作做好准备,或为员工找到更好的工作定位提供依据。工作轮换可以用于新员工的培训,多种岗位的工作经历,一方面使员工更深入地了解自己的特征、兴趣所在和工作的性质、要求,找到一个更适合自己发挥作用的岗位;另一方面,通过轮岗了解和熟悉今后工作中需要打交道的部门和人员,树立工作中的整体观念,方便今后工作中的沟通和协调。工作轮换更多地用于组织各级管理人员的培训。一般认为,管理岗位对任职者的知识、技能和经验要求是广博而非精深,是多元而非单一,工作轮换显然有助于员工开阔视野,丰富经历,向复合型人才的方向发展。管理的任务更多的是协调而非亲力亲为,因而了解各部门的工作、熟悉各部门的人员成为实施有效管理的基本前提。

工作轮换从形式上看类似工作调动,但实质上是不同的,这主要表现在两者的功能上,工作轮换是员工培训的一种手段,而工作调动仅仅是人员配置的方式。作为培训的手段,工作轮换在较多的岗位或部门间进行,员工在每一岗位或部门停留的时间都比较有限。而作为人员配置,工作调动不宜过分频繁,要求员工相对稳定在某一岗位或部门工作,这样有利于提高工作的绩效。

工作轮换的作用是显著的,它具体表现在以下几个方面。

(1) 对员工来说,首先,通过在不同岗位和部门的工作实践,员工进一步确认或反省自己的职业追求和职业兴趣,了解自己的优势和劣势所在,提高自我认知的准确性,这样有利于进一步的职业发展规划。其次,对较多岗位和部门的了解,有助于员工理解自己的工作对实现组织目标或部门目标的意义,从而使员工改善工作态度,提高工作绩效。最后,通过多元化的工作经历,提升人际合作的意识和能力,开拓人际合作网络,有助于克服工作中的人际障碍。

(2) 对组织来说,一方面,员工工作能力的提升就是组织人力资源存量的增值,也是组织竞争力的某一方面的发展。另一方面,通过对员工在不同岗位或部门的工作表现和绩效的了解,完成了"识人"这一基础工作,进一步的"用人"环节就能顺利开展,组织的人力资源就有了高效配置的可能。最重要的是,工作轮换可以帮助组织发现和培养各级各类管理人才。有了高质量的管理人才队伍,组织的研发、生产、营销等部门才能协调一致,直线部门和服务部门才会互相合作,上下级之间沟通才能畅通;员工既能各司其职,又很少分裂,从而使组织整体的竞争力大于各部门功能之和。

工作轮换作为员工培训的手段,在实施中会发生一些问题。第一,受训者在各个岗位和部门停留的时间较短,难免走马观花,不仅谈不上工作的高绩效,甚至干扰所在部门的正常工作。第二,要在较短的时间内了解员工的职业能力倾向或让员工把握岗位和部门的工作性质,也是比较困难的。第三,如果受训者或接受受训者的部门知道轮岗者将晋升到某一管理岗位,那么,受训者和其轮岗部门同事的行为都会产生一定的扭曲,双方互相提供的信息很可能出于某种利益的考虑而经过筛选,这样就会影响培训的效果,也影响高层领导的人事决策。

对于第一个问题,我们不妨将其视为培训的成本,只要培训的收益大于成本,就是值得的。对于第二个问题,要求我们科学地确定在每个岗位上轮换的时间,不能搞简单的一刀切,要视受训者的工作情况和岗位情况做出不同的规定。对于第三个问题,首先要正视,不能有意无意地视而不见。另外,对轮岗反馈的信息要做进一步的分析,信息反馈的渠道要多元化,这样,可以在一定程度上解决信息失真的问题。最后,为了提高轮岗的培训效果,在实施前对受训者提出具体的工作要求、对接受受训者的部门主管进行一定的指导是必要的。

(二) 脱产培训的方法及其选择

脱产培训指员工离开工作现场或暂时停下手头日常工作去参加培训活动。如果培训的内容与当前的工作无法完全有机地结合起来,这时就需要引进脱产培训的形式。脱产培训的特征首先是学习和工作在时间和空间上的分离,学习时间不是工作时间,工作过程尽管也具有成长的意义,但主要是为了完成工作任务而不是实现培训目标。员工一旦增加了在培训方面的时间和精力,就必然减少了在工作方面的投入,也就是说,培训和工作存在竞争关系。这一特征决定了组织和员工在决定是否实施和参加培训时要考虑到牺牲当前工作这一成本。培训项目与提高组织工作绩效之间没有明显直接的相关度,或者眼前工作任务相当繁重,或者缺乏从长处着眼的战略,都会导致当前工作对培训活动的或多或少的冲击。为了平衡工作和培训的关系,许多组织采取了半脱产的培训形式,甚至完全利用员工业余时间来进行培训,这样可以较少地影响日常工作,保持工作的连续性。这样的培训尽管很少占用甚至不占用任何工作时间,但依然属于脱产培训的形式,因为其培训和工作依然是分离的。脱产培训的第二个特征是集中学习,通常是一批学员在同一时间、同一空间接受同一培训师的培训。这一特征摊低了每个学员的培训成本,提高了培训效率。脱产培训的形式具有多样性,它可以是较长时期的集中训练,也可以是一次或几次简短的讲座;可以在教室进行,也可以在野外或工作现场展开。常见的脱产培训形式主要有讲授法、讨论法、头脑风暴法、案例教学法、情景模拟法和行为示范模仿法等。

1. 讲授法

讲授法是最传统、最普及的一种培训方式,其理论和实践资料的积累和丰富程度是其他培训方式无法比拟的。孔夫子的"因材施教"、释迦牟尼的"设坛讲经"就是对讲授技巧的精心指点和对讲授形式的典型概括。从岗前培训方面说,员工手册是基本的培训教材。培训师的来源主要有两类:一是外聘高校教师;二是组织业务骨干。高校教师擅长理论方面的培训,组织业务骨干擅长具体业务、技能方面的培训。

2. 讨论法

讨论法是以教学主体的多元平等、培训过程的高度互动为特征的培训方式。讨论法的形式具有多样性的特点,根据讨论的目的可以分为知识接受型、知识应用型和探索研究型;根据讨论的形式可以分为演讲提问型、小组讨论大组交流型和对立交锋型等。

3. 头脑风暴法

头脑风暴法也称"脑力激荡",是典型的探索研究型的讨论。它以会议讨论的形式,让学员在轻松愉快的气氛中畅所欲言,自由交流,互相激发灵感,以产生更多的创意。

4. 案例教学法

案例教学法又称案例研究法、案例分析法,是培训师选择和提供具有典型意义的现实事件的书面材料,指导学员进行分析、讨论,要求学员归纳现象的本质、揭示事物发展的规律或寻求解决问题的建议,通过一系列的个案研究来丰富和提升学员的知识、技能,培养其思考分析的习惯和解决问题的能力的一种培训方式。

5. 情景模拟法

情景模拟法模拟现实工作的场景、条件和问题,包括可利用的资源、约束条件等,让学员置身于这种与实际工作情景十分类似的环境中,熟悉工作、了解程序、发现问题、解决问题。通过模拟,使学员获得从事特定工作的经历和体验,学习和提高相关的知识、技能,形成正确、高效的办事习惯或程序。情景模拟法的特征在于,学员学习的场所既不是课堂,也不是工作现场,而是模拟的场景。文字资料和语言讲解等传统的教学工具在情景模拟教学中仅仅是辅助手段,学习的过程更多地表现为行动、操作,而不是听和看。常见的情景模拟法有游戏法、角色扮演法和一揽子公文处理法等。

6. 行为示范模仿法

行为示范模仿法的培训方式向学员提供特定工作行为的标准样例,学员通过观摩和模仿范例行为来达到学习的目的。如,将面试、绩效考核面谈、组织例会、客户服务现场的典型或规范情景制成录像,供学员观摩、讨论和模仿演练。通过不断的反馈和演练,学员能熟悉工作环境和程序,体验角色感受,掌握并养成高效、规范的工作行为。

读一读 & 想一想:小刘和小钱的培训效果令人满意吗?

项目六　操练有术　员工培训

案例导入

麦当劳的培训功力

麦当劳的培训很有特色：一对一培训、注重基础技术工作、课程设计强调实际应用、建立培训大学、培训和晋升挂钩、特别关注培养接班人等，将培训工作做得非常缜密。这就是麦当劳长盛不衰的根本原因，也是其在全世界范围极富魅力的主要因素之一，因此麦当劳也成为大量有才华的年轻人向往的地方。国际快餐巨头麦当劳世界闻名，其发展秘诀就在于麦当劳拥有一套行之有效的人力资源管理制度和成熟的员工培训体系。麦当劳认为，组织的发展实际上是人的事业的发展，保证组织的成功和品质的统一，合格的员工是关键。而让诸多文化背景、年龄不尽相同的员工与麦当劳拥有共同的目标，即"令顾客百分百地满意"，便是麦当劳完善的人力资源管理及培训系统的功力所在。

员工自进入麦当劳公司的第一天起，就要接受一对一式的培训。每个岗位都有一定的上岗标准，达到标准的员工才会被通知上岗。公司训练部设有许多课程，课程的设计非常明确，首先是操作性的，其次才是管理性的。例如，一个有文凭的年轻人要当4～6个月的实习助理。在一线工作岗位上，实习助理应当学会保持最佳服务的方法，并依靠他们最直接的实践来积累良好的管理经验，为日后的管理实践做准备。就经理来说，每一步晋升总是和培训连在一起的。学习内容包括餐厅的营运管理知识、会计及财务、人力资源、餐厅的设计、设备的管理和安排、公共关系、市场营销推广、品质控制等。采用学校与组织直接挂钩的形式，是麦当劳公司培训的特色工程，对其培养公司专用人才起到了巨大的作用。为了配合麦当劳在中国内地的不断发展，2001年7月公司在香港建立了麦当劳全球的第七所汉堡大学，其课程已陆续得到知名大学的评鉴认证。另外，麦当劳主张员工的培训应该与个人职业生涯设计和职业发展相联系。麦当劳鼓励员工"永远追求卓越，追求第一"。麦当劳能吸引大量有才华的年轻人加盟，其魅力在于公司实施一种快速的晋升制度。而且，晋升对每个人来说都是公平的，既不做特殊规定，也不设典型的职业模式。每个人主宰自己的命运，适应快、能力强的人能迅速掌握各个阶段的技术，从而更快地得到晋升。在麦当劳取得成功的人都有一个共同特点：从零开始，脚踏实地。

麦当劳一直是一个发现与培养人的基地。如果某人未预先培养自己的接班人，那么他在公司里的升迁将不被考虑。这就促使每个人都必须为培养自己的继承人尽心尽力。卓越的培训使得麦当劳逐渐成为新管理模式的楷模，当然也为麦当劳带来了巨大的经济效益。

（来源：http://www.cnr.cn/financial/cflt/200112200015.html，有改动）

任务拓展

新员工培训内容的选择

新员工培训应主要考虑以下几个方面：新员工的特点、新员工培训的目标以及新员工培训的内容。

一、新员工的特点

作为组织中的新成员,新员工最突出的特点是心理上的特点:是否被同事接纳?组织当初的承诺是否会兑现?是否适应陌生的工作环境?

二、新员工培训的目标

(1) 消除新员工的焦虑与困惑。
(2) 稳定员工队伍。
(3) 缩短新员工从学习阶段向创造价值阶段过渡的时间。
(4) 文化相一致才能推动整个组织向着既定的目标前进。

三、新员工培训的内容

(1) 公司的地理位置和工作环境。

新员工进入组织,第一个需要了解的是公司的自然概况,因此应对公司的方位、地理环境和工作环境做一番详尽的介绍,内容应包括以下几项。

① 公司在这座城市的客观位置、公司的平面图以及公司的地理位置。

② 如公司已有结构模型和宣传图片,应由专人负责引导他们参观,并向他们做解说,使他们对公司的地理位置有一个大概的了解。

③ 员工的工作环境,包括办公室的设施、工作的流水线、其他工作的辅助措施,如电脑、复印机、会议室、总经理办公室、主管办公室等,对每位新员工工作的大环境和小环境、硬件和软件设备均需做详细的介绍。

(2) 组织的标志及由来。

新员工需了解组织的视觉识别系统(VIS)及其由来。如麦当劳的颜色主要由金黄色和红色构成,其标志"M"既是麦当劳的首写字母,又形似两个并排的凯旋门,象征着吉利和成功。每个组织的 VIS 都是组织的骄傲,每位员工均要能识别并了解它的特殊含义。

(3) 组织的发展历史和阶段性的英雄人物。

每个组织创建之初,都是饱经苦难的,每个组织的发展史均和几个阶段性的标志人物紧密联系在一起,他们都是组织的英雄人物。如名扬世界的法国酒白兰地系列,就有马爹利老爹和马爹利老屋的传奇故事,就有甜美葡萄的传说,就有棕木桶传奇般的功能和传说。伴随着组织的发展,有英雄人物,有转折阶段,有传奇故事,有美丽的传说,把这些编成故事,讲给新员工听,能使他们更热爱自己的组织,更有归属感。

(4) 对组织具有重要意义的纪念品的解说。

美国有一个组织,它的大厅里有一个标志性的纪念品,用大玻璃罩罩着一根金色的香蕉,这里有一个能让每个新员工感动的故事:很久以前,有一个员工拿着一张改进工艺的建议书走进董事长的办公室,董事长看完这个员工的建议书深受感动,董事长认为这不仅是一个非常出色的工艺改进的建议,而且最难能可贵的是这个员工对组织的关心和热爱。这个董事长很想立刻奖励这个年轻的小伙子,但此时董事长身边并没有合适的奖品,董事长拿起桌子上的一根香蕉,奖励了这位提出合理化建议的员工。从此以后,这个公司提合理化建议蔚然成风。这个美丽的故事也广为流传,一个金色的美丽的香蕉被制作成纪念品摆设在公司的大厅里,成为这个公司的标志物。要使新员工对组织有归属感,这是一个很好的方法。

(5) 组织的产品和服务。

组织的产品和服务具体包括产品的名称、性能、原材料和原材料的来源,产品生产的流程,产品的售后服务等。有些组织的产品就是服务,如旅游业。旅游业新员工就必须了解组织售出的"服务"包含哪些内容,即服务的性质、服务的对象、服务质量的检验、服务错误的纠正等。

(6) 组织的品牌地位和市场占有率。

组织努力创造属于自己的品牌,创造品牌是组织的一个长期奋斗的过程。有的组织只有一个品牌产品;有的组织只有一个品牌,但有系列产品;有的组织的品牌是由一个产品产生而后延伸到许多领域,从而创造出系列来。如"七匹狼"从制衣业开始,后来延伸到烟草业上,延伸到装饰品系列上。组织的品牌地位还与竞争对手的状况有关,如格力和美的两个品牌的竞争、OPPO 和 vivo 两个品牌的竞争均有一种此消彼长的状况出现,它们的竞争都有一个重要标志,即市场占有率。为此,新员工必须了解自己组织的品牌,如品牌在社会上的认可度,品牌定位在哪个层次,本组织有哪些竞争对手,彼此的市场占有率是多少。这是新员工培训中不可或缺的内容。

(7) 组织的结构及主要领导。

应该有一张组织结构图及主要领导的名录和联系方式,有的组织领导有员工接待日。随着办公自动化和网络的普及,员工的合理化建议应有专设的邮箱,员工也可以通过一定的渠道获得与总经理对话的机会。

(8) 组织文化和组织的经营理念。

各个组织的经营理念都是彼此不相同的,有的组织认为"酒香不怕巷子深",忽略宣传广告的作用,只重视产品的质量;有的组织认为"宣传最重要",宣传能达到家喻户晓的效果,大打广告,在广告宣传上十分舍得花钱。因此,在新员工一进入组织时就要把本组织正确的经营理念传授给他们,让他们主动与组织协调工作。组织文化是一个组织在长期发展过程中形成的价值观和其他有形与无形的内外影响力。价值观是组织文化之核心,新员工进入组织,首先会感受到组织文化的氛围,其次要认可组织的价值观,要融入这一团队中。

(9) 组织的战略和组织的发展前景。

组织现时的战略定位和组织战略的发展阶段、发展目标、发展前景也是新员工十分关心的问题,只有组织发展才能给个体带来发展空间,也才能激发新员工内在的工作热情和创造激情,才能激励新员工为组织奉献自己的智慧和才干。

(10) 科学规范的岗位说明书。

每一位员工必须获得自己所在岗位的科学规范的岗位说明书并熟悉它。

(11) 组织的规章制度和相关的法律文件,包括有效的劳动合同的签订、规章制度的运作程序等。

(12) 团队的协作和团队的建设。

思考：依据新员工的培训内容，有哪些培训方法可以选择？

做一做：培训热身小游戏——角色扮演

任务三　评估员工培训

 任务故事

听一听：训练青蛙飞翔

小故事，大启发：训练青蛙飞翔

有一个叫杰诺的人，他养了一只青蛙。杰诺在一家外资公司里上班，虽然生活无忧，但是他总梦想着有朝一日自己能够暴富。一天，杰诺灵机一动，对青蛙说："我们就要发财了，我将教会你飞！"

"等一等，我不会飞呀！我不过是一只青蛙，又不是一只麻雀！"

杰诺非常失望："你这种消极态度确实是一个大问题。我要为你报一个培训班。"

于是青蛙就上了几天培训班，它学习了战略制定、时间管理以及高效沟通等课程，但关于飞行方面却什么也没有学。

第一天飞行训练，杰诺异常兴奋，但是青蛙却很害怕。杰诺解释说，他住的公寓一共有10层，青蛙从第1层开始，从窗户向外跳，每天加一层，最终达到第10层。在每一次跳完之后，青蛙要总结经验，找出最有效的飞行技巧，然后把这些技巧运用到下一次训练中。这样不断地积累经验，等到最高一层的时候，青蛙就学会飞了。

可怜的青蛙知道这纯粹是天方夜谭，请求杰诺考虑一下自己的性命，但是杰诺根本听不进去："这只青蛙根本就不理解青蛙会飞的意义，它更看不到我的宏图大略。"因此，杰诺毫不犹豫地打开第1层楼的窗户，把青蛙扔了出去。

第二天，准备第二次飞行训练的时候，青蛙再次恳求杰诺不要把自己扔出去，杰诺拿出一本《高绩效管理》，然后向青蛙解释，当人们面对一个全新的、创造性的项目时，抵触的情绪会多么严重。接下来，只听见"啪"的一声，青蛙又被扔了出去。

第三天，青蛙调整了自己的策略，它准备拖延。它要求延迟飞行训练，直到有最适合飞行的气候条件为止。但是杰诺对此早有准备,他拿出一张进度表,指着说:"你肯定不想破坏训练的进度,对不对?"于是青蛙知道,今天不跳意味着明天多跳一次。

不能说青蛙没有尽其所能。如,第五天它给自己的腿加上了一副翼,试图变成鸟;第六天,它穿了一件红色的斗篷,试图把自己变成"超人",但这一切都是徒劳。到了第七天,青蛙只好听天由命,它不再乞求杰诺的仁慈。它只是直直地看着杰诺说:"你知道你在杀死我吗?"

杰诺则指出,青蛙完全没有达到自己为其制定的目标。对此,青蛙平静地说道:"闭嘴,开窗。"然后,它瞄准楼下的一个石头角落跳下去。

青蛙被摔得像一片叶子一样瘪。

杰诺对青蛙极其失望。飞行计划完全失败了,青蛙没有学会如何飞,它降落的过程就像一袋沙子从楼上扔下来,而且它丝毫也没有听取杰诺的建议:"聪明地飞,而不是猛烈地下降。"

现在,杰诺唯一能做的事就是分析整个过程,找出什么地方错了。经过仔细的思考,杰诺笑了:"下次,我得另找一只聪明的青蛙。"

这个故事说明有的员工培训与需求严重脱节,员工层次含糊不清,忽略了最重要的评估环节,从而导致培训最终以失败告终,劳民伤财。

(来源:《世界五百强企业培训故事全案》,邱庆剑,黄雪丽,广东经济出版社,有改动)

 知识讲坛

一、培训效果评估概述

培训效果是指培训活动给学员、学员主管、培训组织部门和培训的投资方带来的正面效应。对于学员来说,通过培训掌握了新的知识或提高了工作技能;对于学员主管来说,通过培训,下属的工作行为改善了,绩效提高了,安排工作时更方便了;对于培训的组织部门来说,每一期培训活动都是一次经验积累的过程,可以提高部门地位,给部门带来利益;对于培训的投资方"组织"来说,培训提高了产品或服务的数量和质量,提高了客户的满意度或者留住了更多的骨干人才,也就是说,投资有了回报。

培训和培训效果之间没有必然的联系。有些培训没有效果甚至还有负面效应,如,员工接受了新知识、新技能的培训后,由于工作中没有机会用,久而久之就荒废了;又如,培训机会的不公平,导致某些骨干员工出现抵触情绪,甚至跳槽。当然,绝大多数的培训都是有效果的,或者说正面效益大于负面影响。只要效用大于成本,培训依然是有效果的。更普遍的情况是,一个培训项目在这方面效果显著,在那方面则表现平平;有些培训项目投资回报率较高,有些则较低。为了了解一个具体培训项目有没有效果、有哪些效果、效果的程度如何,就需要进行培训效果的评估。

(一) 培训效果评估的内涵

不同的学者在不同的研究背景下对培训效果评估的内涵有不同的解释。综合学者们的观点,我们认为可以形成一个一般的培训效果评估的概念:针对一个具体的培训项目,培训的投资方或组织方等通过系统的收集和分析资料,对培训效果的价值和培训质量等做出判断,其目的在于指导今后的培训决策和培训活动。

(二) 员工培训评估的意义

(1) 使培训方了解投资收益率,指导今后的培训投资决策。
(2) 激励培训的组织者,控制培训的过程和效果。
(3) 显示培训工作的意义。
(4) 获得如何改进培训项目的信息。
(5) 激励和约束培训对象及培训师。

二、培训评估的方法

实践中我们的培训评估主要采用柯氏四级培训评估模式(简称"4R"模式),具体介绍如下。

(一) 学习评估

测定受训者的学习收获程度(知识、技能、态度、行为方式等方面)。主要采取考试、现场问答、模拟测试、写心得体会等评估方式。

(二) 反应评估

评估受训者的满意程度(对讲师、课程、培训组织等的满意度)。每次培训后都会做一个培训满意度的反馈调查,主要以现场发放调查表的形式来完成,调查表事先精心设计,主要涵盖总体评价、培训课程、讲师授课、培训组织、合理化建议等几个核心的调查内容。当然,这并不是唯一手段,还可以通过现场观察培训氛围、培训纪律反馈、员工抽样访谈等方式进行补充调查。

(三) 行为评估

主要考察受训者知识运用程度(培训后,其态度、行为方式的变化和改进情况)。一般通过行为观察、每月考核(主管评价)及员工关键事件盘点等来予以验证。对于工作心态、管理方式类的培训,一般在培训结束时会布置行为转变行动计划表,到时看其行动计划表的实际完成情况等。

(四) 成果评估

衡量培训带来的经济效益(培训后,受训者在一定时期内所创造的工作业绩增长变化评估),这是最后的评估项,主要是通过绩效考核来评估,更多的是一些量化数据的对比反馈,如质量、销售额、成本、项目效率、人员晋升培养结果等。

三、培训评估中的问题与解决

(一) 培训评估中的问题

(1) 培训评估投入过少。很多组织对于培训的实施投入了大量的精力和财力,在培训评估上的投入却很有限。

(2) 培训评估工作不够深入。培训部门通常只对培训课程中涉及的培训态度、培训知识等进行评估,并没有深入地对员工工作行为、工作态度的改变以及为组织带来的效益进行评估。

(3) 缺乏对培训效果的量化分析。培训部门往往对哪些收益是由培训带来的、哪些收益是由其他要素带来的等问题,缺少科学的分析方法。

(二) 提高培训评估有效性的对策

培训评估是一个长期、持续的"检验"和"纠偏"过程,它不仅要对培训项目和培训效果进行客观评价,而且让培训管理者对培训工作进行全程"诊断",为持续改进培训管理工作提供宝贵的信息,使培训资源得到更广泛的推广和共享,最终提高组织的人力资源质量,增强组织的核心竞争能力。为了创造性地做好培训评估工作,克服培训评估过程中常见的误区及工作难点,建立卓有成效的培训评估系统,应采取以下几方面的对策。

1. 建立科学的培训评估制度

培训评估制度应包括培训考核评估制度和培训跟踪制度。其中,培训考核评估制度规范培训过程和培训效果的检验评价工作;培训跟踪制度则是对培训成果在实际工作中的转化和应用进行规范。

2. 寻求高层管理者的积极支持

高层管理者的参与和支持是培训评估工作取得成效的关键。仅有科学的评估制度还远远不够,如果得不到高层领导强有力的支持,就很难客观公正地开展培训评估工作,评估结果也将会失去应用的价值和机会。因此,培训管理者必须积极争取高层管理者的大力支持,保证培训评估系统高效运行。

3. 培育高素质的培训评估人员

培训评估工作人员的职业素质也是影响培训评估结果的重要因素。培训管理部门应该把对高素质的培训评估人员的培养作为培训资源建设的一项重要工作任务。

读一读 & 想一想:没感觉的培训

案例导入

为何用心良苦只换来员工不满？

某机械公司新上任的人力资源部部长王先生，在一次研讨会上获得了一些他自认为不错的其他组织的培训经验，于是，回来后就兴致勃勃地向公司提交了一份全员培训计划书。不久，该计划书就获得了批准。王先生便信心满满地说："对公司全体人员进行为期一周的脱产计算机培训。"为此，公司还专门下拨十几万元的培训费。可一周的培训过后，大家议论最多的，便是对培训效果的不满。除办公室的几名员工和几名中层干部觉有所收获外，其他员工要么觉得收效甚微，要么觉得学而无用，大多数人竟达成共识地认为十几万元的培训费用只买来了一时的"轰动效应"。有的员工甚至认为，这场培训，是新官上任点的一把火，是在花单位的钱往自己脸上贴金！而听到种种议论的王先生则感到委屈：在一个有着传统意识的老国企，给员工灌输一些新知识怎么效果不理想呢？他百思不得其解：当今竞争环境下，每人学点计算机知识应该是很有用的呀，怎么不受欢迎呢？

员工培训是组织提升员工素质与技能进而实现组织发展的重要手段，组织通过员工培训，不仅可以拓展员工职业发展空间，而且还可以激励和稳定优秀员工。然而，在实施培训时，组织如果不重视培训自身的一些规律和原则，就不可能达到预期的培训效果。案例中出现的培训问题就与忽视这些规律和原则有关。

（来源：http://www.douban.com/group/topic/63287357/，有改动）

 任务拓展

是否所有的培训都要进行评估？

1. 培训评估的"五要"
(1) 培训项目经费超过一定的警戒线时，要进行评估；
(2) 培训项目需要三个月或更长时间时，要进行评估；
(3) 培训项目的效果对组织很关键时，要进行评估；
(4) 一个单元的培训会对组织其他业务单元产生很大影响时，要进行评估；
(5) 当组织面临一系列重大改革举措，需要评估结论作为依据时，要进行评估。

2. 培训评估的"五不"
(1) 培训项目目标不明确或目标尚缺乏共识时，不应评估。
(2) 培训项目评估结果不能得到利用时，不应进行评估。
(3) 时间有限、不能保证质量的评估不能进行。

时间有限主要包括两种情况：
①评估决策者给的评估时间太紧，可能影响到评估质量；
②培训项目的效果还未充分展示出来，进行评估难以得出科学的结论。

(4) 评估资源(特别是资金)不足、不能保证质量的评估不应进行。
(5) 培训项目本身缺乏外在价值,不应进行评估。

项目自测

一、复习题
1. 员工培训与正规教育相比,有什么不同?
2. 培训计划的内容包括哪几个方面?
3. 员工培训的方法有哪几种?
4. 什么是柯氏四级培训评估模式?
5. 简述脱产培训的几种方法。

二、案例分析题

学历与学力

有一个博士分到一家研究所,成了那里学历最高的一个人。有一天他到单位后面的小池塘去钓鱼,正好正副所长在他的一左一右,也在钓鱼。他只是微微点了点头,这两个本科生,有啥好聊的呢?不一会儿,正所长放下钓竿,伸伸懒腰,噌噌噌地从水面上如飞地走到对面上厕所。博士眼睛睁得都快掉下来了。水上漂?不会吧?这可是一个池塘啊。正所长上完厕所回来的时候,同样也是噌噌噌地从水上"漂"回来的。怎么回事?博士生又不好去问,自己是博士生呐!过了一阵,副所长也站起来,走几步,噌噌噌地"漂"过水面上厕所。这下子博士更是差点昏倒:不会吧,到了一个江湖高手集中的地方?

博士生也内急了。这个池塘两边有围墙,要到对面厕所非得绕十分钟的路,而回单位上更远,怎么办?博士生也不愿意去问两位所长,憋了半天后,也起身往水里跨:我就不信本科生能过的水面,我博士生不能过。只听咚的一声,博士生栽到了水里。两位所长将他拉了出来,问他为什么要下水,他问:"为什么你们可以走过去呢?"两位所长相视一笑:"这池塘里有两排木桩子,由于这两天下雨涨水正好在水面下。我们都知道这木桩的位置,所以可以踩着桩子过去。你怎么不问一声呢?"

(来源:https://yuwen.chazidian.com/yuedu1040/,有改动)

问题:
(1) 请问为什么博士生不愿意去询问两位所长是如何"漂"过水面的?
(2) 为什么学历高的人不一定能很好地胜任本职工作?
(3) 试从本案例分析培训对新员工的重要性。

做一做:培训小游戏——看不见与说不清

项目七　精准定位　职业生涯管理

 项目概述

职业生涯规划对于员工以及组织的长远发展均具有重要的意义。了解职业生涯的内涵与外延，掌握职业生涯相关理论，科学设计职业生涯，有效进行职业生涯管理，对于每一个即将步入职场的大学生来说至关重要。

 项目目标

- 认知目标
  - 了解职业生涯的内涵；
  - 了解职业生涯的构成及其特点；
  - 了解职业生涯的相关理论；
  - 了解职业生涯的发展路径；
  - 了解职业生涯设计的步骤；
  - 了解职业生涯管理的内涵与意义；
  - 了解职业生涯管理的目标与功能。
- 技能目标
  - 掌握职业生涯规划的方法；
  - 学习职业生涯规划书的撰写；
  - 学会有效进行职业生涯管理。
- 情感目标
  - 认识职业生涯规划的意义；
  - 了解职业生涯设计的重要性；
  - 积极开展个人职业生涯管理。

任务一 认知职业生涯

任务故事

听一听：关于人生目标的调查

关于人生目标的调查

有一年，一群意气风发的天之骄子从美国哈佛大学毕业了，他们即将开始自己的职业生涯。他们的智力、学历、环境条件都相差无几。在临出校门时，哈佛对他们进行了一次关于人生目标的调查。结果是这样的：

27%的人没有目标；60%的人目标模糊；10%的人有清晰但比较短期的目标；3%的人有清晰而长远的目标。

以后的25年，他们将在各自的工作领域进行打拼。

25年后，哈佛再次对这群学生进行了跟踪调查。结果又是这样的：

3%的人，在25年间朝着一个方向不懈努力，几乎都成为社会各界的成功人士，其中不乏行业领袖、社会精英。10%的人，他们的短期目标不断地实现，成为各个领域中的专业人士，大都生活在社会的中上层。60%的人，他们安稳地生活与工作，但没有什么特别的成绩，几乎都生活在社会的中下层。剩下的27%的人，他们的生活没有目标，过得很不如意，并且常常在抱怨他人、抱怨社会、抱怨这个"不肯给他们机会"的世界。

其实，他们之间的差别仅仅在于25年前，他们中的一些人清楚地知道自己的人生目标，而另一些人则不清楚或不是很清楚。

（来源：http://blog.ceconlinebbs.com/BLOG_ARTICLE_197696.HTM，有改动）

看一看：认知职业生涯

知识讲坛

一、职业生涯的内涵

职业是指参与社会分工，用专业的技能和知识创造物质或精神财富，获取合理报酬,丰富社会物质或精神生活的一项工作。职业是人们在社会中所从事的作为谋生手段的工作;从社会角度看,职业是劳动者获得的社会角色,劳动者为社会承担一定的义务和责任,并获得相应的报酬;从国民经济活动所需要的人力资源角度来看,职业是指不同性质、不同内容、不同形式、不同操作的专门劳动岗位。根据中国职业规划师协会的定义,职业包含十个方向(生产、加工、制造、服务、娱乐、政治、科研、教育、农业、管理)。

生涯,"生",即"活着";"涯",即"边界"。从广义上理解,"生"与一个人的生命相联系;"涯"则有边际的含义,即指人生经历、生活道路和职业、专业、事业。人的一生,包含少年、成年、老年几个阶段,成年阶段无疑是最重要的时期。这一时期之所以重要,是因为这是人们从事职业生活的时期,是人们追求自我、实现自我的重要人生阶段,是人生全部生活的主体。

职业生涯是一个人的职业经历,是指一个人一生中所有与职业相联系的行为与活动,以及相关的态度、价值观、愿望等连续性经历的过程,也是一个人一生中职业、职位的变迁及工作、理想的实现过程。

二、职业生涯的分类

(一)外职业生涯

外职业生涯是指从事职业时的工作单位、工作时间、工作地点、工作内容、工作职务与职称、工作环境、工资待遇等因素的组合及其变化过程。良好的外职业生涯可提升个人对内职业生涯的认知,两者相互促进,相互协调。外职业生涯具有以下特点。

(1)不可控性:往往是他人给予的,也容易被别人收回和否定。
(2)不等偿性:回报往往与自己的付出不符,尤其是职业初期。
(3)依赖性:外职业生涯的发展以内职业生涯的发展为前提条件。

有的人一生疲于追求职业生涯的成功,但内心极为痛苦,因为他们追求的是外职业生涯,他们往往不了解外职业生涯的成功是以内职业生涯的发展为前提条件的,所以错过了提升自己的机会,和成功擦肩而过。

(二)内职业生涯

内职业生涯是指从事一项职业时所具备的知识、观念、心理素质、内心感受等因素的组合及其变化过程。内职业生涯是一个人对自我的认识、了解、目标设计、愿望如何达成等的全部心理过程。内职业生涯具有以下特点:

(1)自我实现性:内职业生涯各项因素是靠自己努力追求获得的。
(2)不可剥夺性:内职业生涯各种要素一旦获得,他人便不可收回或剥夺。
(3)可转化性:内职业生涯可以转化为外职业生涯。

(三)外职业生涯与内职业生涯的关系

内职业生涯的发展是外职业生涯发展的前提,内职业生涯的发展带动外职业生涯的发展。内职业生涯在人的职业生涯成功乃至人生成功中具有关键性作用。尤其是在职业生涯早期和中前期，作为尚未毕业的大学生，或者是刚刚参加工作的新员工，一定要把对内职业生涯各因素的追求看得比外职业生涯更重要。

与外职业生涯的构成因素不同，内职业生涯的各构成因素内容一旦取得，别人便不能收回或剥夺。内职业生涯是真正的人力资本所在，提高内职业生涯而取得的工作成绩，会转化为外职业生涯。只有内、外职业生涯同时发展，职业生涯之旅才能一帆风顺。

三、舒伯的职业生涯五阶段理论

舒伯根据自己"生涯发展形态研究"的结果，参照布勒的分类，将生涯发展划分为成长、探索、建立、维持与衰退五个阶段，其中有三个阶段与金斯伯格的分类相近，只是年龄与内容稍有不同，舒伯增加了就业以及退休阶段的生涯发展，具体分述如下。

成长阶段：由出生至14岁，该阶段的孩童开始发展自我概念，开始以各种不同的方式来表达自己的需要，且通过对现实世界不断的尝试，修饰自己的角色。

这个阶段发展的任务是：发展自我形象，发展对工作世界的正确态度，并了解工作的意义。这个阶段共包括三个时期：一是幻想期（4岁至10岁），它以"需要"为主要考虑因素，在这个时期幻想中的角色扮演很重要；二是兴趣期（11岁至12岁），它以"喜好"为主要考虑因素，喜好是个体抱负与活动的主要决定因素；三是能力期（13岁至14岁），它以"能力"为主要考虑因素，能力逐渐具有重要作用。

探索阶段：由15岁至24岁，该阶段的青少年，通过学校的活动、社团休闲活动、打零工等机会，对自我能力及角色、职业做了一番探索，因此选择职业时有较大弹性。

这个阶段发展的任务是：使职业偏好逐渐具体化、特定化并实现职业偏好。这个阶段共包括三个时期：一是试探期（15岁至17岁），考虑需要、兴趣、能力及机会，做暂时的决定，并在幻想、讨论、课业及工作中加以尝试；二是过渡期（18岁至21岁），进入就业市场或专业训练，更重视现实，并力图实现自我观念，将一般性的选择转化为特定的选择；三是试验并稍作承诺期（22岁至24岁），生涯初步确定并试验其成为长期职业生活的可能性，若不适合则可能再经历上述各时期以确定方向。

建立阶段：由25岁至44岁，由于经过上一阶段的尝试，不适合者会谋求变迁或做其他探索，因此该阶段较能确定在整个事业生涯中属于自己的"位子"，并在31岁至40岁，开始考虑如何保住这个"位子"，并固定下来。

这个阶段发展的任务是统整、稳固并求上进。这个阶段细分又可包括两个时期：一是试验—承诺—稳定期（25岁至30岁），个体寻求安定，也可能因生活或工作上的若干变动而尚未感到满意；二是建立期（31岁至44岁），个体致力于工作上的稳固，大部分人处于最具创意时期，由于资深往往业绩优良。

维持阶段：由45岁至64岁，个体仍希望继续维持属于他的工作"位子"，同时会面对新的人员的挑战。这一阶段发展的任务是维持既有成就与地位。

衰退阶段:65岁及以上,由于生理及心理机能日渐衰退,个体不得不面对现实,从积极参与到隐退。这一阶段往往注重发展新角色,寻求不同方式以替代和满足需求。

四、施恩的职业锚理论

(一)职业锚的内涵

职业锚理论产生于美国著名的职业指导专家埃德加·H.施恩教授领导的专门研究小组。斯隆管理学院的44名MBA毕业生自愿形成一个小组接受施恩教授长达12年的职业生涯研究,包括面谈、跟踪调查、公司调查、人才测评、问卷等多种方式,最终分析总结出了职业锚(又称职业定位)理论。

职业锚,又称职业系留点。锚,是船只停泊定位用的铁制器具。职业锚,是指当一个人不得不做出选择的时候,他无论如何都不会放弃的职业中的那种至关重要的东西或价值观,实际就是人们选择和发展自己的职业时所围绕的中心。

(二)职业锚理论下的员工类型

职业锚以员工习得的工作经验为基础,产生于早期职业生涯。员工的工作经验进一步丰富发展了职业锚。施恩将职业锚分为八种类型,并推出了职业锚测试量表。

1. 技术/职能型

技术/职能型的人,追求在技术/职能领域的成长和技能的不断提高,以及应用这种技术/职能的机会。他们对自己的认可来自他们的专业水平,他们喜欢面对来自专业领域的挑战。他们一般不喜欢从事一般的管理工作,因为这将意味着让他们放弃在技术/职能领域的成就。

2. 管理型

管理型的人追求并致力于工作晋升,倾心于全面管理,独自负责一个部分,可以跨部门整合其他人的努力成果,他们想去承担整个部门的责任,并将使公司获得成功看成自己的工作。具体的技术/职能工作仅仅被看作是通向更高、更全面管理层的必经之路。

3. 自主/独立型

自主/独立型的人希望随心所欲地安排自己的工作方式、工作习惯和生活方式,追求能施展个人能力的工作环境,最大限度地摆脱组织的限制和制约。他们宁愿放弃提升或工作扩展机会,也不愿意放弃自由与独立。

4. 安全/稳定型

安全/稳定型的人追求工作中的安全与稳定感。他们可以预测将来的成功从而感到放松。他们关心财务安全,例如退休金和退休计划。稳定感包括诚信、忠诚,以及完成老板交代的工作。尽管有时他们可以达到一个高的职位,但他们并不关心具体的职位和具体的工作内容。

5. 创业型

创业型的人希望使用自己的能力去创建属于自己的公司或创建完全属于自己的产品（或服务），而且愿意去冒风险，并克服面临的障碍。他们想向世界证明公司是他们靠自己的努力创建的。他们可能正在别人的公司工作，但同时他们在学习并评估将来的机会。一旦他们感觉时机到了，他们便会自己走出去创建自己的事业。

6. 服务型

服务型的人指那些一直追求他们认可的核心价值的人，核心价值如帮助他人，改善人们的安全，通过新的产品消除疾病。他们一直追寻这种机会，即使这意味着变换公司，他们也不会接受不允许他们实现这种价值的工作变换或工作提升。

7. 挑战型

挑战型的人喜欢解决看上去无法解决的问题，战胜强硬的对手，克服困难和障碍等。对他们而言，参加工作的原因是工作允许他们去战胜各种不可能。新奇、变化和战胜困难是他们的终极目标。

8. 生活型

生活型的人喜欢平衡并结合个人的需要、家庭的需要和职业需要的工作环境。他们希望将生活的各个主要方面整合为一个整体。正因为如此，他们需要一个能够提供足够的弹性让他们实现这一目标的职业环境，甚至可以牺牲他们职业的一些方面，如提升带来的职业转换。他们将成功定义得比职业成功更广泛。他们认为自己如何去生活，在哪里居住，如何处理家庭事务，以及在组织中的发展道路是与众不同的。

（三）职业锚理论的意义

经过数十年的发展，职业锚已成为许多个人职业生涯规划的必选工具和公司人力资源管理的重要工具。

个人在进行职业规划和定位时，可以运用职业锚思考自己具有的能力，确定自己的发展方向，审视自己的价值观是否与当前的工作相匹配。只有个人的定位和从事的职业相匹配，个人才能在工作中发挥自己的长处，实现自己的价值。尝试各种具有挑战性的工作，在不同的专业和领域中进行工作轮换，对自己的资质、能力、偏好进行客观的评价，是使个人的职业锚具体化的有效途径。

对于组织而言，通过雇员在不同的工作岗位之间的轮换，了解雇员的职业兴趣爱好、技能和价值观，将他们放到最合适的职业轨道上去，可以实现组织和个人发展的双赢。

读一读 & 想一想：铁路总裁的故事

案例导入

中国首位女舰长：曾是选美小姐，弃百万年薪去参军

"谁说女子不如男，巾帼亦能胜须眉"，今天我们要讲的就是一位英姿飒爽的女子，曾有着让人羡慕的学历和工作，甘愿放弃百万年薪去参军，成为中国海军史上首位女舰长，她就是韦慧晓。

韦慧晓的经历就连撒贝宁都仰慕万分，她到底有着怎样的经历？为何要放弃百万年薪去参军？又是如何成为中国第一位女舰长的呢？

韦慧晓1977年出生于广西百色，是一位土生土长的壮家女孩。小时候的韦慧晓家庭生活并不是很富裕，因此她从小就非常刻苦，想通过自己的努力改变命运。功夫不负有心人，19岁那年，韦慧晓考入了南京大学，学的是大气科学系的气象专业。上大学期间，韦慧晓也表现得非常优异。1998年，南京大学授予美国前总统老布什"名誉博士"学位的时候，作为鲜花使者上台献花的就是韦慧晓。2000年，韦慧晓从南京大学毕业后，因为表现出色而被华为选中，成为公司的一员。在华为工作的几年时间，韦慧晓也是非常优秀，短短几年就担任了公司高级副总裁秘书和行政助理，还被评为了"金牌白领"。能够进入华为公司，而且还这么优秀，韦慧晓的人生可谓是让人羡慕。然而让人没想到的是，从小就不满足于现状的她突然离职，选择了考研。2004年，韦慧晓以第一名的成绩，考入了中山大学的地球科学系，在跨系跨专业的情况下还能够取得第一名的好成绩，韦慧晓的实力实在是让人佩服。

考上研究生的同一年，长相漂亮的韦慧晓还参加了环球洲际小姐比赛，最后荣获了中国特区赛区十佳称号。

2006年，正在读研究生的韦慧晓又有了新的想法，那就是去西藏支教，要知道韦慧晓是教育部组织的研究生支教团队伍中第一位在读研究生。在支教期间，韦慧晓用心和学生们交流，给予他们足够的温暖和关爱。但是在支教期间，父亲突然病重，因为无法回家而错过了见父亲的最后一面，这也成为韦慧晓心中最大的遗憾。2008年，《中国研究生》杂志将韦慧晓选为封面人物，还刊发了她根据西藏支教经历撰写的文章《八千里路云和月》，之后受到了大家的广泛关注。

2008年的汶川地震让很多人家破人亡，流离失所，得知四川大学正在招募志愿者时，韦慧晓毫不犹豫地选择了参加。不止于此，她还幸运地成为北京奥运会的志愿者，最后还获得了"北京奥运会、残奥会优秀志愿者"的称号。

韦慧晓在学校期间还发表了很多论文，因为表现突出，所以很多老师都建议她毕业后到研究所工作，毕竟这样稳定又能实现自我价值的工作，非常适合女孩子。可韦慧晓偏偏"不安分"，因为她的内心还有一个梦想没有实现，那就是参军，成为一名军人。原来韦慧晓的军人梦并不是心血来潮，当年高考填报志愿时，她在第一志愿栏填写的就是军校，但是因为招生制度的限制，未能被录取，最后才去的南京大学。后来的韦慧晓虽然考取了大学，读了研究生，可是她内心的军人梦仍没有破灭。

项目七 精准定位 职业生涯管理

为此,她还专门咨询了大学期间的教官。而当身边的同学和朋友得知韦慧晓要参军的时候,也都表现出了震惊和不解,毕竟已经30多岁,而且专业也根本不搭边,很多人甚至质疑韦慧晓是不是疯了。面对亲朋好友的质疑,韦慧晓从来没有动摇过,甚至当时还有一家公司给她开出了百万年薪,邀请她去,韦慧晓都不为所动,一心想要参军。

2009年,已经32岁的韦慧晓得知34岁是报名参军的最后期限时,不再犹豫,她知道时间给自己的机会已经不多了。为了能够顺利参军,她还有意地开始体能训练,挑战各种危险项目,甚至还接受了魔鬼训练,几乎把部队里面的项目全都挑战了一遍。当时国家正在组建航母接舰部队,韦慧晓抓住这次难能可贵的机会,向中国海军航母接舰部队写了一封自荐信,这封信足足有200多页,韦慧晓将自己从小到大的经历全都写了下来,而且信中还附上了自己获得的各种证书和奖状。仅仅过了3天之后,韦慧晓就接到了部队来的电话,称要对她进行考察,这让韦慧晓既紧张又兴奋。功夫不负有心人,韦慧晓最终通过考核,被成功录取。2011年,韦慧晓被分配到航母部队,正式成为一名军人。而此时的她,已经34岁。

虽然生活中的韦慧晓非常优秀,可是进入部队后,一切都要重新开始。当她第一次登台进行自我介绍时,习惯性地给大家鞠了一个躬,惹来了满堂的笑话,因为她不知道要先敬礼。当然这对于韦慧晓来说,还不算什么。最让她感到挑战的是,自己和身边的战友相差了十几岁,她还自嘲是"老人家"。当第一次进行天文航海考试时,一向是学霸的韦慧晓却只考了62分。好在她一直有不服输的精神,经常虚心地向身边的战友请教。仅用了一年的时间,成绩就直线上升,甚至成为当时毕业班的优秀学员。

成绩差可以弥补,可是身体上的挑战却让韦慧晓难以承受。原来作为一名海军,韦慧晓却连游泳都不会,好不容易学会了游泳,又要面临晕船的问题。当别的战友觉得海上风平浪静的时候,韦慧晓却因晕船而不断呕吐,甚至吐到胆汁都出来了。但是要强的她硬是没吭一声,吐完之后继续回到甲板上作业。

成绩提升,晕船克服,对于韦慧晓来说,似乎没有什么问题是解决不了的,她不但坚韧要强,而且还有自己的目标。

据资料统计,培养一位优秀的舰长,至少需要15年的时间,然而韦慧晓进入部队的时候就已经34岁了,15年的时间对于她来说,无疑是一个巨大的压力。想要成为一名舰长,就要付出比常人更多的努力。为此,韦慧晓拼命地进行训练,尽管年龄比别人大,但是依旧付出了常人百倍的努力。为了尽快熟悉舰艇的各项工作,她总是抢着去擦地板、保养设备,各种工作都抢着去干。白天累了一天,晚上还要加班学习到很晚。她常说的一句话就是:"每天把天花板顶高一点点,需要有突破,要往好的方向去改变。"

2016年,韦慧晓成为中国海军第一位女副舰长。别人用15年的时间才达到的目标,而她却只用了6年的时间。2017年,她还从长春舰调到郑州舰任副舰长。韦慧晓曾经说过:"我不仅要跟女的比,还要跟男的比,不仅要跟国内的比,还要跟全世界最强的比。"就是她这种韧劲,这种不服输的精神,才使得她克服了种种困难,有了今天的傲人成绩。

然而如此优秀的韦慧晓,如今已经45岁却没有结婚,更没有生孩子,依旧是单身一人。当有人问她为何不结婚时,她说道:"我早就把自己嫁出去了,我爱航母,我愿终身嫁给航母。"韦慧晓曾阐述过两种价值观:"一种是戴着非常昂贵的手表,来彰显自己身价百倍;而另一种是一块不贵的手表,因为我戴过了,所以身价百倍。"毫无疑问,韦慧晓选择的是第二种。

曾是华为白领,拒绝百万年薪,34岁参军,如今成为中国海军史上第一位女舰长。韦慧晓的人生堪称传奇,就连撒贝宁都惊叹地说道:"她的传奇经历,牛到电视剧都不敢这么拍。"

为了自己的目标,韦慧晓可以努力奋斗,不停地拼搏。哪怕有安逸的工作,有百万的年薪,都没能阻挡她前进的步伐。"谁说女子不如男,巾帼亦能胜须眉",韦慧晓才是我们当代人学习的楷模。

(来源:今日头条 https://m.toutiao.com/is/Lhn5Eo4/,有改动)

任务拓展

请参考舒伯的生涯发展理论,设计你自己职业生涯的各个阶段及其任务。

做一做:生涯彩虹图

任务二 设计规划职业生涯

任务故事

听一听:张艺谋的职业生涯发展历程

张艺谋的职业生涯发展历程

前半生——从农民到摄影师和演员

让我们首先来看看张导的过去。1968年初中毕业后,张艺谋在陕西乾县农村插队劳动,后在陕西咸阳棉纺八厂当工人。1978年破格进入北京电影学院摄影系学习。1982年毕业后任广西电影制片厂摄影师。1984年作为摄影师拍摄了影片《黄土地》,1985年获第五届中国电影金鸡奖最佳摄影奖,随后又获法国第七届南特三大洲国际电影节最佳摄影奖、第五届夏威夷国际电影节东方人柯达优秀制片技术奖。1987年主演影片《老井》,同年获第二届东京国际电影节最佳男演员奖,1988年获第八届中国电影金鸡奖最佳男主角奖、第十一届电影百花奖最佳男演员奖。这时候他还不是导演,而这可以算他职业生涯中的前半生。

后半生——从《红高粱》到《英雄》

1987年,张艺谋导演的一部《红高粱》,以浓烈的色彩、豪放的风格,颂扬中华民族激扬昂奋的民族精神,熔叙事与抒情、写实与写意于一炉,发挥了电影语言的独特魅力,于1988年获第八届中国电影金鸡奖最佳故事片奖,第十一届大众电影百花奖最佳故事片奖,第三十八届柏林国际电影节最佳故事片金熊奖,第五届津巴布韦国际电影节最佳影片奖、最佳导演奖、故事片真实新颖奖,第三十五届悉尼国际电影节电影评论奖,摩洛哥第一届马拉喀什国际电影电视节导演大阿特拉斯金奖;1989年获第十六届布鲁塞尔国际电影节广播电台青年听众评委会最佳影片奖。正是这部电影,让张艺谋成功地实现了从演员到导演的转型,并以一个成功导演的角色进入公众视野,奠定了张艺谋作为一个成功导演的地位。从此,张导便一发不可收拾,在经过一段艺术片的成功后,他又转向了商业大片,《英雄》等一部部商业大片的红火为他带来了巨大的声誉,并最终带他走到了中国电影导演旗帜的位置。

(来源:https://sz.baiyewang.com/s4338315.html,有改动)

看一看:大学生职业生涯规划(访谈)

知识讲坛

一、职业生涯规划的分类

职业生涯规划按照时间的长短来分类,可分为人生规划、长期规划、中期规划与短期规划四种类型。

人生规划:整个职业生涯的规划,时间长至40年左右,设定整个人生的发展目标。如规划成为一个有数亿资产的组织投资人。

长期规划:即5~10年的规划,主要设定较长远的目标。如规划30岁时成为一家中型公司的部门经理,规划40岁时成为一家大型公司的副总经理等。

中期规划:一般为2~5年内的目标与任务。如规划到不同业务部门做经理,规划从大型公司部门经理到小公司做总经理等。

短期规划:2年以内的规划,主要是确定近期目标,规划近期完成的任务。如对专业知识的学习,2年内掌握哪些业务知识等。

二、职业生涯规划的路径

在职业确定后,向哪一路线发展,此时要做出选择。是向行政管理路线发展,还是向专业技术路线发展;是先走技术路线,再转向行政管理路线,还是……由于发展路线不同,对职业发展的要求也不相同。因此,在职业生涯规划中须做出抉择,以便使自己的学习、工作以及各种行动措施沿着职业生涯路线向预定的方向前进。

典型的职业生涯路线图是一个"V"形图。假如一个人24岁大学毕业参加工作,即"V"形图的起点是24岁。以起点向上发展,"V"形图的左侧是行政管理路线,右侧是专业技术路线。将路线分成若干等份,每等份表示一个年龄段,并将专业技术的等级、行政职务的等级分别标在路线图上,作为自己的职业生涯目标。

(一)专业技术型路径

专业技术型路径是指工程、财会、销售、生产、人事、法律等职能型专业方向。这些方向要求员工具有一定的专门技术性知识和能力,并具有较好的分析能力。有志于这些方向的员工会对专业技术内容及相关活动感兴趣,乐于参加相关培训和锻炼。通过长期的培训和锻炼,员工能够追求在此专业方向上自身层次的提高和相应的成就。专业技术类路径的发展途径是技术职称的晋升、技术性成就的认可、奖励等级的提高或物质待遇的改善。

(二)行政管理型路径

行政管理型路径是指将管理职业本身视为目标和方向。偏好行政管理型路径的员工对于地位、影响力、人际关系等方面更感兴趣,也能够更好地处理人际交往方面的问题,而此类问题通常是专业技术型员工比较头疼和畏惧的地方。行政管理型员工的发展通常是在基层职能部门从事具体工作,通过良好的表现获得提升,从最初涉及的专业领域转向于专注培养管理工作所需要的人际关系技巧等方面的能力。

三、职业生涯设计的步骤

(一)确定志向

志向是事业成功的基本前提,没有志向,事业的成功也就无从谈起。俗话说:"志不立,天下无可成之事。"立志是人生的起跑点,反映着一个人的理想、胸怀、情趣和价值观,影响着一个人的奋斗目标及成就的大小。所以,在制定职业生涯规划时,首先要确立志向,这是制定职业生涯规划的关键,也是职业生涯中最重要的一点。

(二)自我评估

自我评估的目的,是认识自己、了解自己。因为只有认识了自己,才能对自己的职业做出正确的选择,才能选定适合自己发展的职业生涯路线,才能对自己的职业生涯目标做出最佳抉择。自我评估包括对自己的兴趣、特长、性格、学识、技能、智商、情商、思维方式、思维方法、道德水准等的评估。

（三）职业生涯机会的评估

职业生涯机会的评估，主要是评估各种环境因素对自己职业生涯发展的影响。每一个人都处在一定的环境之中，离开了这个环境，便无法生存与成长。所以，在制定个人的职业生涯规划时，要分析环境条件的特点、环境的发展变化情况、自己与环境的关系、自己在这个环境中的地位、环境对自己提出的要求以及环境对自己的有利条件与不利条件等。只有对这些环境因素充分了解，才能做到在复杂的环境中趋利避害，使职业生涯规划具有实际意义。

（四）职业的选择

职业选择正确与否，直接关系到人生事业的成功与失败。据统计，在选错职业的人当中，有80%的人在事业上是失败者。正如人们所说的，"女怕嫁错郎，男怕选错行"，职业选择对人生事业发展是何等重要。如何才能选择正确的职业呢？至少应考虑以下几点：性格与职业的匹配，兴趣与职业的匹配，内外环境与职业是否相适应，职业生涯路线的选择。

在职业生涯规划中，是向行政管理路线发展，还是向专业技术路线发展，是先走技术路线，再转向行政管理路线抑或其他，都需要做出抉择，以便使自己的学习、工作以及各种行动措施沿着职业生涯路线向预定的方向前进。通常职业生涯路线的选择须考虑以下三个问题：我想往哪一路线发展？我能往哪一路线发展？我可以往哪一路线发展？对以上问题进行综合分析，以此确定自己的最佳职业生涯路线。

（五）设定职业生涯目标

职业生涯目标的设定是职业生涯规划的核心。一个人事业的成败，很大程度上取决于有无正确适当的目标。没有目标如同驶入大海的孤舟，四野茫茫，没有方向，不知道自己走向何方。只有树立了目标，才能明确奋斗方向，这个目标犹如海洋中的灯塔，引导我们避开险礁暗石，走向成功。

目标的设定，是在继职业选择、职业生涯路线选择后，对人生目标做出的抉择。其抉择以自己的最佳才能、最优性格、最大兴趣、最有利的环境等信息为依据。通常目标分短期目标、中期目标、长期目标和人生目标。短期目标一般为一至两年，短期目标又分日目标、周目标、月目标、年目标。

（六）制订行动计划与措施

在确定了职业生涯目标后，行动便成了关键的环节。没有达成目标的行动，目标就难以实现，也就谈不上事业的成功。这里所指的行动，是指落实目标的具体措施，包括工作、训练、教育、轮岗等方面的措施。例如：为达成目标，在工作方面，计划采取什么措施提高工作效率；在业务素质方面，计划学习哪些知识，掌握哪些技能，提高哪些业务能力；在潜能开发方面，采取什么措施开发潜能等。

(七)评估与回馈

俗话说"计划赶不上变化",影响职业生涯规划的因素诸多。有的变化因素是可以预测的,而有的变化因素难以预测。在此状况下,要使职业生涯规划行之有效,就必须不断地对职业生涯规划进行评估与修订。其修订的内容包括:职业的重新选择、职业生涯路线的选择、人生目标的修正、实施措施与计划的变更等。

四、撰写职业生涯规划书

职业生涯规划是对个人职业发展道路进行选择和设计的过程,规划的内容和结果应该在规划过程中及规划后形成文字性的方案,以便理顺规划的思路,提供操作指引,随时评估与修正。撰写职业生涯规划书有以下八个步骤:

(1) 清零、全面评估;
(2) 自我评估;
(3) 职业生涯机会评估;
(4) 职业的选择(决策定位);
(5) 职业生涯目标的确定;
(6) 职业生涯路线的选择;
(7) 制订行动方案;
(8) 评估和反馈。

一个完整有效的职业生涯规划文案应该包括以下八项内容:

(1) 标题:包括姓名、规划年限、年龄跨度、起止时间。规划年限不分长短,可以是半年、三年、五年,甚至是二十年,视个人的具体情况而定。建议大学生规划年限为三至五年。

(2) 目标确定:确立职业方向、阶段目标和总体目标。职业方向即从业方向,是对职业的选择;阶段目标是职业规划中每个时间段的目标;总体目标即当前可预见的最长远目标,也是在特定规划中的终极目标。在确定总体目标时,如果能适当地看得远些,定得高点,则有助于最大限度地激发规划者的潜能。

(3) 个人分析结果:包括对自己目前的状况分析和对自己将来的基本展望,同时也包括对自己职业生涯有一定影响的角色建议。

(4) 社会环境分析结果:指对政治、经济、文化、法律和职业环境等社会外部环境的分析。

(5) 组织分析结果:主要是对职业、行业与用人单位的分析,包括对用人单位制度、背景、文化、产品或服务、发展领域等的分析。

(6) 目标分解与目标组合:分析制定、实现目标的主要影响因素,通过目标分解和目标组合的方法做出果断明确的目标选择。目标分解是根据观念、知识、能力、心理素质等方面的差距,将职业生涯中的远大目标分解为有一定时间规定的阶段性分目标;目标组合是将若干阶段性目标按照内在的相互关系组合起来,达成更为有利的可操作目标。

（7）实施方案:首先找出自身观念、知识、能力、心理素质等方面与实现目标要求之间的差距,然后制订具体方案,逐步缩小差距,以实现各阶段目标。

（8）评估标准:设定衡量此规划是否成功的标准,如果在实施过程中无法达到制定的目标或要求,应当如何修正和调整。

读一读 & 想一想:我的职业生涯轨迹

 案例导入

迷途中的员工如何进行自我定位

员工自述:

专家您好! 我的专业是计算机应用,本科毕业后到广州工作,先在公司研发部做软件开发一年,后被派到销售部做技术支持及售后服务,3个月前又被任命为总经理助理。毕业后几年里我经过了好几次职位的变动,觉得自己现在对哪一行都学得不深,我真不知道以后该如何选择自己的职业道路。现在所学的专业知识在荒废,本职工作又开始没有了新鲜感和挑战,总是感到危机重重。您能否给我的职业生涯规划提些建议?

专家建议:

这是许多初出茅庐的年轻人容易走进的一个盲区,在这个计划没有变化快的知识经济时代里,有太多的目标会因为现实状况而不断修改,我们总是听到太多诸如"现实太残酷""这世界很精彩,可惜我很无奈"的抱怨。所以,职业生涯规划对处于任何职业年龄的人来说都很重要,特别对步入社会不久的年轻人,良好的职业生涯规划将会帮助你重新认识自己,并对你的职业发展起到重要的导向性作用。

首先,我们来看一下人生的四个职业发展阶段:

（1）探索阶段:15岁～24岁。

在这个阶段,你应该像一块晒干的海绵一样,随时随地地吸收知识、信息、经验,在工作和生活中多观察、多倾听、多思考、多动手,不断尝试、总结、改正、再尝试,从中找出自己的职业兴趣所在。

（2）建立阶段:25岁～44岁。

此阶段包括了三个子阶段:尝试子阶段(25岁～30岁)、稳定子阶段(30岁～40岁),以及中期危机阶段(35～44岁)。应该说,你现在正处于第一子阶段和第二子阶段的转折点,应该慢慢从尝试走向定向发展了。

(3) 维持阶段:45 岁～64 岁。

职业生涯的最高点应该在这个阶段,并会有一个平稳发展的过程,上下起伏一般不会过大。

(4) 衰退阶段:65 岁及以上。

此阶段唯一应该考虑的是退休和晚年生活的问题。

了解了职业发展的四个阶段,接下来开始规划你的职业生涯。职业生涯规划的第一件事是全面的自我剖析,先了解自己的性格、技能、兴趣,才可以知道自己最适合从事什么样的工作。我们都知道,叫一个外向的、爱交际的人去做会计,他可能会经常出错;派一个学技术或会计的人去跑销售,业绩不会很好。所以,知道自己能干什么和不能干什么,喜欢做什么和不喜欢做什么非常重要,也许一个综合的人才测评会给你准确的答案。你也可以尝试详细地解答以下问题。

(1) 我成长的家庭背景、社会环境如何?

(2) 我的强项有哪些?

(3) 我的弱点是什么?

(4) 我生活着的环境中有什么机会?

(5) 我身边的人给我带来了什么威胁?

其次,我们来了解一下霍兰德的六种职业性向:实践性向、研究性向、社会性向、常规性向、组织性向和艺术性向。每一种职业性向都有适合的职业类型与之相匹配,通过测试一个人就可以确定自己的职业性向,以此正确地选择真正适合自己的职业。但是很多人的成功,并不是因为从事了他喜欢和有兴趣的职业。比如一个机械工程博士,从事机械设计 10 年了,当他选择职业的时候,他不太可能选择机械设计以外的工作,尽管他有可能不适合或者不喜欢这样的工作,这里职业锚就是其中的影响因素之一。职业锚是你的价值观,是许多人选择职业时所围绕的核心所在。每个人都有自己的职业锚,影响一个人职业锚的因素有:天赋和能力、工作动机和生活需要、人生观和价值观等。虽然说天赋是遗传基因在起作用,但其他因素还是取决于后天的努力和环境的影响,所以,环境造就人,成长环境往往影响了人的性格、悟性等。

仔细剖析完自己之后,最后,你要考虑现在公司给你的职位是否有学习成长空间,是否还能给你提供其他职位,有哪些升迁的机会。如果公司无法提供适合的职位,也不能规划你的升迁路线,那么换工作是最好的选择。在规划自己的职业生涯时,要大处着眼、小处着手,设立阶段发展的目标,比如详细描述出自己三年、五年甚至十年后的工作和生活环境,然后把目标分解到年度、月度计划,把自己变成大海里一艘有目标的帆船,才能把好方向,让所有的风都变成顺风。

职业生涯规划不是算命,是对自己职业生命的一种精细管理。要把自身的特长强项、兴趣爱好与社会需求捆绑起来考虑,不是一件简单的事情。从自我剖析到制定目标,到正确执行,其中都充满了变数。在竞争日趋白热化的今天,我们唯一可以确定的就是:未来是不确定的,所以你要通过不断的学习来充实自己,打造自己的核心竞争力,才能在职场中不断得到升迁。

(来源:http://www.mba163.com/glwk/rlzy/200512/10261.html,有改动)

任务拓展

大学生职业生涯规划书撰写的五个注意事项

（1）职业生涯规划是建立在对自己的兴趣、特长、能力及社会需要等各方面全面了解评估的基础上的，进行目标设定时一定要结合自身特点和情况，不能完全脱离现实。要认清兴趣与能力、能力与社会需求都是存在一定差异的，我们所要做的是在这诸多因素中找一个结合点，将自己的经历经验、专业技能、兴趣特长等有机地结合起来，这样的职业目标才会有生命力。

（2）人才素质测评是了解自我的理论依据之一。有的同学在撰写报告书时，对自我的分析仅凭自我认识及他人评价，这是不全面的，也缺乏足够的理论依据。正确的做法是将个人认识、他人评价和人才素质测评结果有机结合，形成一个较为全面的自我认知，据此设定的目标的信度才较高。当然，由于人才素质测评的效度和信度也不是绝对的，所以也不可完全根据测评结果设定职业目标。

（3）措施要有可行性。针对职业目标制定的措施一定要具有可行性，这是评价报告书的一个重要部分。最好制订出长期、中期、短期计划，并拟定详细的执行方案和时间限制。高年级的同学可将重点放在就业三至五年内的职业规划；低年级的同学可将重点放在大学生涯的规划上，但都应突出为职业发展所做的准备工作。

（4）报告书应有自己的风格和特色。无论是行文的风格、叙述的方式、文案的设计，还是职业目标的选择、职业路线的设计等，要有不同的见解和风格，力争做到创新，彰显自己的个性与特色。

（5）撰写报告书还有几忌：忌大，忌空，忌流水账形式，忌条理不清，忌文法不通、错别字连天，忌过于煽情、没有理性分析，忌死气沉沉、没有朝气。

做一做：职业生涯规划书的写作

任务三　管理职业生涯

任务故事

听一听：居安思危的野狼

一只野狼卧在草上勤奋地磨牙,狐狸看到了,就对它说:天气这么好,大家在休息娱乐,你也加入我们队伍中吧!野狼没有说话,继续磨牙,把它的牙齿磨得又尖又利。

狐狸奇怪地问道:森林这么静,猎人和猎狗已经回家了,老虎也不在近处徘徊,又没有任何危险,你何必那么用劲地磨牙呢?

野狼停下来回答说:我磨牙并不是为了娱乐,你想想,如果有一天我被猎人或老虎追逐,到那时,我想磨牙也来不及了。而平时我就把牙磨好,到那时就可以保护自己了。

(来源:http://www.chinavalue.net/MiniBlog/Comment.aspx?Tid=124788)

看一看:管理职业生涯

  知识讲坛

职业生涯管理对于组织和员工的长远发展具有指导性意义。目前组织职业生涯管理的现状不甚理想。一方面,组织没有搭建完善的人才流动机制。在很多组织中,没有一套完善的动态管理机制来为员工职业生涯规划目标创造条件。在组织内部,通过竞争上岗,员工可以自己选择岗位,但是晋升通道及晋升方式单一,公司很少明确指出各类人员的晋升条件、晋升年限和选拔程序,没有建立健全激励和约束机制来有效打通员工职业发展通道,人才没有得到应有的重视,而不合格员工也没有及时淘汰。另一方面,人力资源管理体系滞后。很多组织在人力资源管理体系中,较多地考虑了薪酬和考核的作用,而忽视了对人员可持续利用的深入探究。在人才的培养上,未能充分重视通过人才选拔培养机制来加强关键岗位专业人才队伍的建设,通过最大限度地挖掘现有人才的潜力来培养和稳定优秀人才。往往在人才结构上,关键岗位就一两个核心人员,不注重人力资源积累,人才梯队建设出现断层现象,一旦关键人才流失,核心资源和技术也被带走,组织的损失必然不小。本任务立足于大学生的实际情况,从他们的视角来谈谈职业生涯管理的内涵、意义与主要内容。

一、职业生涯管理的意义

(一)组织进行职业生涯管理的意义

(1)职业生涯管理是组织资源合理配置的首要问题。

人力资源是一种可以不断开发并不断增值的增量资源,因为通过人力资源的开发能不断更新人的知识、技能,提高人的创造力,从而使无生命的"物"的资源充分得到利用。特别是随着知识经济时代的到来,知识已成为社会的主体,而掌握和创造这些知识的就是"人",组织更应注重人的智慧、技艺、能力的提高与全面发展。因此,加强职业生涯管理,使人尽其才、才尽其用,是组织资源合理配置的首要问题。如果离开人的合理配置,组织资源的合理配置就是一句空话。

(2)职业生涯管理能充分调动人的内在的积极性,更好地实现组织目标。

职业生涯管理的目的就是帮助员工提高在各个需要层次的满足度,使人的需要满足度从金字塔形向梯形过渡,最终接近矩形,既使员工的低层次物质需要逐步提高,又使他们的自我实现等精神方面的高级需要的满足度逐步提高。因此,职业生涯管理不仅符合人生发展的需要,而且立足于人的高级需要,即立足于友爱、尊重、自我实现的需要,真正了解员工在个人发展上想要什么,协调其制定规划,帮助其实现职业生涯目标。这样就必然会激起员工强烈的为组织服务的精神力量,进而形成组织发展的巨大推动力,更好地实现组织目标。

(3)职业生涯管理是组织长盛不衰的保证。

任何成功的组织,其成功的根本原因是拥有高质量的企业家和高质量的员工。人的才能和潜力能得到充分发挥,人力资源不会虚耗、浪费,组织的生存成长就有了取之不尽、用之不竭的源泉。发达国家的主要资本不是有形的工厂、设备,而是它们所积累的经验、知识和训练有素的人力资源。通过职业生涯管理努力给员工提供施展才能的舞台,充分体现员工的自我价值,是留住人才、凝聚人才的根本保证,也是组织长盛不衰的保证。

(二)个人参与职业生涯管理的意义

对员工个人而言,参与职业生涯管理的重要性体现在三个方面。

(1)对于增强对工作环境的把握能力和对工作困难的控制能力十分重要。职业计划和职业管理既能使员工了解自身长处和短处,养成对环境和工作目标进行分析的习惯,又可以使员工合理计划、分配时间和精力完成任务、提高技能。这都有利于强化环境把握和困难控制能力。

(2)利于个人过好职业生活,处理好职业生活和生活其他部分的关系。良好的职业计划和职业管理可以帮助个人从更高的角度看待工作中的各种问题和选择,将各个分离的事件联系起来,服务于职业目标,使职业生活更加充实和富有成效。它更能考虑职业生活同个人追求、家庭目标等其他生活目标的平衡,避免顾此失彼、两面为难的困境。

(3)可以实现自我价值的不断提升和超越。工作的最初目的可能仅仅是找一份养家糊口的差事,进而追求的可能是财富、地位和名望。职业计划和职业管理对职业目标的多次提炼可以使工作目的超越财富和地位,追求更高层次自我价值实现的成功。

二、如何进行职业生涯管理

成功的职业生涯需要员工与组织双方面的共同努力与配合,它是实现组织内部人力资源的培养和使用,以及调动员工工作热情和充分激发员工潜能的重要手段,关系到员工个体发展以及组织未来的发展。在社会的变革步伐中,组织要想留住人才,不能仅仅依靠薪酬的提升,组织是否能提供员工发展的平台,也成为员工选择组织的重要因素。因此,无论个人和组织都需要对职业生涯进行规划、管理,把个人的愿景与组织的愿景有效融合,达到组织管理与员工职业生涯规划管理的有机结合,这是现代组织赢得竞争优势的有效途径。

1. 职业生涯的设计模式

在员工职业生涯规划的过程中,设计可替换的多通道职业生涯发展路线尤其重要。一般组织的职业生涯路线往往是单线条的专业通道、技术通道或者是管理通道。在发展通道上,单线条式的职业生涯路线会使得专业技术人员在地位、薪酬、发展机会等诸多方面均不如管理人员。这就需要根据组织规模和组织的长期发展规划,设计专业、技术和管理通道并行的多种职业生涯发展体系,让员工职业发展的方向更加广阔。通过提供纵向的工作序列和一系列横向的机会,确立员工的纵向职业发展通道和横向职业发展通道。由于多通道职业生涯发展体系建立在某些层次的经验的可替换性上,员工可通过公司需要或个人兴趣爱好、专业经验、学历、职称资格、职位职务的提升,在不同的纵向职业发展通道间进行转换,实现自身职业发展。这比单线职业通道更现实地体现了员工在组织中的发展机会均等。

2. 规划员工职业生涯通道

组织要针对员工个人提供相应的支持和帮助,内部各级管理者要承担起辅助下属职业生涯设计的职责,对于员工的职业发展给予具体的指导。一是组织要教育员工树立正确的职业生涯观,同时,要提供职业能力测评,帮助员工正确认识自己,指导员工掌握正确的职业生涯规划方法,使他们的职业生涯设计符合个人特点。二是做好职业培训工作。公司要建立完善的职业培训体系,包括基本素质和岗位技能提升的培训以及职业生涯设计相关的培训,让员工在日常的工作和学习中获得职业发展。三是建立后备队伍人才库,针对关键岗位的现状及趋势,科学制订培养锻炼计划,分期分批进行后备人员培养。四是做好职业生涯规划的调整。具体实施过程中,注意及时反馈有关信息,并做出相应调整,使得职业生涯规划方案既对员工有着长期、有效的激励作用,又适合组织未来发展的需要。

3. 从大学生的角度

大学生职业生涯的自我管理是指大学生为满足个人职业生涯发展的需要以及社会发展对大学生的要求,充分调动自身主观能动性,合理安排大学时间,有效整合自身资源而开展的一系列自我学习、自我教育、自我发展、自我提高的管理活动。大学生职业生涯的自我管理是以自己为认知和管理的对象,具体而言,是以自己所拥有的内在资源如职业价值观、时间、情绪和身体、行动、学业等为管理对象。大学生职业生涯的自我管理是一个系统的工程。从时间上来看,它贯穿整个大学时期;从形式上来看,大学期间的一切活动基本都可以列入职业生涯自我管理的范畴之中,因为这些活动基本都与大学生今后的职业生涯相关联。

项目七 精准定位 职业生涯管理

读一读 & 想一想:比尔·拉福的人生规划

 案例导入

斯皮尔伯格的故事

大导演斯皮尔伯格的电影同学们都喜欢看,例如《侏罗纪公园》《辛德勒的名单》《拯救大兵瑞恩》等。他在36岁时就成为世界上最成功的制片人之一,电影史十大卖座的影片中,他个人就有四部。他在17岁的时候,有一次去一个电影制片厂参观,尔后,他就偷偷立下了目标:要拍最好的电影。第二天,他穿了一套西装,提着爸爸的公文包,里面装了一块三明治,再次来到制片厂。他故意装出一副大人的模样,骗过了警卫,来到了厂里面。然后找到一辆废弃的手推车,用一块塑胶字母,在车门上拼出"斯蒂芬·斯皮尔伯格""导演"等字样。然后他利用整个夏天去认识各位导演、编剧等,天天忙着以一个导演的标准来要求自己。他从与别人的交谈中学习、观察、思考,并最终在20岁那年,成为正式的电影导演,开始了他大导演的职业生涯。这里面,我们可以看到他是如何确立自己的目标并为之奋斗的。

目标与理想并不只是大人的事情,从小立志,并努力实现它,你就能拥有超人的力量。

(来源:http://www.yulu1.com/show-39-38763-1.html,有改动)

 任务拓展

时间管理"四象限"法则

据有关机构统计,成功的人往往都是把主要的精力放在重要的事情上,普通人往往将精力放在紧急的事上,而成功与否,取决于你的精力在重要但不紧急的事情上的程度。因此,无论是管理者还是普通员工,一定要对工作有一个正确清醒的认识,把握好工作的性质,才能合理安排好个人时间,从而提高工作效率。

时间"四象限"法则是美国的管理学家科维提出的一个时间管理理论,把工作按照重要和紧急两个不同维度进行划分,基本上可以分为四个"象限",如图7-1所示。

(1) 既重要又紧急:如客户投诉、即将到期的任务、财务危机等。
(2) 重要但不紧急:如建立人际关系、人员培训、制定防范措施等。
(3) 不重要但紧急:如电话铃声、不速之客、部门会议等。
(4) 既不重要也不紧急:如上网、闲谈、写博客等。

"四象限"法则的关键在于第二类和第三类的顺序问题,必须非常严格地进行区分。另外,也要注意划分好第一类和第三类事情,两者都是紧急的,区别就在于前者能带来价值,实现某种重要目标,而后者不能。

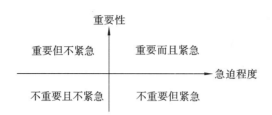

图 7-1 "四象限"法则时间管理坐标体系

那么我们如何对自己的日常事务进行安排呢？推荐的顺序如下。

1. 优先处理既紧急又重要的事务

如：紧急状况、迫切问题、限期完成、准备事项。

这是考验我们的经验、判断力的时刻，也是可以用心耕耘的园地。很多人不善于规划时间都是由于对事务性质的判断失误。该象限的本质是缺乏有效的工作计划导致本处于"重要但不紧急"的第二象限的事情转变过来，这也是传统思维状态下的管理者的通常状况，于是就造成了看起来很"忙"，但是却没有多少工作成果的状况。

2. 处理重要但不紧急的事务

如：制订预防措施计划，维持人际关系，休闲充电，提高学习能力。

大多数日常性的工作都属于这个象限的事情。荒废这个领域将使第一象限日益扩大，使我们陷入更大的压力，在危机中疲于应付。反之，多投入一些时间在这个领域有利于提高实践能力，缩小第一象限的范围。做好事先的规划、准备与预防措施，很多急事将无从产生。这个领域的事情不会对我们造成催促力量，所以对于管理者来说必须主动去做，推动工作的进度，这是发挥个人领导力的领域，也是传统低效管理者与高效卓越管理者的重要区别标志。建议大家把 80% 的精力投入该象限的工作，以使第一象限的"急"事无限变少，大家也可以不再瞎"忙"。

3. 妥善处理紧急但不重要的事务

如：造成干扰的访问、电话、报告、会议等许多紧急事件。

工作中此类事情较多较杂，有时候非常容易判断错误，表面看似第一象限，因为迫切的呼声会让我们产生"这件事很重要"的错觉——实际上就算重要也是对别人而言。我们花很多时间在这个里面打转，自以为是在第一象限，其实不过是在满足别人的期望与标准。

4. 处理既不紧急也不重要的事务

如：忙碌而琐碎的事、聊天、浏览新闻、收发邮件、写博客等。

无论是生活还是工作中，每一个人都会有很多琐碎的事务缠身，这些事情看似不是很重要，但是却像蚂蚁一样蚕食着我们分分秒秒的时间。对于一个高效的管理者来说，提高工作效率，就需要尽量压缩这个象限的事务，把有限的精力放在重要且紧急的事务中去。坚持下来，形成习惯，长此以往，你会发现自己在处理事情方面感到非常轻松。

做一做：我的时间馅饼

项目自测

一、复习题

1. 职业生涯规划的内涵是什么？它包括哪几个方面？
2. 你知道哪些职业生涯规划的理论？阐述其内容与价值。
3. 进行职业生涯规划的步骤有哪些？
4. 职业生涯管理对于组织与员工个人分别有什么意义？
5. 大学生如何有效进行职业生涯管理？

二、案例分析题

1. 个人职业生涯规划。

小 Z，女，22 岁，本科学历。

基本情况：上海某财经类大学毕业，国际会计系，应届生。

同学评价：刻苦，有上进心，性格坚强，学习能力强。

个人职业目标：高级财务经理。

面临问题：收到英国某大学的 offer，学习行政管理专业；同时收到四大会计师事务所之一的普华永道的 offer，职位是审计师。现在小 Z 必须做出选择。你的建议是先留学还是先就业？

2. 吴依敏的职业生涯规划。

吴依敏今年 28 岁，女性，刚获得企业管理硕士学位，并与陈震东先生一起工作，然而目前的职位并不是吴依敏所期望的，因此她正在犹豫自己是否应该留在光明投资银行。

光明投资银行具备清晰的管理结构，但并没有刻板的等级制度。其风格相对不拘形式，具有较大的灵活性，工作积极主动的人能迅速脱颖而出，具有创新意识的思路能够迅速传递到银行上层。光明投资银行不是一个只就备忘录所记载的事务而忙碌的公司，大量的工作是通过电话和面谈而得以完成的。这种环境并不适合所有的人。加入光明投资银行的人不要指望随波逐流，员工必须发挥主观能动性，努力寻找脱颖而出的新途径。光明投资银行引以为傲的是推崇唯才是举，在这里公司看重的是成果。

光明投资银行个人发展的宗旨是将公司的战略目标同个人发展目标相结合，这种哲学始终是组织文化的一部分，也是公司未来计划中的一个具体组成部分。公司聘用的员工具有广泛的专业背景，以使公司人员专业能力的深度和广度都能得到拓展。他们来自世界各地，专业范围也越来越宽，从金融到哲学、从经济学到工程学。

公司认识到保持技术领先地位至关重要。在为客户服务、向客户提供信息时，技术优势转化为公司的竞争优势，所以公司大力投入资源保持这一优势。

我们可以看出光明投资银行是一个充满活力、有大好发展前景的公司，那么为什么吴依敏要离开光明投资银行呢？

当吴依敏刚从大学取得数学学士学位之后，她进入了在上海市的大上海国际银行，担任计算机程序设计师。从程序设计师到系统分析师，她希望有机会去从事具有挑战性及重要性的工作，而且吴依敏感觉到她还需要追求一些别的。

由于吴依敏对银行方面的知识十分了解，所以大上海国际银行派她到光明投资银行接一个计划。当然，吴依敏是设计规划小组的组长，她的责任就是帮光明投资银行发展一套在自动交换机上的软件程序，而计划的委托人就是陈震东先生。

在吴依敏尚未与陈震东先生谋面时，她就耳闻陈震东先生在光明投资银行是最闪亮之星，他四十五岁，似乎无所不通，而且他知道该如何去激励及激发他的下属。因此她立即和陈震东谈得十分融洽，她也花了不少次的午餐时间与陈震东先生谈到她目前的需求，她希望能拥有一个更广阔的前景，而非目前在大上海国际银行被指定的工作。陈震东先生鼓励她，并告诉她应该再去进修一些企业管理方面的课程，如获得企业管理硕士；如果她对行销有兴趣的话，陈震东先生向她保证在光明投资银行留个职位给她。

因此，在吴依敏完成了这个自动变换机软件程序的计划案以后，她就辞职去攻读她的企业管理硕士课程。该课程是令她兴奋的，但也是十分吃力的，不过，她仍然保持着上进心，并且不断努力。

当吴依敏毕业后，陈震东先生也兑现了他的诺言，给了她一个十分好的职位——行销经理，负责自动交换机网络并负责建立起对新ATM制度的行销活动，该行销活动是希望能将产品推展到郊区各角落。因此，吴依敏第一次真正尝试到她的经理经验。

吴依敏通过企业管理硕士课程，获得有关企业管理方面的知识，并且使她在思考上更有信心。因此，没多久吴依敏就不再需要在办事之前先去找陈震东先生讨论，也不再需要陈震东先生的忠告。她要监视并检查所有她负责的工作，而且也变得十分易怒，以往的她是那么懂得感激和鼓舞他人，可是现在变得很容易干扰他人，与他人冲突并且缺乏自制力。对于如何行销ATM的产品，她也开始与陈震东先生意见相左，处处显示出她不是一位好的工作伙伴。

问题：

(1) 吴依敏目前正处于职业生涯的哪一阶段？

(2) 在本案例所叙述的情景下，若你是吴依敏，你是打算辞职还是继续留任？为什么？

(3) 如果吴依敏要在公司继续留任，她应该具备什么知识来帮助她更适应她目前的职位？

(4) 对于陈震东先生，你认为他应该采取一些什么措施来帮助吴依敏？

项目八 安人之本 绩效管理

 项目概述

当今世界,组织的竞争就是人才的竞争,因为人是组织的灵魂,是管理的第一要素,是组织制胜的法宝和利润的源泉。绩效管理是现代人力资源管理的一项重要职能,它不仅是员工能力开发与职业发展的有效工具,也是组织实现战略目标的重要手段和途径。如何利用科学的绩效管理理论、工具与方法对绩效进行计划、监控、考核和反馈,不断提升员工和组织的绩效水平,实现组织既定的战略目标,是很多组织目前关注的焦点。

 项目目标

- 认知目标
- ◆ 认识绩效、绩效考核与绩效管理;
- ◆ 掌握绩效考核的常用方法;
- ◆ 掌握绩效管理的基本流程。
- 技能目标
- ◆ 根据不同对象,选择合适的绩效考核方法;
- ◆ 按照绩效管理的流程,进行绩效管理方案的初步设计。
- 情感目标
- ◆ 理解组织、管理者和员工在绩效管理中承担的不同角色。

任务一 认知绩效管理

 任务故事

听一听:喜羊羊餐馆

喜羊羊餐馆

喜羊羊在青青草原上开了一家喜羊羊餐馆。因为在青青草原上仅此一家,所以刚开业就人满为患。喜羊羊意识到必须增加人手才能解决这个问题,想到懒羊羊天天闲着没事,就去找他了。经过谈判,懒羊羊终于答应了,但有一个条件,就是要喜羊羊每天给他两块青草蛋糕。由于急缺人手,喜羊羊答应了。

在店里,每天的工作都把懒羊羊累得够呛,可是一想到那两块美味的青草蛋糕,懒羊羊就动力十足。店里有了懒羊羊的帮忙,顾客的满意度上升了,来吃饭的回头客渐渐多了起来,这样喜羊羊跟懒羊羊越来越忙了。

可是时间一长,懒羊羊的工作态度明显下降,他不再对顾客说"欢迎光临",顾客吃饭走了之后,他也不主动去收拾餐桌,来吃饭的顾客越来越少。喜羊羊找懒羊羊谈话,问他为什么工作不积极。懒羊羊回答道:"前堂那么些事情都是我一个人在打理,顾客越多工作就越多,我就越累。可是你给我的报酬却只有两块青草蛋糕,不管我工作得怎么样,我也只能吃到两块蛋糕而已,我为什么让我自己那么累呢?有没有人吃饭跟我又没有关系,有那些工作的时间,我还不如睡一会儿呢!"

找到了问题的根源,就得想办法解决。很快,聪明的喜羊羊经过思考,打算通过引入绩效管理来解决这个问题。基本思路是这样的:给懒羊羊的基本报酬不变,还是两块蛋糕。每次顾客吃完饭,在顾客答应的情况下,对懒羊羊的表现进行评分,评分记录在一张表上。喜羊羊定期查看评分表,客户满意度达到80%就额外给懒羊羊一块蛋糕,每超过5%增加一小块(大块的十分之一)。懒羊羊看到有机会吃到更多的青草蛋糕,工作又变得十分积极努力了。喜羊羊餐馆又红火了。

(来源:https://www.pethr.com/news/2695.html,有改动)

看一看:什么是绩效管理

 知识讲坛

一、认识绩效

(一)绩效的含义

由于绩效管理是基于绩效来进行的,因此我们首先要对绩效有所了解。

目前对绩效的界定主要有三种观点:第一种观点认为绩效是结果;第二种观点认为绩效是行为;第三种观点认为绩效是素质。"结果观"认为:绩效是工作达到的结果,是一个人工作成绩的记录,一般用来表示绩效结果的相关概念有目标、结果、生产量、关键绩效指标等。"行为观"认为:绩效是员工的行为表现,但并非所有的行为都是绩效,只有与组织目标和工作结果或产出相关的、能够被观察或量化的员工行为,才算是绩效。"素质观"认为:员工的工作行为和工作结果与其个人素质有很大的联系。其实这些观点之间并不矛盾,而是相辅相成的,共同构成了一个全面的绩效观。

综合来看,所谓绩效,是指员工在工作过程中所表现出来的与组织目标相关的并且能够被评价的工作结果与行为。也就是说,绩效是组织所期望的结果。

(二)绩效的特点

1. 多因性

绩效的优劣,受到多种因素的影响。这些因素中,既有员工个体的因素,如知识、能力、价值观等,也有组织环境的因素,如组织的制度、激励机制、工作的设备和场所等。绩效并不是由单一的因素决定的,而是各种主、客观因素综合作用的结果。

2. 多维性

员工的工作绩效是通过多方面表现出来的,对员工的工作绩效,需从工作任务执行和完成情况等多种维度去分析考评。例如,一名生产工人的绩效,除了产量指标完成情况外,还体现在质量、原材料消耗、能源消耗、出勤,甚至团结、纪律等多方面。因此,对员工的工作绩效评价必须从多方面进行。通常,我们可以从工作业绩、工作能力和工作态度三个维度来评价员工的绩效。不同的维度在整体绩效中的重要性是不同的,因此,各个维度所占的权重也会不同。

3. 动态性

组织战略在不断调整,当组织变革时,影响绩效的因素会随之产生变化,也会对员工行为提出不同要求;同时员工的绩效随着时间的推移会发生变化,由于激励状态、能力水平以及环境因素的变化,绩效差的可能改进转好,绩效好的也可能退步变差。因此,在进行绩效评价时,应以发展的眼光看待员工的绩效,不能以固有的印象和僵化的观点看待员工的绩效。

二、认识绩效管理

(一)绩效管理的含义

所谓绩效管理,是指各级管理者和员工为了达到组织目标,共同参与的绩效计划、绩效实施与监控、绩效考核、绩效反馈的持续循环过程。绩效管理的目的是持续提升个人、部门和组织的绩效。完整意义上的绩效管理是由绩效计划、绩效实施与监控、绩效考核和绩效反馈这四个部分组成的一个系统,如图8-1所示。

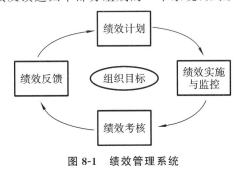

图8-1 绩效管理系统

绩效计划是整个绩效管理系统的起点,它是指在绩效周期开始时,由上级和员工一起,就员工在绩效考核期内的绩效目标、工作过程和手段等进行讨论,并达成一致。绩效实施与监控是指在整个绩效考核期间内,通过上级和员工之间持续的沟通,来预防和解决员工实现绩效时可能发生的各种问题的过程。绩效考核是指确定一定的考核主体,借助一定的考核方法,对员工的工作绩效做出评价。绩效反馈是指绩效周期结束时,在上级和员工之间进行绩效考核面谈,由上级将考核结果告知员工,指出员工在工作中存在的不足,并和员工一起制订绩效改进计划。

（二）绩效管理与绩效考核

绩效管理与绩效考核并不是等价的,绩效管理是人力资源管理体系中的核心内容,而绩效考核只是绩效管理中的关键环节。在现实中,很多组织往往把绩效管理等同于绩效考核,其实这是一种认识上的误区。绩效管理与绩效考核的区别与联系如表 8-1 所示。

表 8-1　绩效管理与绩效考核的区别与联系

项目	绩效管理	绩效考核
内容	绩效计划、绩效实施与监控、绩效考核、绩效反馈及绩效结果应用	绩效管理的一部分
目的	改善员工绩效和组织绩效,最终实现组织战略目标	评定员工的绩效水平,为薪酬分配、职务调整、个人发展等提供依据
管理思想	以人为本	认为人是"经济人"
战略性	具备前瞻性	不具备前瞻性
管理者角色	多重身份,如辅导员、合作伙伴、记录员、评价者等	裁判员
联系	成功的绩效管理,必须以有效的绩效考核为基础。通过绩效考核,为组织提供改善绩效管理的各种信息,帮助组织不断提高绩效管理的水平和效益,使组织获得持续的绩效改善	

三、绩效管理在人力资源管理中的地位

绩效管理,在组织的人力资源管理系统中,占据着重要的核心地位,发挥着重要的作用,并与人力资源管理的其他职能活动之间存在着密切的关系。绩效管理在人力资源管理系统中的地位如图 8-2 所示。

职位分析是绩效管理的基础。在绩效管理中,对员工进行绩效考核的主要依据就是事先设定的绩效目标,而绩效目标的内容在很大程度上来自职位分析所形成的职位说明书,借助职位说明书来设定员工的绩效目标,可以使绩效管理工作更有针对性。

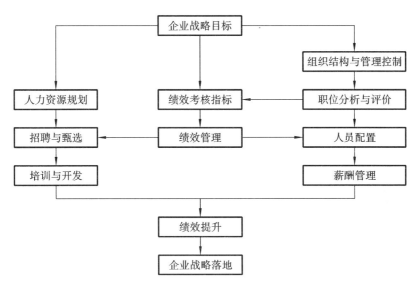

图 8-2　绩效管理在人力资源管理系统中的地位

绩效管理对人力资源规划的影响，主要表现在人力资源质量的预测方面，借助绩效管理，能够对员工目前的知识和技能水平做出准确的评价，这可以为人力资源供给质量的预测和人力资源需求质量的预测提供有效的信息。

绩效管理与招聘录用的关系是双向的。首先，通过对员工的绩效进行评价，能够对不同的招聘渠道的质量进行比较，从而可以实现对招聘渠道的优化，此外，对员工绩效的评价，也是检测甄选录用效果的一个有效手段。其次，招聘录用也会对绩效管理产生影响。如果招聘录用的质量比较高，新员工在实际工作中就会表现出良好的绩效，这样就可以大大减轻绩效管理的负担。

绩效管理和培训与开发也是互相影响的。一方面，培训的前提是要准确了解员工的素质和能力，了解员工的知识和能力结构、优势和劣势，需要什么，缺乏什么，即进行培训需求分析，这可以通过绩效考核来实现。同时，绩效考核也是判断员工培训效果的主要手段。另一方面，培训与开发也是改进员工绩效的一个重要手段，有助于实现绩效管理的目标。

绩效管理与薪酬管理的关系是最为直接的。如果将员工的薪酬与绩效挂起钩来，使薪酬成为工作绩效的一种反映，就可以使薪酬发挥更大的激励作用。此外，按照公平理论的解释，支付给员工的薪酬应当具有公平性，这样才可以更好地调动他们的积极性，为此就要对员工的绩效做出准确的评价。一方面使他们的付出能够得到相应的回报，实现薪酬的自我公平；另一方面，也使绩效不同的员工得到不同的报酬，实现薪酬的内部公平。

组织进行人员调配的目的，就是实现员工与职位的相互匹配。通过对员工进行绩效考核，一方面可以发现员工是否适应现有的岗位，另一方面也可以发现员工可以从事哪些岗位，从而帮助管理者正确地做出人事调配决策。

对员工进行绩效考核，还可以减少解雇、辞退时不必要的纠纷。如果员工连续几年绩效考核结果都不合格,就证明该员工无法胜任这一职位,组织就有足够的理由来解雇该员工。

读一读 & 想一想:W公司失败的绩效考核

 案例导入

　　王君最近情绪糟糕透了,坐在办公室,冲着墙上那张 2016 年度销售统计表发呆。这也难怪,全公司 23 个办事处,其他办事处的销售绩效全面看涨,唯独自己办事处的作"犬牙状",不但没升,反而有所下降。

　　在公司,王君是公认的销售状元,进入公司仅五年,除前两年打基础外,后三年则荣获"三连冠",可谓"攻无不克,战无不胜"。也正因为如此,王君从一般的销售工程师,发展到客户经理、三级客户经理、办事处副主任,最后到了办事处最高领导——办事处主任这个宝座。王君的发展同他的销售绩效一样,成了该公司不灭的神话。

　　王君担任 A 办事处主任后,深感责任重大,上任伊始,身先士卒,亲率 20 名下属摸爬滚打,决心再创佳绩。他把最困难的片区留给自己,经常给下属传授经验。但事与愿违,一年下来,绩效令自己非常失望!

　　烦心的事还没完。临近年末,除了要做好销售总冲刺外,公司年中才开始推行的"绩效管理"还要做。

　　王君叹了一口气,自言自语道:"天天讲管理,天天谈管理,市场还做不做?管理是为市场服务的,不以市场为主,这管理还有什么意义?又是规范化,又是考核,办事处哪有精力去抓市场?公司大了,花招也多了,人力资源部的人员多了,总得找点事来做。考来考去,考得主管精疲力竭,考得员工垂头丧气,销售怎么可能不下滑?不过,还得要应付,否则,公司一个大帽子扣过来,自己吃不了还得兜着走。"

　　好在绩效管理也是轻车熟路了,通过公司内部系统,王君给每位员工发送了一份考核表,要求他们尽快完成自评工作。同时自己根据员工一年来的总体表现,利用排序法将所有员工进行了排序。排序是件非常伤脑筋的工作,时间过去那么久了,下属又那么多,自己不可能对每个下属都那么了解,谁好谁坏确实有些难以区分。不过,好在公司没有什么特别的比例控制,特别好与特别差的,自己还是可以把握的。

　　排完序,员工的自评差不多也结束了,王君随机选取 6 名下属进行了 5～10 分钟考核沟通。问题总算解决了,考核又是遥远的下个年度的事情了,每个人又回到"现实工作"中去。

　　在实际的绩效管理中,有些管理者错误地认为绩效考核就是绩效管理,而绩效管理就是填表和交表。这样就会导致管理者产生这样的疑问:"绩效考核到底有没有用?绩效管理到底应该怎么做?"

(来源:http://www.ck365.cn/jobnews/10/47513.html,有改动)

任务拓展

直线经理在绩效管理中的角色

根据绩效管理的流程,直线经理需要扮演五种角色。

（一）合作伙伴

管理者与员工的绩效合作伙伴的关系是绩效管理的一个创新,也是一个亮点,它将管理者与员工的关系统一到绩效上来。在绩效的问题上,管理者与员工的目标是一致的,管理者的工作通过员工完成,管理者的绩效则通过员工的绩效体现,所以,员工绩效的提高即是管理者绩效的提高,员工的进步即是管理者的进步。

绩效使管理者与员工真正站到了同一条船上,风险共担,利益共享,共同进步,共同发展。因此,管理者就有责任、有义务与员工就工作任务、绩效目标等前瞻性的问题进行提前沟通,在双方充分理解和认同公司远景规划与战略目标的基础上,对公司的年度经营目标进行分解,结合员工的职务说明书与特点,共同制定员工的年度绩效目标。

（二）辅导员

绩效目标制定以后,管理者要做的工作就是帮助员工实现目标。

在员工实现目标的过程中,管理者应做好辅导员,与员工保持及时、真诚的沟通,持续不断地辅导员工提升业绩。业绩辅导的过程就是管理者管理的过程,在这个过程中,沟通是至关重要的。

绩效目标往往略高于员工的实际能力,员工需要跳一跳才能够得着,所以难免在实现的过程中出现困难、障碍和挫折。另外,由于市场环境的千变万化,组织的经营方针、经营策略也会出现不可预料的调整,随之变化的是员工绩效目标的调整。这个时候,管理者就要发挥自己的作用和影响力,努力帮助员工排除障碍,提供帮助,与员工做好沟通,不断辅导员工改进和提高业绩,帮助员工获得完成工作所必需的知识、经验和技能,使他们的绩效目标朝积极的方向发展。

（三）记录员

绩效管理的一个很重要的原则就是没有意外,即在年终考核时,管理者与员工对一些问题的看法和判断不应该出现分歧。一切都应是顺理成章的,管理者与员工对绩效考核结果的看法应该是一致的。

争吵是令管理者比较头疼的一个问题,也是许多的管理者回避绩效、回避考核与反馈的一个重要原因。为什么会出现争吵？因为缺乏有说服力的真凭实据。试问,不做记录,有哪一个管理者可以清楚地说出一个员工一年总共缺勤多少次,都是在哪些天,分别是什么原因造成的？恐怕没有。因为没有,员工才敢理直气壮地和管理者争论。

为避免这种情况的出现,为使绩效管理更加自然和谐,管理者有必要花点时间,花点心思,认真当好记录员,记录下有关员工绩效表现的细节,形成绩效管理的文档,以作为年终考核的依据,确保绩效考核有理有据,公平公正,没有意外发生。

做好记录的最好的办法就是走出办公室,到能够观察员工工作的地方进行观察记录。当然,观察以不影响员工的工作为佳。记录的文档一定是切身观察所得,不能是道听途说,道听途说只能引起更大的争论。

这样一年下来,管理者就可以掌握员工的全部资料,做到心中不慌,考核也更加公平公正。

(四)公证员

绩效管理的一个较为重要也是备受员工关注的环节就是绩效考核。绩效管理中的绩效考核已不再是暗箱操作,也不需要。管理者不仅仅是考官,更应该站在第三者的角度看待员工的考核,作为公证员来公证员工的考核。

管理者之所以可以作为公证员来进行考核,主要是因为有前面三个角色的铺垫。在前面工作的基础上,员工的考核已不需要管理者费心,可以说是员工自己决定了自己的考核结果。员工工作做得怎么样在绩效目标、平时的沟通、管理者的记录里都得到了很好的体现,是这些因素决定了员工绩效考核评价的高低,而非管理者,管理者只需保证其公平与公正即可。

所以管理者在绩效考核中应扮演公证员的角色。这也是绩效管理所追求的目标,让一切成为自然,让员工成为自己的绩效专家。

(五)诊断专家

管理者在绩效考评结束之后,需要对过去一段时间的绩效管理进行有效的分析,找出绩效管理中存在的问题和不足,提出改进的办法。

(来源:https://www.hrloo.com/r2/14273492.html,有改动)

做一做:研发部门推行绩效考核,为什么效果不佳?

任务二 选择绩效考核方法

 任务故事

听一听:全能的牛

项目八 安人之本 绩效管理

一个农庄里有一头勤劳的牛,这头牛拥有多项技能,它会在早晨学着公鸡叫主人起床,会学着猫去抓老鼠,也会像牧羊犬一样去管理羊群。农庄里的其他动物对牛的行为非常不解,认为它是吃饱了撑的。全能的牛振振有词地说道:"你们这些笨蛋,在现在这个社会,不多学几项技能怎么可以生存?"

可是年底的时候,农庄的主人还是捆起了全能的牛,准备把它宰了,做一顿丰盛的牛排大餐。牛眼泪汪汪地问道:"我这么全才全能,而且还帮你做了那么多事,为什么你还是要杀了我呢!"主人淡淡地回答:"没什么,我只是想吃牛排。"

这个故事告诉我们,通过有效的绩效管理,可以规避"吃力不讨好"的问题。通过选择合适的方法进行绩效考核,可以帮助员工清晰地意识到组织对自己的要求和期待,以及自己的实际表现与组织要求的差距,进而采取措施,改进绩效。
(来源:https://wenku.baidu.com/view/961465c03c1ec5da50e270b1.html,有改动)

 知识讲坛

一、常用的绩效考核方法

(一) 比较法

比较法是一种相对的考核方法,通过员工之间的相互比较,从而得出考核结果。这类方法比较简单,而且容易操作,可以避免宽大化、严格化和中心化倾向的误区,适用于作为奖惩的依据。比较法主要有以下几种。

1. 直接排序法

直接排序法是指将员工按工作绩效由好到坏依次排列,这种绩效既可以是整体绩效,也可以是某种特定工作绩效。其优点是设计和应用成本都很低,比较简单,便于操作,能够有效地避免宽大化、中心化及严格化倾向,但这种方法是主观的、概括的、不精确的,所评出的等级或名次只有相对意义,无法确定等级差。

2. 交替排序法

交替排序法是根据某些工作绩效考评指标,将员工按绩效最好和绩效最差分别进行绩效排序,如表 8-2 所示。绩效考核中,人们往往最容易辨别出群体中绩效最好的及最不好的被考核者。

表 8-2 员工工作绩效考核表

考核时所要依据的要素:
针对你所要考核的每一种要素,将所有 22 名员工的姓名都排列出来,将工作绩效考核等级最高的员工姓名列在第 1 行的位置上,将评价等级最低的员工姓名列在第 22 行的位置上,然后将次最好的员工姓名列在第 2 行的位置上,将次最差的员工姓名列在第 21 行的位置上,将这一交替排序继续下去,直到所有的员工姓名都被排列出来。

续表

评价等级最高的员工	6.	12.	18.
1.	7.	13.	19.
2.	8.	14.	20.
3.	9.	15.	21.
4.	10.	16.	22.
5.	11.	17.	评价等级最低的员工

3. 配对比较法

配对比较法也称为成对比较法或两两比较法,是用配对比较的方法,决定被考评者的优劣次序。具体的操作程序是:将每一个考评对象按照所有的考评要素与其他考评对象进行一一比较,根据比较结果排出名次,即两两比较,然后排序。这种比较方式比简单排序更为科学、可靠。配对比较法的优点是考虑了每一个员工与其他员工绩效的比较,准确度比较高。缺点是操作比较烦琐,特别是在需要同时考核的员工人数很多的情况下,这样的方法,需要进行相当多次数的比较;另一个缺点是难以得出绝对考评,只能给出相对位置,有时还会造成循环现象,导致无法进行评价。

配对比较法实例:

某组织部门要对五名员工运用配对比较法进行评定,那么先制作一个表格,将被考核者的名字写在表格的第一行中,同时也写在第一列中。用表横行上的员工与纵列员工对比,以纵列的员工作为对比的基础,如果横行的员工比纵列的员工优,画上"+",相反,画上"-"。本表是以纵列的员工作为对比的基础的,如果以横行的员工作为对比的基础,所得出的结果正好相反。然后进行数据汇总,统计每个员工得到的"+"的数量,最后,对这五名员工按照得分从高到低进行排序。表8-3所示为运用配对比较法对员工工作质量与创造性的评价表。

表8-3 运用配对比较法对员工工作质量与创造性的评价表

就"工作质量"要素所做的评价						就"创造性"要素所做的评价					
比较对象	A	B	C	D	E	比较对象	A	B	C	D	E
A		+	+	−	−	A		−	−	−	−
B	−		−	−	−	B	+		−	+	+
C	−	+		+	+	C	+	+		−	+
D	+	+	−		+	D	+	−	+		−
E	+	+	+	−		E	+	−	−	+	
合计	2+	4+	2+	1+	1+	合计	4+	1+	1+	2+	2+

4. 强制分布法

强制分布法又称强迫分布法、硬性分布法。假设员工的工作行为和工作绩效整体呈正态分布,那么按照正态分布的规律,员工的工作行为和工作绩效好、中、差的分布存在一定的比例关系。在中间的员工应该最多,好的、差的是少数。强制分布法就是按照一定的百分比,将被考评的员工强制分布到各个类别中。类别一般是五类,从最优到最差的具体百分比,可根据需要确定,既可以是 10%、20%、40%、20%、10%,也可以是 5%、20%、50%、20%、5%等。这种方法的主要优点为:考评过程简易方便,可以避免考评者过分偏宽、偏严或高度趋中等偏差,利于管理控制。不足之处是:无法与组织战略目标联系,各考核等级间差异的内涵不清,主观性强。当考评对象人数太少时强制分布法不适用。这种方法主要适合人数较多的情况下,对员工总体绩效状况的考核。在实际应用中,强制分布法一般不单独使用,而是与其他绩效考核方法结合使用。强制分布法示例如表 8-4 所示。

表 8-4 强制分布法示例

员工总数	分布比例				
	优秀(10%)	良好(20%)	一般(40%)	较差(20%)	很差(10%)
100 人	10 人	20 人	40 人	20 人	10 人

(二)量表法

所谓量表法,就是根据各种客观标准,确定不同形式的考核尺度进行考评的一种考核方法。量表法的具体做法是:将一定的分数和比重分配到各个绩效考核指标上,使每项考核指标都有一个权重,然后由考评者根据考核对象在各个考核指标上的表现情况,对照标准对考核对象做出判断并打分,最后汇总计算出总分,得到最终的绩效考核结果。量表法的具体形式主要有以下几种。

1. 评级量表法

这种方法只在量表中列出需要考核的绩效指标,将每个指标的标准区分成不同的等级,每个等级都对应一个分数。考核时,考核主体根据员工的表现,给每个指标选择一个等级,汇总所有等级的分数,就可以得出员工的考核结果。评级量表法示例如表 8-5 所示。

表 8-5 评级量表法示例

考核内容	考核项目	说明	评定				
			A	B	C	D	E
基本能力	知识	是否具备现任职务的基础理论知识和实际业务知识	10	8	6	4	2

续表

考核内容	考核项目	说明	评定				
业务能力	理解力	能否充分理解上级指示,干脆利落地完成本职工作任务,不需要上级反复指示	A 10	B 8	C 6	D 4	E 2
	判断力	能否充分理解上级意图,正确把握现状,随机应变,恰当处理	A 10	B 8	C 6	D 4	E 2
	表达力	是否具备现任职务所要求的表达力,能否进行一般联络、说明工作	A 10	B 8	C 6	D 4	E 2
	交涉力	在与组织内外的人员交涉时,是否具备使对方诚服、接受或达成协议的能力	A 10	B 8	C 6	D 4	E 2
工作态度	纪律性	是否严格遵守工作纪律和规章,有无早退、缺勤等;是否严格遵守工作汇报制度,按时进行工作报告	A 10	B 8	C 6	D 4	E 2
	协作性	在工作中是否充分考虑别人的处境,是否主动协助上级、同事做好工作	A 10	B 8	C 6	D 4	E 2
	积极性、责任感	对分配的任务是否不讲条件,主动积极,尽量多做工作,主动进行改进,向困难挑战	A 10	B 8	C 6	D 4	E 2
评定标准: A——非常优秀,理想状态 B——优秀,满足要求 C——基本满足要求 D——略有不足 E——不满足要求		分数换算: A——64 分以上 B——48～63 分 C——47 分以下	合计分: 等级:				

2. 行为观察量表法

行为观察量表法是由美国的人力资源专家拉萨姆和瓦克斯雷于 1981 年提出的。所谓行为观察量表法是指描述与各个具体考评项目相对应的一系列有效行为,由考核者判断指出被考核者出现各相应行为的频率,来考核被考核者的工作绩效。例如,将一个五分的量表分为"几乎没有"到"几乎总是"五个等级,通过将员工在每一种行为上的得分相加,得到各个考核项目上的得分,最后,根据各个项目的权重得出员工的总得分。行为观察量表法示例如表 8-6 所示。

表 8-6　行为观察量表法示例

评定管理者的行为,用 5~1 和 NA 代表下列各种行为出现的频率,评定后填在括号内。
5 表示 95%~100% 都能观察到这一行为。
4 表示 85%~94% 都能观察到这一行为。
3 表示 75%~84% 都能观察到这一行为。
2 表示 65%~74% 都能观察到这一行为。
1 表示 0~64% 都能观察到这一行为。
NA 表示从来没有这一行为。

克服对变革的阻力:
(1) 向下级详细地介绍变革的内容。(　)
(2) 解释为什么变革是必需的。(　)
(3) 讨论变革为什么会影响员工。(　)
(4) 倾听员工的意见。(　)
(5) 要求员工积极配合参与变革工作。(　)
(6) 如果需要,经常召开会议,听取员工的反映。(　)

0~10 分:未达到标准。11~15 分:勉强达到标准。16~20 分:完全达到标准。21~25 分:出色达到标准。26~30 分:最优秀。

3. 行为锚定量表法

行为锚定量表法也称为行为定位法、行为决定性等级量表法或行为定位等级法。这一方法是关键事件法的进一步拓展和应用,是评级量表法与关键事件法的结合。其具体工作步骤如下。

(1) 进行岗位分析,获取本岗位的关键事件,由其主管人员做出明确简洁的描述。

(2) 建立绩效考核等级,一般为 5~9 级,将关键事件归并为若干绩效指标,并给出确切定义。

(3) 由另一组管理人员对关键事件做出重新分配,将它们归入最合适的绩效要素及指标中,确定关键事件的最终位置,并确定绩效考评指标体系。

(4) 审核绩效考评指标等级划分的正确性,由第二组人员将绩效指标中包含的重要事件,从优到差、从高到低进行排列。

(5) 建立行为锚定量表法的考评体系,示例如图 8-3 所示。

(三) 描述法

描述法也称为评语法,是指考核主体用叙述性的文字来描述员工在工作业绩、工作能力、工作态度方面的优缺点,需要加以指导的事项和关键事件等,由此得到对员工的综合考核。通常这种方法是作为其他考核方法的辅助方法来使用的。根据记录事实的不同,描述法可以分为业绩记录法、能力记录法、态度记录法和综合记录法。其中,在综合记录法中,最具代表性的方法是关键事件法。

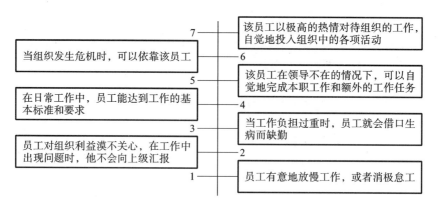

图 8-3 行为锚定量表法的考评体系示例

关键事件法是上级主管通过观察,记录下员工完成工作时特别有效和特别无效的行为,以此对员工进行考核评价的方法。关键事件法常用于考核主管人员,而不是考核基层员工的绩效。

关键事件法包含了三个重点:观察,书面记录员工所做的事情,记录有关工作成败的关键性的事实。关键事件法能够克服评语的主观随意性,其考核结果由于有具体事例作为基础而容易得到认同。关键事件记录表示例如表 8-7 所示。

表 8-7 关键事件记录表示例

行为者	张某	行为发生时间	2020 年 12 月 27 日
地点	公司车间	观察者	金某
事件发生过程及现象	12 月 27 日,发给蓝光公司的显示器被退回来了,蓝光公司称显示器不合格,蓝光公司退货负责人愤愤离去,张某未对该事件做出任何表示和处理,开车离开了公司		
行为者的行为结果	未能及时、正确地处理事件		
分析和解释	张某可能想在明天上班时再来解决退货事件,但这可能带来公司员工的误工和公司经济、信用的损失,说明张某责任心不够强		
记录人	金某		
记录时间	2020 年 12 月 27 日		

(四)360 度绩效考核法

1. 360 度绩效考核的含义

360 度绩效考核,又称全方位考核,由美国英特尔公司首先提出并加以实施。360 度绩效考核是指由被考核人的上级、同事、下级、客户、本人以及相关考核专家担任考核者,从各个角度对被考核者进行全方位评价的一种绩效考核方法。通过这种绩效考核方法,被考核者可以获得多角度的反馈,了解自己的不足、长处与发展需求,以便提高绩效。

2. 360度绩效考核的维度

（1）上级考核。上级是最主要的考核主体。被考核者的上级对被考核者的工作态度和技能水平最为了解，对被考核者的日常工作表现也有记录，所以上级考核是主要的考核形式，其权重占70％左右。

（2）同级考核。同级之间的考核是同事之间的相互考核，通过相互考核认定，便于同事之间进一步了解，明确自己与别人的差距，有利于引导员工向绩效优秀的同事学习，提升团队的整体业绩。同事之间的考核权重不宜过大，一般占10％左右。

（3）下级考核。下级对上级的考核主要是对上级的管理风格和管理方法及个人魅力的认定。通过对上级的考核，便于使被考核者明确自己工作中的不足，改进今后的管理工作。由于下级对上级工作的整体性并不能全面把握，所以这种考核所占权重为10％左右。

（4）自我考核。自我考核的目的在于使员工进行自我总结，分析自己的不足，正确看待自己的工作绩效，进行自我管理和提升，所以在设计自我考核表时，各指标的等级应明确。自我考核主观性较强，权重为10％左右。

（5）客户考核。客户对经营管理的信息反馈十分重要，但完全以此为根据进行绩效考核，也会带来一定程度的不准确性。对客户考核必须进行很好的设计，才能对信息的有效性进行监控。所以这种考核所占权重，根据组织的行业特点来确定。

二、绩效考核方法的选择依据

员工绩效考核方法的正确选择和使用，不仅可以减少考核的混乱、错漏和误解，而且还可以减少考核的时间和考核体系的难度，从而最大限度地提高员工绩效考核的有效性。

（一）考核目的

绩效考核的目的不同，所要求的准确程度不同，相应的考核方法也就不同。

（二）考核对象

考核方法对不同考核对象的适用性是不同的，比如：关键事件法更适合管理人员的绩效考核，而配对比较法则更适合相同工作岗位的普通员工；基层的工作岗位，工作内容比较稳定，工作职责比较简单，绩效标准比较清晰，宜采用强制分布法来考评。

（三）考核成本

不同的考核方法操作难度差异较大，对管理者的管理能力要求不同，所耗费的人力、物力、财力也是不同的。量化考核方法的成本通常要高于定性考核的方法，但定性考核又会因为信息传递过程中的失真较大而增加管理运作成本和组织成本，组织规模越大，绩效考核信息传递的失真就会越大，这甚至会超过量化的成本。因此，大组织倾向于采用量化的形式。

（四）可接受性

管理者是否接受某种绩效考核方法，也是选择考核方法的依据之一。如果管理者认可某种绩效考核方法,将有利于该考核方法的运用和绩效考核工作的顺利开展。

(五)工作环境变动程度

针对工作环境变动程度较大的工作,要制定明确的工作标准和绩效目标,通常比较困难,因此,在这种情况下,应选择结构化程度较低的考核方法。当工作环境的变动程度较低时,结构化程度较高的量表法就比较适用了。

总之,现有的绩效考核方法都有各自的优缺点,组织应该根据自身的情况来选择合适的绩效考核方法,只有这样才能达到绩效考核的目的,全面提高组织的绩效水平,促进组织的健康发展。

  案例导入

老高的烦恼

某公司又到了年终考核的时候,总经理决定用强制分布法进行末位淘汰。根据员工一年的工作表现,将每个部门的员工划分为 A、B、C、D、E 五个等级,分别占 10%、20%、40%、20%、10%。如果员工有一次被排在最后一级,工资降一级;如果有两次排在最后一级,则下岗进行培训,培训后根据考察的结果再决定是否上岗;如果上岗后再被排在最后 10%,则被淘汰,培训期间只领取基本生活费。

主管人员与员工对这种绩效考核方法都很有意见。财务部主管老高每年都为此煞费苦心。该部门是职能部门,大家都没有什么错误,工作都完成得很好,把谁评为 E 级都不合适。去年,小田因家里有事,请了几天假,有几次迟到了,但是也没耽误工作。老高没办法,只好把小田报上去了,为此,小田到现在还耿耿于怀。今年又该把谁报上去呢?

其实,老高的烦恼是公司绩效考核方法不当带来的。组织选择考核方法,必须针对本单位及其各工作岗位的实际情况进行,不能搞"一刀切",要根据工作说明书和岗位评价选择适当的考核方法。财务工作是管理性、事务性的工作,考核类型应是品质主导型和行为主导型,适合的考核方法是评级量表法、行为观察量表法以及关键事件法等。

(来源:http://www.shangxueba.com/ask/10326223.html,有改动)

  任务拓展

目标管理法

目标管理(management by objectives,MBO)源于美国管理学家彼得·德鲁克,他在 1954 年出版的《管理的实践》一书中,首先提出了目标管理和自我控制的主张,认为"组织的目的和任务必须转化为目标。组织如果无总目标及与总目标相一致的分目标,来指导职工的生产和管理活动,则组织规模越大,人员越多,发生内耗和浪费的可能性越大。"概括来说,目标管理就是让组织的管理人员和员工亲自参加工作目标的制定,在工作中实行"自我控制",并努力完成工作目标的一种管理制度。

目标管理法属于结果导向型的考评方法之一,以实际产出为基础,考评的重点是员工工作的成效和劳动的结果。

目标管理法一般有以下四个步骤:

(1) 制定目标,包括了解制定目标的依据、对目标进行分类、符合SMART原则、目标须沟通一致等;

(2) 实施目标;

(3) 信息反馈处理;

(4) 检查实施结果及奖惩。

目标管理法的优缺点分别如下。

优点:目标管理法的评价标准直接反映员工的工作内容,结果易于观测,所以很少出现评价失误,也适合对员工提供建议,进行反馈和辅导。由于目标管理的过程是员工共同参与的过程,因此,员工工作积极性大为提高,增强了责任心和事业心。目标管理有助于改进组织结构的职责分工。由于组织目标的成果和责任力图划归一个职位或部门,容易发现授权不足与职责不清等缺陷。

缺点:目标管理法没有在不同部门、不同员工之间设立统一目标,因此难以对员工和不同部门之间的工作绩效进行横向比较,不能为以后的晋升决策提供依据。

做一做:他们是这样进行360度考核的

任务三　实施绩效管理

 任务故事

听一听:猪八戒的三道考试题

绩效管理故事:猪八戒的三道考试题

一次,唐僧团队乘坐飞机去旅行,途中,飞机突然出现故障,需要大家紧急跳伞。不巧的是,师徒四人只有三个降落伞。为了做到公平,师父唐僧准备对各个徒弟进行考核,考核过关就能得到一个降落伞,考核失败就没有降落伞,直接跳下去。

考核开始,唐僧问孙悟空:"悟空,天上有几个太阳?"悟空不假思索地答道:"一个。"师父说:"好,答对了,给你一个降落伞。"接着又问沙僧:"天上有几个月亮?"沙僧答道:"一个。"师父说:"好,也对了,给你一个降落伞。"八戒一看,心里暗喜:"哈哈,这么简单,我也行。"于是摩拳擦掌,等待师父出题。可是,等师父提问后,八戒却悲壮地纵身跳了下去,原来师父的问题是:"天上有多少星星?"八戒当时目瞪口呆,抓了抓头就跳了下去。

过了一段日子,师徒四人又乘坐飞机旅行,结果非常不幸,途中飞机又出现了故障,同样也只有三个降落伞。师父如法炮制,再次通过提问考核大家,以此决定获得降落伞的人选。唐僧先问孙悟空:"中华人民共和国是哪一天成立的?"悟空答道:"1949 年 10 月 1 日。"师父说:"好,给你一个降落伞。"又问沙僧:"中国的人口大概有多少亿?"沙僧说:"13 亿。"师父说:"好,答对了。"沙僧也得到了一个降落伞。轮到八戒,师父的问题是:"13 亿人口的名字分别叫什么?"八戒立刻晕倒,又一次以自由落体方式结束旅行。

第三次旅行的时候,飞机再一次出现故障,这时,八戒说:"师父,你别问了,我跳!"然后纵身一跳。师父双手合十,说:"阿弥陀佛,殊不知这次有四个降落伞。"

由此可见,确定组织对员工的绩效期望,为被考核者制定合适的绩效计划和绩效考核指标,并得到员工认可,是绩效管理成功的第一步。否则,就会导致有的员工像八戒一样无语问苍天。

(来源:http://wenku.baidu.com/view/560346cba1c7aa00b52acb85.html,有改动)

看一看:绩效考核误区——晕轮效应

知识讲坛

绩效管理是一个循环系统,管理者与员工之间持续不断地进行绩效管理循环过程,从而实现绩效的改进。在这个循环过程中,包括四个部分:绩效计划、绩效实施与监控、绩效考核、绩效反馈。

一、绩效计划

(一)绩效计划的含义

绩效计划是绩效管理的第一个环节,是绩效管理的起点。在这个阶段重点解决"考核什么"的问题,即员工的绩效考核指标有哪些,绩效目标值是什么,各项指标的权重是多少,考核周期有多长。也就是说通过上级和员工共同讨论,确定员工的绩效考核目标和绩效考核周期,通过签订绩效合约来完成绩效计划的制订。

(二)绩效计划的程序

1. 准备阶段

准备阶段的主要工作是交流信息和动员员工。这些需要准备的信息包括三类:关于组织的信息,包括组织的发展战略规划和组织的年度经营计划;关于团队的信息,包括业务单元的工作目标和工作计划,员工所处团队的工作目标和工作计划;关于个人的信息,包括员工个人的职责描述信息以及员工上一考核周期的绩效考核结果等。

2. 沟通阶段

沟通阶段是绩效计划的核心环节。在这个阶段,管理者和员工主要通过对环境的界定和能力的分析,确定有效的绩效目标,制订绩效计划,并就资源分配、权限、协调等可能遇到的问题进行充分讨论。一般情况下,绩效计划沟通时,应该至少回答四个问题:应该完成什么工作?按什么样的程序完成?何时能完成工作?需要哪些资源与支持?

3. 确认阶段

经过多次沟通后,管理者和员工还需要对绩效计划进行审定和确认,形成书面的绩效合同,并且管理人员和员工都要在该合同上签字确认。绩效合同是进行考核的依据,在主管与员工就员工在本考核周期的业绩目标经过反复沟通并且双方达成一致后,就可以按照组织提供的绩效合同样式,将员工的个人考核指标、预期目标填写完整,签字后双方各执一份备查。

(三)绩效计划的工具

1. 关键绩效指标

关键绩效指标(key performance indicators,KPI)是组织在经营过程中能够反映经营战略和经营重点的关键投入指标和产出指标,是把组织的战略目标分解为可操作的工作目标的一种工具,是组织绩效管理系统的基础。KPI可以使部门主管明确部门的主要责任,并以此为基础,明确部门人员的业绩衡量指标。

关键绩效指标体系包括三个层面的指标:组织级关键绩效指标、部门级关键绩效指标和个人级关键绩效指标。

关键绩效指标体系和传统绩效考核体系的区别如表8-8所示。

表 8-8　关键绩效指标体系和传统绩效考核体系的区别

	基于 KPI 的绩效考核体系	传统绩效考核体系
前提假设	假定人会采取一切必要的行动,努力达到事先确定的目标	假定人不会主动采取行动以实现目标;假定人不清楚应采取什么行动以实现目标;假定制定和实施战略与普通员工无关
考核目的	以战略为中心,指标体系的设计与运用都是为组织战略目标的达成服务的	以控制为中心,指标体系的设计与运用都来源于控制的意图,也是为更有效地控制个人的行为服务
指标的产生	在组织内部自上而下对战略目标进行层层分解	通常是自下而上根据个人以往的绩效与目标产生的
指标的来源	基于组织战略目标中要求的各项增值性工作产出	来源于特定的程序,即对过去行为与绩效的修正
指标的构成及作用	通过财务与非财务指标相结合,体现关注短期效益、兼顾长期发展的原则;指标本身不仅传达了结果,也传递了产生结果的过程	以财务指标为主,非财务指标为辅,注重对过去绩效的考核,且指导绩效改进的出发点是过去的绩效存在的问题,绩效改进行动与战略需要脱钩
价值分配体系与战略的关系	与 KPI 的指标值和权重搭配,有助于推动组织战略的实施	与个人绩效密切相关,与组织战略关系不大

2. 平衡计分卡

平衡计分卡(balanced score card,BSC)是战略性绩效管理的有效工具。平衡计分卡以组织的战略和使命为基础,依托于战略地图中所描述的组织战略,对每项战略进行分解,制定衡量指标和目标值,同时配之以达成目标的行动方案,形成一套对战略进行衡量的考核指标体系。平衡计分卡的核心思想就是从财务、客户、内部流程及学习与成长四个不同角度衡量组织的绩效,从而帮助组织解决两个关键问题:有效的绩效考核和战略的实施。

平衡计分卡四个层面的框架如图 8-4 所示。

财务层面:组织财务性业绩指标,能综合反映组织绩效,可以直接体现股东的利益。财务层面是其他层面的目标和指标的核心。财务层面的最终目标是利润最大化,组织的财务目标通过两种方式实现:收入增长和生产率提高。

客户层面:反映了组织吸引客户、保留客户和提高客户价值方面的能力。平衡计分卡要求管理者把自己为客户服务的承诺转化为具体的测评指标,这些指标应能反映真正与客户有关的各种因素。

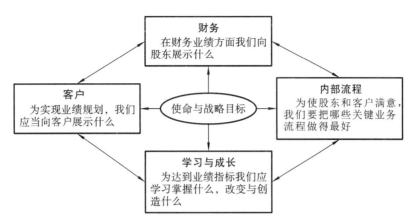

图 8-4　平衡计分卡四个层面的框架

内部流程层面：反映了组织内部运营的资源和效率，关注导致组织绩效更好的决策和行动过程，特别是对客户满意度和股东满意度有重要影响的流程。内部业务流程可以分为四类：运营管理流程、客户管理流程、创新流程及法规与社会流程。

学习与成长层面：描述了前面三个层面的基础架构，是驱使前三个层面获得成功的内在动力。组织唯有不断学习与创新，才能实现长期的发展。

平衡计分卡适用于战略导向型组织、竞争激烈且压力大的组织、注重民主化管理的组织和成本管理水平高的组织。平衡计分卡应用比较广泛，包括 IT 业、生产制造业、服务业、上市公司、改制组织等。平衡计分卡的成功实施，依赖于组织的管理水平、信息化程度和员工素质水平等。

二、绩效实施与监控

在该阶段，重点解决"如何有效激励"的问题。制订了绩效计划之后，绩效计划的承担者及被考评者就开始按照计划开展工作。在工作的过程中，管理者要对被考评者的工作进行指导和监督，预防或解决实现绩效时可能发生的各种问题，并随时根据实际情况对绩效计划进行调整，以期更好地完成绩效计划。

在这个阶段，管理人员需要做好以下三项工作：绩效沟通、绩效辅导与咨询、收集绩效信息。

（一）绩效沟通

绩效沟通的主要目的是帮助员工完成绩效计划，实现绩效目标。因此，绩效沟通时关注的主要内容是：员工工作进展情况、员工阶段性工作评价、员工工作遇到的困难和障碍、员工工作需要的资源与支持、是否需要对绩效计划进行调整、需要获得哪些信息等。

沟通方式可以采取正式沟通方式，也可以采取非正式沟通方式。正式沟通是指事先经过计划和安排，按照一定的预定程序进行的沟通。常用的正式沟通方式有书面汇报、会议沟通和面谈沟通等。非正式沟通的形式有很多，包括管理者工作巡查、管理者开放式办公、工作间歇管理者和员工交谈以及联欢会、生日晚会等非正式团体活动。

(二) 绩效辅导与咨询

绩效辅导与咨询就是在绩效监控过程中,管理者根据绩效计划,采用恰当的领导风格,对下属进行持续的指导并提供相应的咨询,确保员工的工作不偏离组织战略目标,并提高其绩效周期内的绩效水平以及长期胜任素质的过程。为了对员工进行有效的辅导,帮助员工发现问题、解决问题,更好地实现绩效目标,管理者必须掌握进行辅导的时机,确保及时、有效地对员工进行指导。管理者要通过报表、文件、检查、汇报等方式,对员工工作绩效目标执行情况及时进行了解,跟踪计划进度,当下属在目标完成过程中出现问题、困难和挫折时,主管应及时跟进,帮助下属分析原因,找出解决问题的办法,提供支援帮助。

当员工没能达到预期的绩效标准时,管理者借助咨询来帮助员工克服工作过程中遇到的障碍。在进行咨询时,应该做到:及时、提前做好计划,双向交流,不要只集中在消极问题上,共同制订改进计划。

(三) 收集绩效信息

绩效实施与监控过程是整个绩效管理周期中历时最长的,在这一过程中持续、客观、真实地收集、积累工作绩效信息,对于评估绩效计划的实施情况,客观、公正地评价员工的工作,实现绩效管理的目的具有重要意义。

从不同的来源可能会得到不同的绩效信息。绩效信息的来源可以有多种途径,包括考核者记录收集、其他相关部门记录收集、被考核者记录收集以及由第三方独立机构负责收集等。被考核者记录和收集绩效考核信息,可能会导致信息的不真实,在以下两种情况下,可以减少这种不真实的发生:一是绩效考核者加强对下属工作的了解,使下属不敢造假;二是采取过程性考核指标来进行评价。

信息收集不可能将员工所有的绩效表现都记录下来,应该确保所收集的信息与关键绩效指标密切联系。根据信息来源不同,信息可以分为来自业绩记录的信息(如工作目标和工作任务完成情况的信息)、管理者观察到的信息(如工作绩效优劣的突出行为表现)以及其他人评价的信息(如客户反馈的信息)等。

为了使绩效信息收集制度化,可以由人力资源部门汇总各部门应该提供的绩效信息,提交给相关部门;在绩效考核期末,相关部门应及时提供相关信息,保证绩效考核的顺利进行。

三、绩效考核

绩效考核是绩效管理的核心环节。绩效考核是指在考核周期结束时,选择相应的考核主体和考核方法,收集相关的信息,对员工完成绩效目标的情况做出考核。该阶段重点解决"谁来考核"和"用什么方法考核"的问题。

（一）构建考核指标体系

正确制定绩效考核指标是成功实施绩效考核的关键。绩效指标决定了被考核者将采取怎样的态度和行为来获得组织的认可，进而决定组织战略目标的实现。绩效指标就是以量化的形式来表述某种活动特征的一种测量工具，这种测量指标可以是绝对性的，也可以是相对性的。从某种意义上来看，绩效指标等同于一种行为的信号。构建考核指标体系一般在绩效计划阶段已经完成，在绩效考核阶段，需要进一步明确考核指标。

（二）绩效考核周期的确定

绩效考核周期也可以叫作绩效考核期限，就是指多长时间对员工进行一次绩效考核。考核时间的选择没有一定的标准，考核周期可以是一季度、半年或者一年，也可以在一项特定的任务和项目完成之后进行。由于绩效考核需要耗费一定的人力、物力，因此考核周期过短，会增加组织管理成本的开支；但是，绩效考核周期过长，又会降低绩效考核的准确性，不利于员工工作绩效的改进，从而影响到绩效管理的效果。因此，组织应当确定出恰当的绩效考核周期。

绩效考核周期的确定，要考虑职位的性质、绩效指标的性质、绩效标准的性质、组织奖金发放的周期和员工数量的多少等相关因素。

（三）绩效考核主体的确定

绩效考核主体是指对员工的绩效进行考核的人员。由于组织中岗位的复杂性，仅凭借一个人的观察和评价，很难对员工做出全面的绩效考核。为了确保考核的全面性、有效性，在实施考核过程中，应该从不同岗位、不同层次的人员中，抽出相关成员组成考核主体并参与到具体的考核中来。

1. 绩效考核主体的组成

考核主体确定的好坏，直接关系绩效考核工作的成败，因此在绩效考核过程中，作为考核主体，应当做到：客观公正、一视同仁；了解被考核者的职务性质、工作内容、工作要求，绩效考核的标准和组织相关的政策、制度；熟悉被考核者的工作绩效，特别是在考核期内的工作绩效。目前绩效考核的考核主体通常由上级、同事、下级、员工本人和客户五类人员组成。

2. 绩效考核主体的选择与培训

考核主体是保证绩效管理有效运行和工作质量的主体。在一般情况下，所有绩效考核主体都应具备以下条件：作风正派，办事公道；有事业心和责任感；有主见，善于独立思考；坚持原则，大公无私；具有实际工作经验；熟悉被考核者的情况等。为了提高绩效考核的有效性，需要对考核主体进行培训。按不同的培训对象和要求，绩效考核主体的培训可分为：员工的培训、一般考核者的培训、中层干部的培训、考核者与被考核者的培训等。

绩效考核主体培训的内容，一般应包括：考核者误区培训、关于绩效信息收集方法的培训、绩效考核指标培训、关于如何确定绩效标准的培训、考核方法培训以及绩效反馈培训。

在组织培训时,一般以短期的业余培训班为主,由绩效管理专家或组织专职绩效管理人员,按照预先设计的教学计划、教学大纲以及编写的专门教案和教材,利用丰富多彩的授课方式,组织教学与培训活动。

(四)绩效考核中的误区

由于绩效考核对象与考核方法的多样性,绩效考核的过程中出现各种各样的问题在所难免。绩效考核的正确性、可靠性和有效性主要受到以下各种问题的制约和影响。

1. 分布误差

从理论上分析,员工实际的工作表现和绩效应服从于正态分布,即最好和最差的占少数,中等一般和正常工作水平的员工占大多数。然而,在实际活动中,被考核单位的员工往往出现不服从正态分布的情形,常见的有以下三种情况。

(1)宽厚误差:也称为宽松误差,即大多数员工被评为优良。

(2)苛严误差:也称为严格、偏紧误差,即大多数员工被评为不合格或勉强合格。

(3)集中趋势和中间倾向:也称为居中趋势,即评定结果都集中在某一分数段或所有的员工都被评为一般,使被考核者全部集中于中间水平,没有真正体现员工之间实际绩效存在的差异。

克服分布误差的最佳方法就是"强制分布法",即将全体员工从优到劣依次排列,然后按各分数段的理论次数分布,分别给予相应的评分。

2. 晕轮误差

晕轮误差亦称为晕轮效应、光环效应,指以员工某一方面的特征为基础对总体做出评价,通俗地讲就是"一好遮百丑"。例如,某一公司行政部经理认为,"仪表整洁"是考核体系中一个重要的因素,当他考核一个极不注重仪表整洁的下属时,他不仅在这一项给该下属打了一个最低分,还有意或无意地对该下属其他所有评价项目都给予较低的评分,最终考核结果与该下属的实际绩效极不相符。当然,如果该下属是一个非常整洁、注重仪表的人,则可能会得到完全相反的考核结果。

纠正这种误差的方法:一是建立严谨的工作记录制度;二是评价标准要制定得详细、具体、明确;三是对考核者进行适当培训,端正考核者的认识,提高其考核的技巧和技术水平,或者将考核结果与实际绩效的误差大小作为对考核者评价的重要内容。

3. 个人偏见

个人偏见,也称个人偏差、个人偏误,指的是基于被考核者个人的特性,如年龄、性别、宗教、种族、出身、地域等方面的差异,因考核者个人的偏见或者偏好的不同所带来的评价偏差。这种偏差有时有利于被考核者,有时则不利于被考核者。例如,技术工程出身的考核者,往往认为文科出身的销售人员不学无术,只会"要要嘴皮子",因而对于文科出身的销售人员评价不高。目前,尚无好的方法来预测这种偏差会给绩效考核带来多大影响。

4. 首因和近期效应

所谓首因效应是指考核主体根据员工起初的表现而对整个绩效考核周期的表现做出评价。例如员工在考核周期开始时非常努力地工作,绩效非常好,即使他后来的绩效并不怎么好,上级还是根据开始时的表现对该员工在整个考核周期的绩效做出了较高的评价。

所谓近期效应是指以员工在近期的表现为依据对整个绩效考核周期的表现做出整体评价。例如考核周期为半年,员工只是在最近几周总提前上班,以前总是迟到,考核主体就根据最近的表现将员工的出勤情况评为优秀。

上述两种效应,主要的欠缺是所依据的有关绩效的信息,"一前一后"都是被考核者的局部性的信息,制约和影响了绩效考核的正确性和准确性。要纠正这两种效应所带来的偏差,要求所有的考核者必须掌握全面的绩效信息,不仅在事前注意了解相关资料,在事中、事后也要掌握翔实的数据资料,依据全面真实的信息,根据绩效标准进行科学系统的考核评价。

5. 类我效应

类我效应就是指考核主体将员工和自己进行对比,与自己相似的就给予较高的评价,与自己不同的就给予较低的评价。例如,一个作风比较严谨的上级,对做事一丝不苟的员工评价比较高,而对不拘小节的员工评价比较低,尽管两个人实际的绩效水平差不多。

6. 溢出效应

溢出效应是指根据员工在考核周期以外的表现对考核周期内的表现做出评价。例如,员工在考核周期开始前出了一次事故,在考核周期内并没有出现问题,但是由于上次事故的影响,上级对他的评价还是比较低。

7. 对比效应

对比效应是指在绩效考核中因他人的绩效评定而影响了对某员工的绩效考核。例如,考核主体刚刚评价完一名绩效非常突出的员工,紧接着评价另一位绩效一般的员工,这时,就可能因为两者之间存在一定差距而将本来属于中等水平的员工的绩效评定为"较差"的级别。

为了减少或避免这些错误,应当采取以下措施:第一,建立完善的绩效目标体系,绩效考核指标和绩效考核标准应当具体、明确;第二,选择恰当的考核主体,考核主体应当对员工在考核指标上的表现最为了解;第三,选择合适的考核方法,例如强制分布法和排序法,就可以避免宽大化、严格化和中心化倾向;第四,对考核主体进行培训,考核开始前,要对考核主体进行相应的培训,指出这些可能存在的误区,从而使他们在考核过程中能够有意识地避免走入这些误区。

四、绩效反馈

绩效考核阶段结束以后,接着就是反馈阶段,这一阶段工作主要是主管将绩效考核的结果反馈给员工,和员工共同探讨绩效不佳的原因并制订绩效改进计划,利用考核结果进行相应的奖惩和人事决策的制定。该阶段重点解决"有什么差距""是什么原因引起的差距""如何改进绩效"等问题。

(一)绩效反馈面谈

绩效反馈面谈是管理者就上一绩效管理周期中员工的表现和绩效考核结果与员工进行正式面谈的过程。

1. 绩效反馈面谈的准备工作

为了提高和保证绩效反馈面谈的质量和效果,考核者在面谈前应当做好充分的准备工作。第一,拟订面谈计划,明确面谈的主题,预先告知被考核者面谈的时间、地点,以及应准备的各种绩效记录和资料。在绩效反馈面谈之前,考核者必须明确本次绩效反馈面谈的目的、内容和要求;考核者应在面谈前1~2周,以文字通知的形式预先告知被考核者,具体说明绩效反馈面谈的内容、会见的时间和地点,以及应准备好的各种原始记录和资料;同时考核者还必须以口头的形式,将上述要求亲自通知到每个被考核者,再次做出确认,以使绩效反馈面谈的准备工作真正落到实处。第二,收集各种与绩效相关的信息资料。考核者确认了面谈以后,可有目的地整理汇总被考核者的各种相关资料;而被考核者接到事先通知后,就有足够的时间整理汇总以前工作表现的记录并进行自我评估,写出自评报告,并将总结报告和主要资料及时呈送上级主管审阅。

2. 绩效反馈面谈的目的

一般而言,在绩效反馈面谈结束之后,至少应能达到以下四个目的。

(1) 使员工认识到自己在本阶段工作中取得的进步和存在的缺点,了解主管对自己工作的看法,促进员工改善绩效。

(2) 对绩效考核结果达成共识,分析原因,找出需要改进的地方。

(3) 制订绩效改进计划,共同商讨确定下一个绩效管理周期的绩效目标和绩效计划。

(4) 为员工的职业规划和发展提供信息。

3. 绩效反馈面谈的实施

面谈的内容主要是讨论员工工作目标考核完成情况,并帮助分析工作成功与失败的原因及下一步的努力方向,同时提出解决问题的意见和建议,取得员工的认可和接受。谈话中应注意倾听员工的心声,并对涉及的客观因素表示理解和同情,对敏感问题的讨论应集中在缺点上,而不应集中在个人,最大限度地维护员工的自尊,使员工保持积极的情绪,从而使面谈达到增进信任、促进工作进行的目的。

在面谈结束后,要做好两方面的工作:一方面,对面谈信息进行全面的汇总记录;另一方面,采取相应对策提高员工绩效。

绩效反馈面谈表示例如表8-9所示。

表 8-9　绩效反馈面谈表示例

面谈对象		职位编号	
面谈者		面谈时间	
面谈地点			
绩效考核结果（总成绩）：			
工作业绩		工作能力	工作态度
上期绩效不良的方面：			
导致上期绩效不良的原因：			
下期绩效改进的计划：			
面谈对象签字		面谈者签字	
记录者签字		时间	

（二）绩效申诉及处理

绩效申诉是绩效管理系统的重要环节，可以纠正绩效考核过程中的偏差，提高员工对绩效管理体系的接受和认同程度，增强员工的工作满意度，使员工个人目标与组织目标保持一致。绩效申诉是实现组织绩效管理公平性的重要保障。

绩效申诉受理内容主要包括两个部分：一是结果方面的，如果员工对自身的绩效考核结果无法认同，或发现绩效考核数据不准确，可以向人力资源部提出申诉，并阐明申诉理由；二是程序方面的，如果员工认为考核者在进行绩效考核时，违反了相关程序和政策，或存在失职行为，也可以进行绩效申诉，要求人力资源部进行处理。

为了保证绩效申诉切实有效，组织一般为员工提供两次申诉机会，具体的申诉处理流程如下。

1. 初次申诉处理

被考核者如对绩效考核结果存在异议，应首先通过与直接上级沟通的方式谋求解决；如解决不了，员工有权在得知考核结果后一定期限内向人力资源部提出申诉，填写绩效申诉表，超过期限则不予受理。人力资源部在接到员工的申诉后，须在一定期限内做出答复。

员工绩效申诉表示例如表 8-10 所示。

表 8-10　员工绩效申诉表示例

申诉人		部门		申诉时间	
申诉内容及其依据	申诉内容				
	申诉依据				
调查情况及协调结果	调查情况				
	协调结果				

续表

所属部门负责人签字：	申诉人签字：	人力资源部签字：
年　月　日	年　月　日	年　月　日

2. 二次申诉处理

如果员工对首次处理意见不服，还有权在接到首次处理意见后的一定期限内向公司的绩效管理委员会再次进行申诉，超过期限则不予受理；绩效管理委员会在接到员工的申诉后，须在一定期限内做出裁决。

3. 申诉材料归档

在绩效申诉处理完毕之后，由人力资源部负责进行归档，将员工申诉表归入员工绩效考核档案中，作为绩效考核过程的记录。

（三）绩效改进

所谓绩效改进，是指确认员工工作绩效的不足和差距，查明产生的原因，制订并实施有针对性的改进计划和策略，不断提高员工的能力和绩效，进而提高组织竞争优势的过程。

绩效改进在整个绩效管理系统中占据着重要的位置，它是连接绩效考核和下一周期绩效计划的关键环节。绩效改进阶段主要应做好以下工作。

1. 绩效诊断

绩效诊断的过程包括两项内容：第一，分析员工的绩效考核结果，明确其存在的问题和不足；第二，由管理者和员工一起对绩效问题进行分析，找出导致绩效问题出现的原因。诊断员工的绩效问题通常有两种思路：从知识、技能、态度和环境四个方面着手分析绩效不佳的原因；从员工、主管和环境三个方面来分析绩效问题。

2. 制订绩效改进计划

首先，在绩效改进过程中，员工要制订个人绩效改进计划。内容包括如下几个方面：回顾自己上个周期内的工作表现、工作态度以及反馈面谈中所确认的绩效不佳的原因，思考如何通过自己的努力去改善绩效不佳的状况；制订一套完整的个人改进计划，针对每项不良的绩效提出个人可以采取的改进措施；针对改进措施，向组织提出必要的资源支持，综合调配自己的时间和可以利用的现实资源，以确保改进措施能够实现。

其次，上级在绩效改进过程中，要做好以下几个方面的工作：第一，凭借自己的经验为员工提供建议，告诉员工在改进绩效的过程中，需要或可以采取哪些措施来实现目标，帮助员工制订个人改进计划；第二，针对员工的计划，提出自己的完善意见，确保该计划是现实可行的，并且对绩效改进确实有帮助；第三，为员工提供必要的支持和帮助,满足员工的需求;第四,管理者也可以从组织的角度出发,为员工指定导师或让员工参加某些通用的培训课程。

3. 指导和监控

在制订绩效改进计划后,以绩效改进计划补充绩效计划,员工进入下一个绩效考核周期,管理者在这个过程中要与员工不断沟通,适时指导和监控员工的行为,向员工提供指导和必要的资源,帮助员工克服改进过程中遇到的困难,避免再次出现偏差,确保员工实现下个周期的绩效计划。

(四)绩效考核结果的运用

多年来,实施绩效考核的管理者认识到,绩效考核实施的效果,很关键的一点在于绩效考核的结果如何应用。很多绩效考核的实施未能成功,其主要原因是没有将绩效考核结果正确地应用。传统上,人们进行绩效考核的主要目的是帮助组织做出一些薪酬方面的决策,但现在看来,这种做法很显然是片面的,一个组织的绩效考核结果有多种用途。

1. 用于人力资源规划

绩效考核结果为组织提供总体人力资源质量优劣程度的确切情况,获得所有人员晋升和发展潜力的数据,便于组织制定人力资源规划。

2. 用于招聘与录用

根据绩效考核的结果,可以确定采用何种评价指标和标准招聘和选择员工,可提高招聘的质量并降低招聘成本。

3. 用于薪酬管理

组织应当根据员工绩效考核的结果给予他们相应的奖励或惩罚,最直接的奖惩就体现在薪酬的变动中。一般来说,为增强薪酬的激励效果,员工的报酬中有一部分是与绩效挂钩的,当然,不同性质的工作,挂钩的比例有所不同。根据绩效的好坏来调整薪资待遇或给予一次性奖金鼓励等,有利于激励员工继续保持努力工作的动力。

4. 用于职位调动

绩效考核结果是员工职位调动的重要依据,这里的调动不仅包括纵向的升降,也包括横向的岗位轮换。如果员工在某岗位上绩效非常突出,就可以考虑将其调到其他适当的岗位上锻炼或使他承担更大的责任。如果员工不能胜任现有的工作,在查明原因后可以考虑将其调离现有岗位,让他去从事能够胜任的工作岗位。对于多次调换岗位仍无法达到绩效标准的员工,则应该考虑解聘。

5. 用于员工培训与开发

培训与开发的目的包括两个方面:帮助员工提高现有的知识和技能,使其更好地完成目前岗位的工作;开发员工从事未来工作的知识和技能,以使他能更好地胜任未来将要从事的工作。绩效考核结果正好可以为员工的培训与开发提供依据。根据员工工作绩效的好坏,决定让员工参与何种培训和再学习,这样能够增强培训与开发的效果,降低成本。

6. 用于员工的职业生涯规划

根据员工目前的绩效水平和长期以来的绩效提高过程,和员工协商制订长远的绩效和能力改进计划,明确其在组织中的职业发展路径。

7. 用于员工关系管理

公平的绩效考核为员工在奖惩、晋升、职位调整等重大人力资源管理环节提供公平客观的数据,减少主观不确定性因素对管理的影响,能够保证组织内部员工的相互关系建立在可靠的基础之上。

读一读 & 想一想:不安和苦恼的小王

| 案例导入 |

摩托罗拉的绩效管理

摩托罗拉认为绩效管理有如下五个组成部分。

一、绩效计划

在这个部分里,主管与员工就下列问题达成一致:

(1) 员工应该做什么?

(2) 工作应该做多好?

(3) 为什么要做该项工作?

(4) 什么时候要做该项工作?

(5) 其他相关的问题:环境、能力、职业前途、培训等。

在这个过程中,主管和员工就上述问题进行充分的沟通,最终形成签字的记录,即是员工的绩效目标,它是整个绩效管理循环的依据和绩效考评的依据,其作用非常重要,需要花费必要的时间和精力来完成,在摩托罗拉大约用一个季度的时间,摩托罗拉的第一个日历季度就是绩效目标制定季度。

摩托罗拉的绩效目标由两部分组成:一部分是业务目标(business goals),一部分是行为标准(behavior standard)。这两部分就组成了员工的全年的绩效目标,两部分相辅相成,互为补充,共同为员工的绩效提高和组织的绩效目标的实现服务。

二、持续不断的绩效沟通

沟通应该贯穿在绩效管理的整个过程,而不仅仅是年终的考核沟通。仅仅一次两次的沟通是远远不够的,也是违背绩效管理原则的,因此,摩托罗拉强调全年的沟通和全通道的沟通。

它主要包括如下几个方面:沟通是一个双向的过程,目的是追踪绩效的进展,确定障碍,为双方提供所需信息;防止问题的出现或及时解决问题(前瞻性);定期或非定期,正式或非正式,就某一问题进行专门对话;在这个过程中也要形成必要的文字记录,必要时经主管和员工双方签字认可。

三、事实的收集、观察和记录

主管需要在平时注意收集事实,注意观察和记录必要的信息,为年终的考核做好准备。主要包括以下两点:一是收集与绩效有关的信息,二是记录好的以及不好的行为。收集信息应该全面,好的不好的都要记录,而且要形成书面文件,必要时要经主管与员工签字认可。以上两个过程一般在第二、第三季度完成。进入第四季度,也就进入了绩效管理的"收官"阶段,到了检验一年绩效的时候了。

四、绩效评估会议

摩托罗拉的绩效评估会议是非常讲究效率的,一般集中一个时间,所有的主管集中在一起进行全年的绩效评估。它主要包括以下四个方面:

(1) 做好准备工作(员工自我评估);
(2) 对员工的绩效达成共识,根据事实而不是印象;
(3) 评出绩效的级别;
(4) 不仅是评估员工,而且是解决问题的机会。

最终形成书面的讨论结果,并以面谈沟通的形式将结果告知员工。考核结束,不是说绩效管理就到此为止,还有一个非常重要的诊断过程。

五、绩效诊断和提高

这个过程用来诊断绩效管理系统的有效性,改进和提高员工绩效,主要包括以下四个方面:

(1) 确定绩效缺陷及原因;
(2) 通过指导解决问题;
(3) 明确绩效不只是员工的责任;
(4) 应该不断进行。

(来源:http://wenku.baidu.com/view/f856a61ca300a6c30c229f3a.html,有改动)

 任务拓展

绩效面谈

绩效面谈是现代绩效管理工作中非常重要的环节。通过绩效面谈实现上级主管和下属之间对于工作情况的沟通和确认,找出工作中的优势及不足,并制订相应的改进方案。就某一项完整的工作而言,根据工作的进展程度,绩效面谈可以分三类:初期的绩效计划面谈、进行中的绩效指导面谈和末期的绩效反馈面谈。

1. 绩效计划面谈

绩效计划面谈是在绩效管理的初期,上级主管与下属就本期内绩效计划的目标和内容,以及实现目标的措施、步骤和方法所进行的面谈。该项工作是整个绩效管理工作的基础,确定了工作的目标及后续绩效考核的节点,能够正确引导员工的行为,发挥员工的潜力,不断提高个人和团队的绩效。该过程中上级主管要向员工提供工作的绩效目标,请员工注意在指标设计中双方达成一致的内容。请下属做出事先的承诺,包括对于结果指标和行为指标的承诺。

2. 绩效指导面谈

绩效指导面谈是在绩效管理活动的过程中,根据下属不同阶段的实际表现,主管与下属围绕思想认识、工作程序、操作方法、新技术应用、新技能培训等方面的问题所进行的面谈。该过程是绩效面谈中的核心工作,能否有效地把该项工作开展好,是整项工作任务能否较好完成的关键。绩效指导面谈应按工作的节点或工作的进展程度定期进行。有些管理者认为,只有在下属工作出现问题时才需要进行指导面谈,这是不正确的。有效的绩效指导面谈能够提高下属的积极性、能动性。绩效指导面谈需要注意如下事项:管理者要摆好自己和员工的位置,双方应当是具有共同目标、完全平等的交流者,具有同向关系,管理者不应是评价者或判断者。

在面谈过程中,应以表扬为主。俗话说,知人者智,自知者明,但人们经常是不自知,对自己的短处、劣势或不足看得过轻,甚至根本看不清。"好大喜功"是人之常情,每位员工都希望自己的工作得到管理者的认可。因此在面谈过程中,反馈的信息不应当针对被考评者,而应当针对某一类行为,也就是"对事不对人",而且应当是员工通过努力能够改进和克服的。例如,发现员工某一种工作行为效率较低或无效,面谈中和他共同探讨如何提高工作效率,让他自己意识到自己行为的低效或无效,并制定出新的行为标准,这要比批评员工"脑子笨、人格有问题"恰当得多。前者可使员工感到自己的能力在提高,经验更加丰富,对本职工作更加热爱;而后者往往使员工自暴自弃,对自己的未来缺乏足够的信心,放弃在工作学习方面的努力。

管理者应选好面谈的时间、地点,面谈的相关资料应具有绝对的真实性。管理者反馈的信息应当真实,也就是面谈中的信息需要经过核实和证明。虚假的信息会使员工感到茫然、委屈。例如,某位员工半年内迟到过一回,主管领导了解后马上与该员工面谈,第一句话就是"你这段时间怎么老迟到",员工进行辩驳,管理者坚持自己的观点,结果可想而知。验证信息准确性的最简单方法就是让参与者再复核一下信息,看看与管理者最初的看法是否相同。此外地点非常重要,在大庭广众之下,管理者强烈的指责和批评对员工的影响很大,员工会寻求各种方法来保护自己,这种自我防卫机制一旦形成,会严重制约和影响组织绩效的提高和发展。

3. 绩效反馈面谈

绩效反馈面谈是在整项绩效管理工作完成之后,或一个考核周期结束之后,根据下属绩效计划贯彻执行情况及其工作表现和工作业绩进行全面回顾、总结和评估,并将结果及相关信息反馈给员工。面谈阶段管理者应准备充足的资料,对员工取得的成绩应予以肯定,并指出产生优秀结果的有效行为,从而加强员工的有效行为,这一点很重要。如同员工对自己的不足之处认识不够一样,员工也常常不能全面意识到自己的显著优势和因此取得的优异成绩,及时、客观的评价和认同,有利于员工巩固自己的优势,加以保持和进一步发挥。对影响员工绩效的行为,应与员工进行讨论,给员工充分发言的机会。在讨论过程中,管理者应给予适当引导,让员工发挥自己的主观能动性,为下一期绩效管理活动打好基础。

做一做:营销人员绩效管理方案设计

项目自测

一、复习题

1. 什么是绩效管理?如何认识绩效管理与绩效考核的关系?
2. 绩效管理有哪些目的和功能?
3. 绩效考核的主体有哪些?
4. 绩效考核中的误区有哪些?如何加以避免?
5. 如何进行绩效反馈?
6. 常用的绩效考核方法有哪些?

二、案例分析题

绩效考核如何才能更加"客观"

M公司是一家生产办公用纸的大型公司,拥有两台相同型号的大型现代化纸机,纸机长约150米,宽约7米。一台纸机的年产量接近25万吨。除了每月两到三次必要的停机维护之外,纸机保持着24小时的不间断运行。

由于各种现代自动控制技术的帮助,一台纸机仅需要甲、乙、丙、丁4个班的工作人员,每班各有一个固定的主管和8名操作员。这样M公司一共就有8个班,8名主管,64名操作员。现代化大型纸机的复杂程度可以与飞机媲美,而作为纸机的直接控制者,对操作员的专业要求也非常高,他们8人都有7年以上大型纸机的操作经验。每天的生产分为早班、午班和晚班三班倒,时间分别是8:00—16:00,16:00—24:00,24:00—8:00。每班工作6天休息2天,即甲班上6天的早班休息2天,然后接着上6天的午班再休息2天,最后上6天夜班休息2天,如此往复。

1. 存在的问题

操作员的月薪由两部分组成:基本工资和奖金,基本工资约占月薪的75%,奖金约占月薪的25%。奖金是与每个月的生产绩效挂钩的,又由4个部分组成:自我培训20%;问题分析20%;主管评价20%;目标管理40%。这4个方面的考核分数都是由每班的主管在月底根据人事部和生产部共同制定的评分细则直接给出的。最后的总分将分为 A、B、C、D 四个等级,所得奖金分别是每月基准奖金的125%、100%、75%、50%。在主管给自己班的每个操作员打完分之后会由纸机经理签字,最后交给人事部签字存档,作为年底进行的每年一次的操作员年度考核的依据,而年度考核是操作员每年基本工资增加的唯一参考。

人事部硬性规定每个班每月必须至少有1个操作员得A级,至少有4个操作员得B级,至少有2个操作员得C级和D级。这就出现了一个非常有趣的现象:每个班中4个等级的操作员每个月都在无规则变化着,这个月得A的操作员,下个月或许会得B或者C甚至D,也或许会再得一次甚至两次A,但每到年底的时候,8名操作员之间的总分总会惊人地保持极其微小的差别。有的操作员对此不满,认为干好干坏都没有多大的差别,于是失去了工作的积极性。

2. 初步解决方案

发现这个问题之后,人事经理和生产经理决定召集所有的主管,开一次针对主管给操作员奖金评分公正性的会议,并且共同制定了尽最大努力数字化的评分细则。但是无论评分细则制定得多么数字化,最后的年度评分结果仍然是无规则的一致。

在经过紧急磋商之后,人事经理和生产经理决定:将主管原来每天的早、午、晚三班倒,改为早夜两班倒。早班为8:00—20:00,夜班为20:00—8:00,工作时间为每天12小时。并且,将主管的工作时间更改为工作四天休息四天,即上两天早班再上两天夜班,然后休息四天,休息四天后接着上两天夜班然后上两天早班,再休息四天,以此往复。这样主管将会在一天中遇到两个班的操作员,而且主管对操作员的评分由以前的每月一次更改为每天一次。

人事经理和生产经理认为这次应该能够遏制住固定的主管在给自己班的操作员评分时的主观性行为。但是年底到了,操作员年度评分结果依旧和调整主管工作时间以前一模一样。

3. 矛盾激化

人事经理和生产经理非常恼火,因为这样的制度改变都没有起作用的唯一可能就是8名主管相互串通评分。于是,人事经理和生产经理将8名主管召集起来,严厉地批评了他们的串通一气,指责他们一致的主观评分将会给操作员的生产积极性带来致命的打击,进而严重影响公司的生产效益。

一位主管憋不住气,终于开口了:"我和操作员都是朝夕相处的,我的确知道他们哪个好哪个差,但是他们之间的好和差有那么明显吗?至少我认为绝对没有明显到相互之间可以在每月拿奖金时相差达到500元的程度。你们硬性规定每个月必须有操作员得A得D,但是如果真的要按照你们那种评分方法的话,那么那个最差的操作员一直得D。本来每个月的奖金就拿最低,到最后年度考核时肯定涨工资也是涨得最少的一个,这样恶性循环下去,他工作起来还有什么积极性?"

人事经理听完很沉重地说:"我们希望用奖金制度来激励操作员,如果把奖金差异制定得太小,比如50元,那不是等于没有激励的作用吗?我承认现在奖金的差异是很大,因为我们希望操作员明白干好与干坏之间的差异。你们决定串通好给他们打出最后年度总分非常相近的分数,这样不等于给他们一个大锅饭的暗示吗?现在已经有许多优秀的操作员对此表示强烈不满了,你们知道吗?"

另外一位主管也说话了:"操作员之间好与差的差别有多大这里我不说了,我想说的是关于主管给操作员评分的方法。现在我每天要遇到两个班,两个班有16个操作员,那就是说我要给16个操作员按照评分细则严肃地评分。我想问的是,这样的评分方法我还有时间去管理生产吗?我是一个生产主管,不是人事主管。"

又一位主管说:"生产工作大家也知道,工作时间一长,尤其是这七年下来,大家对机器控制的熟练程度真的是非常接近。我承认我每年给大家的绩效考核评分没有什么差距,我知道这样做对那些特别优秀的操作员不公平,他们心理不平衡是很正常的。但是我们一个班有8个操作员,一两个优秀的操作员心理不平衡对生产造成的损失,我个人认为远远不及一个班的大多数操作员心理不平衡所造成的损失。我认为我们需要的是一个优秀的集体。"

生产经理最后摇了摇头,叹了口气说道:"我就知道,今天之后,即使今年、明年、后年操作员之间所得奖金会无规则变化,五年十年这样子总的加起来,他们之间的奖金总额最多相差100元。"

一个主管若有所思地说:"衡量一个员工的好与差究竟是由谁做出的,是由主管,那就是由人做出的。有很多评分细则你可以用数字去限制评分的主观性,但是还有很多你根本不可能用单纯的数字去限制,这就必然会有主观成分在里面,这样你不会知道操作员之间的好与差究竟相差多少,并且究竟应该以多少的奖金差异来体现。现在最好与最差之间你定了一个500元的差额,但是事实上差别到底有多大,谁都不知道。"

生产经理最后长叹道:"我们制定各种方法来促使绩效考核尽量客观化,但是绩效考核所遭遇的是主观的人啊,绩效考核有客观的可能吗?"

问题:

(1) 如何评价M公司现行的绩效考核制度?

(2) 请为M公司设计一个更合理的绩效考核制度。

项目九 动力之源 薪酬管理

 项目概述

在人力资源管理工作中,最为复杂和困难的是怎样做好人的激励,怎样用好薪酬这把双刃剑。在今天,薪酬已经成为组织的人力资本投资。对员工而言,通过工作获得薪酬就是获得相对满足的过程,他们渴望得到的不仅仅是一定数量、质量和结构的薪酬,而且还是一种满足(包括物质利益的满足、作为人的尊严的满足、自我价值实现的满足和人的情感的满足等),而这些往往受到组织外部环境、内部条件以及员工个人具体情况等多方面的制约。持续发展的成功组织的一个重要的秘诀就是建立起合理有效的薪酬体系,从根本上保证人力资源的竞争优势,并将之转变为市场竞争的优势。本项目将阐述薪酬及薪酬管理的相关概念、怎样设计薪酬体系、薪酬管理怎么实施这些问题。

 项目目标

- 认知目标
  - 了解薪酬的含义及其作用;
  - 了解薪酬的形式;
  - 了解薪酬管理的原则;
  - 了解影响薪酬管理的主要因素。
- 技能目标
  - 掌握薪酬体系设计的基本流程;
  - 掌握奖励性可变薪酬制度的设计;
  - 掌握薪酬控制的技术;
  - 掌握薪酬支付的技术。
- 情感目标
  - 认同薪酬调查的重要性;
  - 认同薪资水平及其外部竞争性的重要性;
  - 理解薪酬激励性设计的难度。

任务一 了解薪酬管理

任务故事

听一听:如何发奖金——将军的苦恼

如何发奖金——将军的苦恼

古代,有位将军奉命去攻占敌人的城池。经过七天七夜的激战,在非常困难的情况下战胜了敌人,但自己也付出了惨重的代价。捷报传到了朝廷,为了鼓舞士气,朝廷决定犒劳三军,派人送来了200头牛、500只羊、100坛好酒。

面对送到军营的牛、羊和好酒,将军却犯起了愁,怎样分配呢?分配不好,不但达不到鼓舞士气的目的,还可能因为大家感觉不公平,而挫伤了部分官兵的士气。上次也是因为朝廷的犒赏没有分配好,使得各个兵种之间产生了心理上的不平衡,直接导致在后来的战斗中,各个兵种之间协作性明显不如以前,军队连吃败仗。虽然将军也严厉处罚了几个军官,但将军心里也明白,用命令和处罚只能解决表面问题,但还是没有办法解决深层次的问题。其实,每个士兵心中都有一杆秤,这杆秤一旦失去了平衡,就会产生很多问题。

将军手下有诸多兵种,分别是骑兵、弓箭兵、步兵、粮草兵。其中,骑兵主要负责冲锋,攻击敌人守在城池外面的军队,迫使敌人退守到城池里面去;紧接着弓箭兵利用投石车和带火的箭,攻击敌人的城墙和躲在城墙后的敌人;最后,再由步兵负责攻城。在整个战斗过程中,步兵损失最大;骑兵也有一些损伤;弓箭兵虽然也参加了战斗,基本上没有多少损失;而粮草兵主要是负责守卫和运输军队的军营和粮草。

经过思考,将军构想了几种可能的分配方式。

首先,如果实行平均分配,肯定会存在许多问题。虽说大家都有功劳,但是功劳也有大小之分。如果这样分配的话,粮草兵肯定最高兴,而步兵和骑兵一定不乐意。要是真像这样的话,将来一旦打起仗来,许多官兵都不会出力,很明显这种吃"大锅饭"的做法是不可取的。

如果不平均分配,一定要制定一个好的分配方法才可以。将军思考,是否可以按照对战斗的重要性来决定分配呢?把不同兵种按照甲、乙、丙、丁分为四种,甲最多,丁最少。但是说到对战争的重要性,其实粮草兵也是很重要的,没有他们运输、守卫粮草,做好后勤保障工作,战斗也是无法取得胜利的。这几个兵种,缺少了哪一个都不可以。再说,步兵和骑兵哪个更重要呢?也很难区分。

如果按照伤亡人数来论功行赏,也不可取。因为步兵的人数最多,骑兵人数少,步兵的伤亡人数肯定多。还有,弓箭兵和粮草兵基本没有伤亡,难道就可以不奖赏了?绝对不行。

如果按照杀死敌人的数量分配,也有问题。虽然骑兵杀死敌人的数量很好统计,但弓箭兵射杀了多少敌人,就很难统计。再说,粮草兵肯定没有杀死敌人,难道就不分配?操作起来也会太麻烦。

不分了可以吗?肯定不可以,将士们都很劳累,应该犒赏。朝廷要是知道没有犒赏,还以为是将军贪污了。

是否可以把他们分开来呢?让他们在不同的地方喝酒吃肉,肯定也不行,因为没有不透风的墙。他们在一起战斗,肯定会知道对方分了多少的,到时候会引起更多的问题。隐藏的矛盾往往更可怕,不知道它什么时候会爆发,如果在关键时刻爆发,那就完了。

将军左思又想,都觉得有问题。那么,将军该怎么分配,才能使得分配既公平,又容易操作,还能有效地鼓舞士气呢?

(来源:https://wenku.baidu.com/view/d4992782e53a580216fcfe8d.html,有改动)

看一看:劳动分配率法

  知识讲坛

记得有一部轰动一时的电视剧里有这样一句话:"金钱不是万能的,但没有钱却是万万不能的。"的确,一个人参加到工作中,往高了说是为了实现自我价值,切合实际地说是为了养家糊口,所以薪酬多少,以什么标准制定,别人的工资又是多少,为什么一样的工作,他的薪水就比我的多……这些问题缠绕很多人,同时也是人力资源管理最应该考虑的问题。对于组织来说,设计与管理薪酬制度是一项最困难的人力资源管理任务。如果建立了有效的薪酬制度,组织就会进入期望—创新的循环;而如果这些制度失灵,那么接踵而至的便是员工的心灰意冷。有一个国外民意调查组织在研究以往二十年的数据后发现:在所有的工作分类中,员工们都将工资与收益视为最重要或次重要的指标。薪酬能极大地影响员工行为(在何处工作及是否留下)和工作绩效。

一、薪酬的含义及作用

(一)薪酬的含义

薪酬有广义和狭义之分。

1. 广义的薪酬

广义的薪酬包括经济性的报酬和非经济性的报酬。

经济性的报酬是指报酬可以用金钱的形式表现出来或者能够用金钱来衡量,如员工的工资、津贴、奖金等。非经济性的报酬是指报酬不可以用金钱的形式表现出来或者不能够用金钱来衡量,如员工获得的成就感、满足感或者良好的工作氛围等。经济性的报酬和非经济性的报酬如表 9-1 所示。

表 9-1 经济性的报酬与非经济性的报酬

	外在报酬	内在报酬
经济性的报酬	直接报酬:基本工资、加班工资、津贴、奖金、利润分享、股票认购。 间接报酬:保险/保健计划、住房资助、员工服务、带薪休假	无
非经济性的报酬	私人秘书; 宽大舒适的办公室; 诱人的头衔	参与决策、挑战性工作、感兴趣的工作、上级或同事的认可、学习与进步的机会、多元化活动、就业权利的保障

2. 狭义的薪酬

狭义的薪酬是指经济性的报酬,本书所使用的薪酬概念主要是指狭义的薪酬。

简单地说,薪酬是给劳动者劳动的报酬。或者说,薪酬是对员工工作绩效的各种形式的支付和回报,同时也是组织运营成本的重要组成部分。薪酬是能够为组织带来预期收益的资本,是用来交换劳动者或劳动力的一种手段,它作为组织的生产成本,是资本的投入,组织期望获得一定的资本回报。对员工来说,获得薪酬是他们从组织获得物质利益和非物质利益相对满足的过程,是维持生活、提高生活质量的重要前提。

(二)薪酬的作用

1. 对员工的作用

(1)基本生活保障。在市场经济条件下,薪酬收入是绝大多数劳动者的主要收入来源,它对于员工及其家庭生活起着无可替代的保障作用,在很大程度上决定着员工及其家庭的生存状态和生活方式。

(2)心理激励功能。薪酬是组织和员工之间的一种心理契约,这种契约通过员工对薪酬的感知而影响员工的态度、行为以及绩效结果,从而产生激励作用。

(3)个人价值体现。员工的薪酬水平,往往代表了其在组织甚至是社会中的地位和层次。因此,薪酬同时也成为对员工个人价值和成功的一种识别信号。

2. 对组织的作用

(1)改善经营业绩。薪酬起着吸引、保留、激励组织优秀员工的作用,同时能够有效地引导员工的态度、行为和绩效结果,使员工的个人目标与组织目标相一致,从而提高组织的生产能力和生产效率,改善组织的经营业绩。

(2)塑造和强化组织文化。薪酬会对员工的工作态度和行为产生很强的引导作用,因此,合理的薪酬政策有助于塑造和强化良好的组织文化。相反,如果组织的薪酬政策与组织文化或价值观之间存在较大的冲突,则将会成为对组织文化和价值观的一个重大挑战。

(3)支持组织变革。薪酬可通过作用于员工、团队和组织整体来创造与变革相适应的内外部氛围,使员工更清晰地了解组织变革的目的和过程,更迅速地适应组织新的环境,使组织目标与个人目标尽快统一到一起,从而有效地推动组织变革。

二、薪酬的形式

薪酬的具体形式如下。

(一)基本薪酬

基本薪酬(基本薪资)是以员工的工作复杂程度、责任大小、劳动熟练程度,以及劳动强度为基准,按员工在法定劳动时间内完成的基本工作量而计付的报酬。对员工基本薪酬的决定,有时候还考虑工龄、学历、资历等因素,是基于薪酬制度把基本薪酬看作员工人力资本投资的价值体现。在基本薪酬的决定机制中,把职务岗位因素、能力因素作为主要因素,把工龄、学历、资历等作为决定基本薪资的辅助因素。基本薪酬是员工薪酬的主要部分,也是计算其他部分薪酬的基础。

在我国现行基本薪酬制度中,企业单位、事业单位和党政机关分别实行不同的基本薪酬制度。企业单位的基本薪酬国家不做统一规定,企业可以根据自身生产经营特点等实际情况,由企业自主决定基本薪酬制度。目前企业基本薪酬制度的形式较多,主要是实行以岗位工资为主要内容的基本薪酬制度,包括岗位工资制、岗位绩效工资制、岗位等级工资制、岗位结构工资制、岗位薪点工资制、岗位技能工资制等。事业单位按专业技术人员、管理人员和工人分别实行不同的基本薪酬制度,党政机关公务员主要是实行职级工资制。

(二)绩效薪酬

绩效薪酬也称绩效工资,是依据绩效增发的奖励性工资。绩效工资是以员工绩效考核为基础,对员工超额完成的任务以及出色的工作成绩而计付的报酬。绩效工资的形式有多种,如个人奖励计划、团队奖励计划、短期奖励计划、长期绩效奖励计划等。

绩效工资是与员工绩效挂钩的一种薪酬形式,它具有激励性、风险性和灵活性。绩效工资是对员工业绩的肯定与奖励,因此,它能激励员工发挥主动性、积极性和创造性,努力超额完成本职工作。绩效工资的风险性表现在:如果员工不能达到绩效标准的预期目标,就不能获得绩效工资。能否获得绩效工资,能获得多少绩效工资,要看员工的业绩和绩效。没有绩效就没有绩效工资。绩效工资与基本工资相比,具有较大的灵活性。绩效工资的设置形式可以灵活多样,而基本工资在一定时期内相对稳定。如果企业的组织目标是降低成本,就可以实行与成本指标挂钩的绩效工资制;如果企业的组织目标是扩大销售,就可以对有关人员实行与销售额挂钩的绩效工资制;如果企业的组织目标是产品产量和质量,就可以实行与产品产量、质量挂钩的绩效工资制。

(三)附加薪酬

附加薪酬主要是对员工从事特殊劳动条件、特殊劳动环境和其他特殊情况下的劳动而额外支出和消耗劳动力的一种补偿。

1. 津贴

津贴一般是对员工在特殊劳动环境下工作所给予的附加薪酬,是为了补偿在恶劣环境下工作的员工的健康和精神损失,也是为了吸引和稳定这部分员工安心工作。

(1)补偿员工特殊或额外劳动消耗的津贴。比如:高空津贴、井下津贴、流动施工津贴、野外工作津贴、夜班津贴、林区津贴、隧道进洞津贴等。

(2)保健性津贴。比如:卫生防疫津贴、医疗卫生津贴、科技保健津贴及其他行业员工的特殊保健津贴等。

(3)技术性津贴。比如:特级教师津贴、科研课题津贴、研究生导师津贴、工人技师津贴、特殊教育津贴等。

(4)年功性津贴。比如:工龄津贴、教师的教龄津贴等。

(5)地区津贴。比如:艰苦偏远地区津贴和地区附加津贴等。

(6)其他津贴。比如:支付给个人的伙食津贴、洗理费、女工卫生费、书报费等。

2. 补贴

补贴一般是为了保证员工实际薪酬和生活水平不下降等而支付的各种补贴,如副食品价格补贴(含肉类等价格补贴)、粮价补贴、煤价补贴、房贴、水电贴等。

3. 加班加点工资

加班加点工资指按规定支付的加班工资和加点工资。

4. 特殊情况下支付的工资

具体包括:根据国家法律法规和政策规定,因病、工伤、产假、计划生育假、婚丧假、探亲假、停工学习、执行国家或社会义务等原因按计时工资标准的一定比例支付的工资,以及附加工资、保留工资等。

(四)员工福利

员工福利包括组织福利和社会保险两部分。除法定的基本社会保险外,员工还可以享受组织根据自身经济效益状况,为员工建立的补充养老保险、补充医疗保险、免费工作餐、带薪休假、优惠住房等福利待遇。员工福利不包括社会福利,因为社会福利不是员工由于就业而得到的报酬。社会福利是由社会提供的,属于社会收入的再分配,它遵循的是全民公平原则。在全体居民中,凡是符合条件的人,都能享受社会福利。而员工福利是员工由于就业而得到的报酬,它不是社会收入的再分配,而是组织经营收入的分配,它必须遵循"效率优先,兼顾公平"的原则。效率优先就是这些福利措施必须有利于提高员工的积极性,兼顾公平就是要面向组织全体员工,在组织的全体员工中,凡是符合条件的员工都能享受组织提供的员工福利。

三、薪酬管理的原则

薪酬管理的原则是薪酬管理实践的总结,也是薪酬管理必须遵循的准则。在薪酬管理工作中,必须遵循以下原则。

(一)公平性原则

公平性原则是薪酬管理的最基本原则。只有遵循公平性原则,才能使薪酬管理制度建立公平的基础理论,从而使人们认为薪酬是公平的,进而提高人们对薪酬的满意度,激发其工作积极性。

公平性可以分为以下两个层次。

1. 外部公平性

外部公平性一般是指与同行业其他组织的薪酬水平相比较,该组织所提供的薪酬是合理的。通过市场薪酬调查,对相同岗位、相同职位人员的工资水平及相关的经济指标进行比较,从而确定本组织薪酬是否公平合理。效益、效率高的组织,工资水平高于效益、效率相对较低的组织应视为是公平合理的。反之,则应认为是不公平的。总之,不能简单地对比薪酬水平,而忽视相关经济指标的比较。

2. 内部公平性

内部公平性是指组织内的员工相信自己的薪酬与组织内其他员工的薪酬比较是公平的。作为组织的薪酬管理者,应经常了解员工对薪酬体系的意见,并采取措施,保证薪酬管理制度的公平性。

(二)竞争性原则

组织之间的竞争归根结底是人才的竞争,要想获得有竞争力的优秀人才,必须制定一套对人才有吸引力的薪酬制度。要使本组织的薪酬水平高于本地区同行业的薪酬水平,使薪酬水平有竞争力,这样在市场竞争中就能够留住组织所需人才,吸引优秀人才。

(三)激励性原则

公平性原则和竞争性原则最终都要落实到调动人的积极性上。就是说,上述两个原则的实现过程是发挥激励功能作用的过程,只有坚持和发挥激励性原则的作用,公平性原则和竞争性原则才有实际意义。薪酬管理中的激励性是指运用激励的理论和薪酬激励方式,达到激励员工工作积极性的目标。薪酬激励的方式主要是破除分配上的平均主义,建立按劳分配的激励性工资制度,建立工资能增能减的激励和约束机制;进行奖金激励,及时有效地将组织目标与个人物质利益结合在一起;除短期激励措施外,还可以采取长期激励措施,试行股票期权、按技术要素分配和员工持股等要素报酬制度,加大激励力度。

(四)经济性原则

有效的薪酬管理还必须考虑经济性原则,这是因为薪酬是产品成本的一个主要组成部分,如果薪酬水平过高,不可避免地会带来人工成本的上升,人工成本过高必然会影响产品的市场竞争力。在市场经济条件下,商品的市场价格是通过市场竞争确定的用户能接受的价格,商品的市场价格＝成本价格＋利润。如果市场价格等于成本价格,利润就是零;如果成本价格高于市场价格,组织只能亏损。而人工成本在生产成本中具有特殊重要地位。因此,组织在进行薪酬决策时必须遵循经济性原则,量力而行。

(五)合法性原则

薪酬管理必须符合国家的法律法规和政策。虽然在市场经济条件下组织薪酬政策制定中来自政府的直接性指令越来越少,但是这并不意味着政府放弃了行政管理职能,组织可以随便制定工资政策。实际上,只不过是政府管理与调控的方式改变了,即由过去以行政手段为主改为以法律手段为主。随着我国劳动法律体系的逐步健全和完善,组织薪酬政策的制定越来越离不开法律依据。在法律规定的框架之内,组织可以自由决定,但一旦违反了法律,组织也必将受到法律惩罚。可见,市场经济条件下的薪酬管理,必须坚持合法性原则。

四、影响薪酬管理的主要因素

(一)外在因素

1. 劳动力市场的供求关系与竞争状况

劳动力价格(薪资)受供求关系影响,劳动力的供求关系失衡时,劳动力价格也会偏离其本身的价值:一般而言,供大于求时,劳动力价格(薪资)会下降;供小于求时,劳动力价格(薪资)会上升。

2. 地区及行业的特点与惯例

这里的特点也包括基本观点、道德观与价值观,例如受传统的"平均、稳定至上"观点的影响,则拉开收入差距的措施便多半不易被接受。

3. 当地生活水平

这个因素从两层意义上影响组织的薪酬政策:一方面,生活水平高了,员工们对个人的生活期望也高了,无形中对组织造成一种提高薪酬标准的压力;另一方面,生活水平高也可能意味着物价指数要持续上涨,为了保持员工生活水平不致恶化及购买力不致降低,组织也不得不定期向上适当调整薪资。

4. 国家的有关法令和法规

薪酬管理与法律法规和政策有着密切联系,法律法规和政策是薪酬管理的依据,对组织的薪酬管理行为起着标准和准绳的作用,如最低工资制度、个人所得税制度等。

(二)内在因素

1. 本单位的业务性质与内容

如果组织是传统型、劳动密集型的,它的劳动力成本可能占总成本的比重很大;但若是高技术的资本密集型的组织,劳动力成本在总成本中的比重就不大。显然,这些组织的薪酬政策会有所不同。

2. 组织的经营状况与资金实力

一般来说,资本雄厚的大公司和赢利丰厚并且正处于发展上升阶段的组织,对员工付薪也较慷慨;反之,规模较小或不景气的组织,则不得不量入为出。

3. 组织的管理哲学和组织文化

组织文化是组织分配思想、价值观、目标追求、价值取向和制度的土壤。组织文化不同,必然会导致观念和制度的不同,这些不同决定了组织的薪酬模型、分配机制的不同,这些因素间接地影响着组织的薪资水平。

事实上,组织在进行薪酬管理时,是会综合权衡所有这些内外因素的。

读一读 & 想一想:"闹"就可以涨工资吗?

 案例导入

公平与不公平

小母鸡在谷场上扒着,直到扒出几粒麦子,她叫来邻居,说:"假如我们种下这些麦子,我们就有面包吃了。谁来帮我种下它们?"

牛说:我不种。鸭说:我不种。猪说:我不种。鹅说:我也不种。

"那我种吧。"这只小母鸡自己种下了麦子。

眼看麦子长成了,小母鸡又问:"谁来帮我收麦子?"

鸭说:我不收。猪说:这不是我们应该做的事。牛说:那会有损我的资历。鹅说:不做虽然饿一点,但也不至于饿死。

"那我自己做。"小母鸡自己动手收麦子。

终于到了烤面包的时候,"谁帮我烤面包?"小母鸡问。牛说:那得给我加班工资。鸭说:那我还能享受最低生活补偿吗?鹅说:如果让我一个人帮忙,那太不公平。猪说:我太忙,没时间。

"我仍要做。"小母鸡说。

她做好五根面包并拿给她的邻居看,邻居们都要求分享劳动成果,他们说小母鸡之所以种出麦子,是因为在地里找出了种子,这应该归大家所有,再说,土地也是大家的。但小母鸡说:"不,我不能给你们,这是我自己种的。"

牛叫道:损公肥私!鸭说:简直像资本家一样。鹅说:我要求平等。猪只管嘀嘀咕咕,其他人忙着上告,要求为此讨个说法。

村长到了,对小母鸡说,你这样做很不公平,你不应太贪婪。小母鸡说,怎么不公平?这是我劳动所得。村长说:"确切地说,那只是理想的自由竞争制度。在谷场的每个人都应该有他该得的一份。在目前制度下,劳动者和不劳动者必须共同分享劳动成果。"

从此以后他们都过着和平的生活,但小母鸡再也不烤面包了。

针对这个故事,你如何看待"公平与不公平"?

(来源:http://www.doc88.com/p-7174318059390.html,有改动)

 任务拓展

高薪、低薪政策的使用条件比较如表 9-2 所示。

表 9-2 高薪、低薪政策的使用条件比较

高薪	低薪
1. 在产品成本中,薪酬部分所占比例很小; 2. 管理或生产效率很高,可使单位产品的人工成本很低; 3. 产品具有独占性,售价高,可将高工资负担转移	1. 员工收入稳定,工作稳定,不愿意离职; 2. 薪酬之外,有各种可观的津贴和福利; 3. 组织人力资源管理制度健全,员工相处融洽,精神愉快

做一做:再撑一百步

任务二　设计薪酬体系

 任务故事

听一听:薪酬如何定?

薪酬如何定？

某房地产集团下属的一家物业经营管理公司,成立初期,该公司非常注重管理的规范化,为了充分调动员工积极性,制定了一套比较科学完善的薪酬管理制度,公司得到了较快的发展。短短的两年多时间,公司的业务增长了110%。随着公司业务的增加和规模的扩大,员工也增加了很多,人数达到了220多人。

但公司的薪酬管理制度没有随公司业务发展和人才市场的变化而适时调整,还是沿用以前的。公司领导原以为发展已有了一定的规模,经营业绩理应超过以前,但事实上,整个公司的经营业绩不断滑坡,客户的投诉也不断增加,员工失去了往日的工作热情,出现了部分技术、管理骨干离职现象,其他人员也出现不稳定的预兆。其中:公司工程部经理在得知自己的收入与后勤部经理的收入相差很少时,感到不公平,他认为工程部经理这一岗位相对后勤部经理,工作难度大、责任重,应该在薪酬上体现出这种差别,所以,他工作起来没有了以前那种干劲,后来辞职而去。因为员工的流失、员工工作缺乏积极性,该公司的经营一度出现困难。

事情发生后,公司的领导意识到问题的严重性。经过对公司内部管理的深入了解和诊断,发现问题出在公司的薪酬系统上,而且关键的技术骨干力量的薪酬水平较市场明显偏低,对外缺乏竞争力;公司的薪酬结构也不尽合理,对内缺乏公平性,从而导致技术骨干和部分中层管理人员流失。针对这一具体问题,该公司就薪酬水平进行了市场调查和分析,并对公司原有薪酬制度进行调整,制定了新的与组织战略和组织架构相匹配的薪资方案,激发了员工的积极性和创造性,公司发展又开始恢复了良好的势头。

(来源:http://www.doc88.com/p-3357119842238.html,有改动)

看一看:薪酬设计

 知识讲坛

薪酬的意义,主要体现在员工靠薪酬养家糊口,也得到个人成就感上的满足;组织则凭此吸引和留住人才,使组织得到发展。合理的薪酬有助于创造员工与组织共同成长的双赢局面。然而,薪酬决非单纯的激励因素,它还构成组织必不可少的生产成本。薪酬过高,则成本上升,影响组织竞争力;薪酬过低,则一方面难于配置保证质量的人力资源,另一方面使员工不满、懈怠,而造成其他方面的成本上升。总而言之,设计出合理的薪酬体系对组织有重要的现实意义,也是组织正常运转的必然要求。

一、薪酬体系设计的基本流程

薪酬体系的设计是人力资源管理的重要内容之一。薪酬体系设计的好坏,直接关系到组织能否留住关键岗位、重要岗位上的人才和调动员工的工作积极性。目前组织的人力资源管理中,薪酬制度的设计与管理已经有了一套较为完整的流程和程序。一个规范的薪酬设计基本流程到底包括哪些步骤和操作程序呢?

(一)制定薪酬原则和策略

组织薪酬策略是组织人力资源策略的重要组成部分,而组织人力资源策略是组织人力资源战略的落实,说到底是组织基本经营战略、发展战略和文化战略的落实。因此,制定组织的薪酬原则和策略,在组织各项战略的指导下进行,要集中反映组织各项战略的需求,必须体现出薪酬制度的外在公平性与内在公平性。

薪酬策略作为薪酬设计的纲领性文件,要对以下内容做出明确规定:对员工的认识,对员工总体价值的认识,对管理骨干即高级管理人才、专业技术人才和营销人才的价值估计等核心价值观;基本工资制度和分配原则;工资分配政策与策略,如工资拉开差距的标准,工资、奖金、福利的分配依据及比例标准等。

(二)岗位设置与工作分析

组织根据自己的经营目标确定相应的组织结构,形成一定的组织结构系统,并配合组织的发展计划做好岗位设置。在做好岗位设置的基础上,进行科学的工作分析,通过工作分析确定每一岗位的工作内容、职责和任职资格,这是做好薪酬设计的基础和前提。通过这一步骤将产生清晰的组织结构图、岗位结构图和工作说明书体系。

(三)工作评价

工作分析反映了组织对各个岗位和各项工作的期望和要求,但并不能揭示各项工作之间的相互关系,因此,要通过工作评价来对各项工作进行分析和比较,并准确评估各项工作对组织的相对价值,这是实现内在公平的关键一步。

具体来讲,就是以工作分析所确定的各种岗位的工作职责范围以及任职资格为依据,得出每一岗位对本组织的相对价值的大小。不同岗位的相对价值可用一定的顺序、等级或分数来表示。某一岗位工作完成的难度越大,对任职者的能力要求越高,这一岗位对组织的重要性也就越强,其相对价值和对组织的贡献也就越大。以每一岗位对组织的贡献和相对价值的大小为依据确定其工资水平,便保证了薪酬制度的内在公平性。

(四)薪酬调查

经过工作评价求出的不同岗位的相对价值是制定组织薪酬制度的基础。在此基础上,还必须把每一岗位的相对价值转换成具体的实际工资数,这就需要组织在内外环境调查的基础上进行薪酬结构设计。组织要吸引和留住员工,不但要保证组织工资制度的内在公平性,而且要保证组织工资制度的外在公平性,要了解本行业的薪酬水平状况,特别是竞争对手的薪酬状况。同时,要参照同行业同地区其他组织的薪酬水平,及时制定和调整本组织对应岗位的薪酬水平及组织的薪酬结构,确保组织薪酬制度的外在公平性。

组织内外环境调查的内容具体包括以下几个方面。

本地区社会生活水平、员工期望以及组织目标、经济效益和支付能力等方面的调查与分析。

其他组织的工资情况调查。对本地区、本行业,特别是主要竞争对手的薪酬情况进行调查,以此作为参照标准来设计、制定和调整本组织相应岗位的工资,以保证组织薪酬制度的外在公平性。

人力资源市场的供求分析。当组织所需的某种类型的员工在劳动力市场上供不应求时,组织就会不惜拉大其与其他人员的工资差距,制定出具有竞争力的薪酬标准,以吸引所需人才;反之,就会制定出相反的薪酬策略。

(五)薪酬结构设计

所谓薪酬结构,是指一个组织的组织结构中各种工作之间基本薪酬标准水平的比例关系,包括不同层次工作之间基本薪酬差异的相对比值和绝对水平。设计什么样的薪酬结构、怎样设计薪酬结构是薪酬结构设计中必须解决的两个基本问题。薪酬结构是否科学合理,对员工的工作行为和工作态度具有重要影响。组织应将科学合理的薪酬结构作为一项非常重要的管理工具。衡量一个组织的薪酬结构是否科学合理的标尺有以下两个。①薪酬结构是否符合组织战略的需要。如果组织的经营战略要求实行高激励的薪酬战略,就需要设计差别较大的薪酬结构,严格按贡献付酬,不惜拉大不同贡献的员工间的收入差距,不同岗位间的实际工资数就会相差较大;反之,如果组织的经营战略要求实行平稳型的薪酬战略,就需要设计差别较小的薪酬结构,采取偏向于照顾大多数和平稳过渡的薪酬策略。②薪酬结构是否符合实现内部公平目标的需要。一个组织的薪酬结构要实现内部公平目标,应该至少具备以下三个特征:完成工作所需知识和技能越多的工作得到的工资报酬越多;所处环境条件越差、劳动强度越大的工作得到的工资报酬越多;对实现组织整体目标贡献越大的工作得到的工资报酬越多。

组织的薪酬结构应体现出内在公平性与外在公平性,因此,常在岗位评价与内外环境调查的基础上综合考虑各方面的因素后才能确定。不同岗位的相对价值与实际工资数之间的关系是以某种原则为依据的,有一定规律的,这种关系的外在表现就是薪酬结构线。薪酬结构线为我们分析制定组织的薪酬结构提供了更为清晰、直观的工具。

(六)基本薪酬标准体系的设计

薪酬结构线描绘了组织所有各项工作的相对价值与其对应的薪资关系,如果仅以此来开展薪酬管理,势必加大薪酬管理的难度,也没有太大的意义。为了简化薪酬管理,就有必要对薪酬结构上反映出来的工资关系进行分级处理,即将相对价值相近的各项工作合并成一组,统一规定一个相应的工资,称为一个工资等级,这样组织就可以分成若干个工资等级。工资分级就是根据岗位评价与工资结构设计的结果,将众多类型的岗位划分归并为若干类别和等级,并设计相应的基本薪酬标准体系,从而为确定组织每一位员工的基本薪酬提供了依据。

(七)薪酬方案的实施、修正和调整

薪酬方案出台以后,关键还在落实,并且要在落实过程中不断地修正方案中的偏差,使方案更加合理和完善。另外要建立薪酬管理的动态机制,要根据组织经营环境的变化和组织战略的调整对薪酬方案适时地进行调整,使其更好地发挥作用。

二、奖励性可变薪酬制度设计

以员工、团队或者组织的绩效为依据而支付给员工的薪酬称为奖励性可变薪酬。实践证明奖励性可变薪酬有助于提高员工绩效,所以被许多组织所采用。

(一)个人奖励计划

个人奖励计划是奖励员工达到了与职位有关的绩效标准,如质量、生产率、顾客满意度、安全性以及出勤率等。绩效标准可以是一个,也可以综合几个标准,但最重要的是该标准能够实际反映员工的工作绩效。

常见的个人奖励计划有五种。

1. 计件制

计件制是组织根据员工单位时间产量与客观生产标准相比较的结果,来对员工进行奖励的一种个人奖励计划。通常有三种形式,即简单计件制、多计件制和差别计件制。

(1)简单计件制是依据事先确定的单件计酬率与个人超额完成的件数乘积而计发奖励。

(2)多计件制则将单件计酬率分为若干个等级,等级越高,相应的单件计酬率也越高。

(3)差别计件制是根据员工完成标准的情况有差别地给予计件薪酬。

2. 计时制

计时制是根据单位产量的时耗来计发薪酬的形式。计时制也有多种衍生形式,如标准工时制、哈尔西奖金制、罗恩制。

(1)标准工时制以节约工作时间的多少来计算应得的奖金。

(2)哈尔西奖金制的特点是员工与组织分享成本节约额,通常是五五分账,若员工在低于标准时间内完成工作,可以获得的奖金是其节约下来的工时薪酬的一半。

(3)罗恩制的奖金水平是依据节约的工作时间占标准工作时间的百分比确定的,奖金随着节约时间的增多而提高,但平均每超额完成一个标准工时的奖金额会递减,即节约的工时越多,员工的奖金水平将越低于工作超额的增长幅度。

3. 佣金制

佣金制是销售职位普遍使用的一种奖励制度,它是按照销售数额或销售额的一定比例来计算奖金的。随着佣金制的不断发展,逐渐演变出三种形式,即单纯佣金制、混合佣金制和超额佣金制。

(1) 单纯佣金制是指销售人员的收入完全来自佣金,所获得的佣金等于销售量与佣金率的乘积。

(2) 混合佣金制是指销售人员的薪酬包括基本工资和佣金两部分,这种形式尤其适合一些销售难度较大的行业。

(3) 超额佣金制则适用于一些相对较为稳定的行业,此时销售人员获得的不是全部佣金,而是扣除了既定额度后的差额。

4. 管理奖励计划

管理奖励计划是在经理达到或超过其部门有关销售、利润、生产或其他方面的目标时对经理进行奖励。与以上个人奖励计划不同,管理奖励计划通常要求达到多个复杂的目标。如,根据管理奖励计划,经理如果增加了市场份额或在不影响产品数量和质量的前提下降低了预算,就可以得到一笔奖金。

5. 行为鼓励计划

行为鼓励计划是奖励员工符合组织利益的具体行为成就。例如,良好的出勤率或安全记录等。如果员工依照组织规定保持良好的出勤率或安全记录就可以得到一笔奖金。值得一提的是,如果员工为组织介绍新客户或举荐组织急需的人才,同样也可以得到奖金。

个人奖励计划的优点是:个人奖励计划降低了监督成本,能够更好地预测和控制劳动力成本,而且较易操作,易于沟通;同时个人奖励性薪酬不累加到员工的基本薪酬中。个人奖励计划的缺点是:由于现代组织中职位性质的不断变化,一些职位很难再以物质产出的方式区分员工的个人绩效;此外个人奖励计划可能会导致员工只做有利于其获得报酬的事情,不利于员工个人技能的发展。

(二) 团队奖励计划

团队奖励计划奖励的是员工的集体绩效,而不是每个员工的个人绩效。当团队的所有成员都为实现目标做出了贡献的时候,团队奖励最有效。团队奖励计划可以分为两种,即基于团队的奖励计划和收益分享计划。

1. 基于团队的奖励计划

基于团队的奖励计划即当团队达到了某一特定目标后,团队中的每位成员都可以分享到团队所得的现金奖励。薪酬分配的方法可以有很多种。

当团队成员可以观察到成员之间贡献或绩效之间的差异时,可以采用平等分配薪酬的方法,以便于增强团队成员之间的合作。

组织为避免"大锅饭"现象的发生,力图激励团队中贡献较大的成员,则可以采用一部分薪酬支付基于员工个人绩效、一部分基于团队绩效的分配方法。

若组织假定较高基本薪酬的员工对团队贡献较高,则可以根据每位成员的基本薪酬与团队全体成员总体的基本薪酬之比差异性地分配薪酬。

2. 收益分享计划

指一个团队(通常是一个部门或单位)的成员,由于生产率的提高而得到奖励。它根据组织绩效的改善,包括生产力增加、顾客满意度增加、成本的降低等给团队中的员工支付奖金。在组织中用得最为普遍同时也是最重要的收益分享计划有斯坎伦计划、拉克收益分享计划以及改进生产盈余计划。

1)斯坎伦计划

斯坎伦计划的特点在于强调员工参与,它相信如果员工提出了组织的目标,那么在工作中就能自我管理、自我控制,并相信如果给予员工工作机会,员工就会愿意接受并主动承担责任。在斯坎伦计划中以某一时期的斯坎伦比率作为基期标准,当由于员工的建议而导致生产成本的降低,即当期斯坎伦比率低于基期标准时,节省下来的资金即在员工中进行分配。

$$斯坎伦比率=劳动力成本/产品的销售价值$$
$$产品的销售价值=销售收入+库存商品价值$$

2)拉克收益分享计划

与斯坎伦计划相同,拉克收益分享计划也强调员工参与,并采用现金激励的方法来鼓励员工参与。但不同的是,它以产品销售价格与成本价格之间的附加值来衡量生产率。

$$拉克比率=\frac{[销售额-(购买原材料成本+供给成本+服务成本)]}{计划参与者的总雇佣成本}$$

3)改进生产盈余计划

这种方法旨在用更少的劳动小时制造出更多的产品,其重点是激励员工完成绩效目标,它是基于劳动小时率公式计算出来的。通过分析历史财务数据以确定标准,并根据标准来确定完成一件产品所需要的劳动小时数,然后用标准劳动小时与实际劳动小时的比率来衡量生产率。

改进生产盈余计划特别制定了一条回购规定,即因生产率的提高而发的奖金有一个最高限额,如果生产率提高所产生的奖金金额超过了这个最高限额,超出的部分就由公司储存起来。如果生产率的提高使奖金重复超过最高限额,公司可以一次性向员工付款购回生产率超过限额的部分。付款金额通常等于储存起来的金额。然后公司就可以调整生产率标准,把生产率水平的标准提高。

如表9-3所示是斯坎伦计划、拉克收益分享计划及改进生产盈余计划关键特征的比较。

表 9-3　斯坎伦计划、拉克收益分享计划及改进生产盈余计划关键特征的比较

特征	计划		
	斯坎伦计划	拉克收益分享计划	改进生产盈余计划
计划目标	提高劳动生产率	提高劳动生产率	提高劳动生产率
主要节约部分	劳动力成本	劳动力成本＋原材料成本＋服务成本（如设备维修成本）	按生产标准完成或更快地完成工作
员工参与	要求	要求	不要求
奖金支付频率	月	月	周

团队奖励计划的优点是在绩效考核标准的制定上，比个人奖励计划要相对简单，同时团队奖励计划可以使组织员工产生较强的团队凝聚力。这类奖励计划的主要缺点是它导致了优秀员工的流动。由于在团队奖励计划下较容易产生"搭便车效应"，这样就会使那些为组织做出巨大贡献的员工产生不公平感，从而离开组织。

读一读 & 想一想：长新皮鞋公司的改革

案例导入

薪酬差别

某市一物流公司薪酬管理存在以下问题：传达室某员工的工资比人力资源部经理的工资还要高。究其原因，原来该员工工龄较长，加上年轻时从事汽车修理工作，技能等级较高。按行业有关规定，虽然他现在的工作是看门，并且已经离开修理岗位很久，但是工资仍然按以前的标准发放。而人力资源部的经理虽然有本科学历，但是只有 5 年工龄，所以工资水平不高。案例中的公司存在什么样的问题？应该如何解决？

（来源：https://zhidao.baidu.com/question/360067203.html，有改动）

任务拓展

薪酬调查的步骤

薪酬调查是薪酬管理中的重要工作，重点解决的是薪酬的对外竞争力和对内公平性问题，薪酬调查报告能够帮助组织达到个性化和有针对性地设计薪酬的目的。

（1）确定调查目的。薪酬调查的目的是薪酬调查的结果要应用到的那些方面。一般来说，薪酬调查的结果可以应用于整体薪酬水平的调整、薪酬差距的调整、薪酬

晋升政策的调整、具体职位薪酬水平的调整等。

(2) 确定调查范围。调查范围包括所要调查的组织、职位、内容和时间段等。

(3) 选择调查方式。由于薪酬调查的目标、对象不同,因此所需的信息以及选择使用的方法也都有所不同。一般常用的调查方式有组织之间相互调查、委托调查、收集公开的信息和问卷调查。

(4) 统计分析调查数据。在薪酬调查数据真实、可靠的前提下,通过数据排列、频率分析及回归分析等方法,针对组织的调查目的对数据进行统计分析。

(5) 提交薪酬调查分析报告。薪酬调查分析报告一般包括调查组织实施情况、薪酬数据分析、政策分析、趋势分析、组织薪酬现状与市场薪酬状况对比分析及薪酬建议。

做一做:同心协力

任务三　实施薪酬管理

 任务故事

听一听:渔夫、蛇与青蛙的故事对薪酬支付的启示

渔夫、蛇与青蛙的故事对薪酬支付的启示

在一个周末,渔夫的目光越过船舷看到一条蛇咬着一只青蛙。渔夫很为青蛙难过,于是他靠近蛇,轻轻地将青蛙从蛇的口中拿出来,把青蛙给救了。但是他又开始为这条饥饿的蛇难过,没有食物,他就取出一瓶威士忌,向蛇口中倒了几滴。蛇愉快地游走了,青蛙也显得很幸福。

渔夫为他自己做了这样的好事而高兴,他想,这一切都是多么美好呀!

可是,没有过几分钟,他听到有东西正在敲击他的船舷,低头一看,他简直不敢相信!那条蛇又游回来了,嘴里还咬着两只青蛙!

这个寓言告诉我们:

(1) 当员工知道自己所做的能够得到奖励时,不管这件事在授奖的人看来是否应该奖励,员工会做出更多让自己受到奖励的行为。

(2) 在一个综合的绩效评估中,你想奖励的是取得具有创造性的业绩的员工,但

由于评价考核的综合性,你却错误地奖励了那种因循守旧、唯唯诺诺的员工。

(来源:http://blog.sina.com.cn/s/blog_4a7f048d010008j9.html,有改动)

知识讲坛

薪酬是人工成本的主要部分,而人工成本的开支是不能永无止境地不断上升的。因为这样不但影响组织在市场上的竞争力,甚至会成为组织生死存亡的关键,因此必须重视薪酬控制。薪酬支付是薪酬管理运作的重要内容之一,从组织的角度来讲,薪酬支付就是组织用一定的薪酬(包括经济性的报酬和非经济性的报酬)回报员工的过程。在传统的观点看来,这是一种人力成本的支出,但是在人本管理时代,这成了组织的人力资本投资。从员工的角度来讲,薪酬支付就是员工从组织中获得相对满足的过程。员工通过组织的薪酬支付,他渴望得到的不仅仅是一定数量、质量和结构的薪酬,而且是一种满足(包括物质利益的满足、作为人的尊严的满足、自我价值实现的满足、人的感情的满足等)。通过这一过程,员工会做出评价和选择,评价自我、评价组织,选择自己的行为,选择自己的工作状态,选择自己是否继续留在该组织。所以,那种只重视提高薪酬水平而认为薪酬支付无关紧要、只要员工能够得到薪酬他们就很满足的看法都是错误的。

一、薪酬控制

(一)薪酬预算

薪酬控制是从薪酬的预算开始的,准确的预算有助于确保在未来一段时间内的支出受到一定程度的协调与控制。预算计划将成为一个既定的标准或目标,用来衡量该期间的实际开支是否超出预算。

1. 自下而上的薪酬成本预算方法

自下而上的薪酬成本预算方法指通过基层单位各部门管理者提前预报本部门在下一年度的薪酬预算,从而计算出各部门的薪酬开支,编制组织整体薪酬预算方案。

2. 自上而下的薪酬成本预算方法

自上而下的薪酬成本预算方法指组织的高层管理者先决定组织的薪酬预算总额、提薪幅度和分配政策,再将整个预算额度分配给组织内部各部门,最后由各部门管理者再将部门的薪酬额度按照组织分配政策和员工的实际工作情况分配给每位员工。

一般来说,自下而上的薪酬成本预算法不易控制总体的人工成本,而自上而下的薪酬成本预算法虽然可以控制住总体的薪酬水平,却使预算缺乏灵活性,而且确定薪酬总额时主观因素过多,降低了预算的准确性,不利于调动员工的积极性。由于两种方法各有优劣,通常组织会同时采用这两种方法。首先决定各部门的薪酬预算额,然后预测个别员工的增薪幅度,并确保其能配合部门的薪酬预算额。如果两者之间的差距较大,也要适当调整部门的预算额。

(二) 确定薪酬总额

薪酬总额预算是薪酬管理的难题,尤其是对于多元控股集团。组织进行薪酬总额预算的目的在于实现对薪酬总额的控制,而薪酬总额控制的关键在于根据组织的实际情况确定一个合理的薪酬总额预算,然后以薪酬总额预算为标准,实施薪酬控制。薪酬总额预算常用方法有:薪酬费用比率法、劳动分配率法、盈亏平衡点法、人员编制法。

1. 薪酬费用比率法

$$薪酬费用比率 = 薪酬总额/销售收入 \times 100\%$$

薪酬费用比率法通过控制薪酬费用比率来达到控制薪酬总额的目的。从公式中我们可以看出:如果薪酬总额要上涨,则必须保证销售收入上升。薪酬总额的增加是建立在销售收入增长的基础上的。薪酬费用比率的确定:在公司业绩稳定的情况下,根据公司以往的经营数据计算出薪酬费用比率;如果公司的经营业绩不稳定,则参照行业薪酬费用比率。然后,再根据薪酬费用比率,计算出合理的薪酬总额。

2. 劳动分配率法

$$劳动分配率 = 薪酬总额/附加价值 \times 100\%$$

劳动分配率法是指组织将获得的附加价值中的一定份额用于员工薪酬分配。

附加价值是指组织本身所创造的价值,它是组织生产价值中扣除从外部购买材料或动力的费用之后,附加在组织上的价值。附加价值的计算方法有两种,一种是扣减法,即从销售额中减去原材料等由其他组织购入的且由其他组织创造的价值;另一种是相加法,即将形成附加价值的各项因素独立相加而得出。由于相加法涉及薪酬费用,一般在薪酬预算中采用相加法。其公式如下:

$$附加价值 = 利润 + 薪酬费用 + 其他形成附加价值的各项费用$$
$$= 利润 + 人事费用 + 财务费用 + 租金 + 折旧 + 税收$$

3. 盈亏平衡点法

盈亏平衡点,又称零利润点、保本点,通常是指企业利润为零(全部销售收入等于全部成本)时的销售额或销售量。

$$企业的薪酬总额 = 边际贡献 - 预计利润 - 其他固定成本$$
$$= (销售单价 - 单位变动成本) \times 销售量$$
$$- 预计利润 - 其他固定成本$$

其他固定成本是指固定成本中除去薪酬总额以外的其他固定成本。

4. 人员编制法

人员编制法是在组织人员编制的基础上,根据员工的平均薪酬水平对薪酬总额进行预算的一种方法。

$$年度薪酬总额预算 = 标准编制 \times 平均薪酬水平$$

步骤：

(1) 统计组织各岗位平均薪酬，预测下一年度行业薪酬增幅，确定下一年度组织整体薪酬增幅及各岗位薪酬增幅。有些岗位，公司认为是组织发展的核心，可以将该岗位薪酬增幅定得略高于组织整体薪酬增幅；而有些岗位在本行业的人员供应已经达到了饱和状态，同时并非公司的核心人员，而只是辅助人员，就可以将该部分人员的薪酬增幅定得低于组织整体薪酬增幅；还有些岗位的人员甚至可以维持现有水平。

(2) 确定下一年度各岗位人员编制。

(3) 预算下一年度组织薪酬总额。

$$薪酬总额 = \sum 各工资等级平均薪酬 \times 员工编制 \times (1 + 薪酬增幅)$$

以上四种方法各有利弊，组织可结合自身情况综合运用。

（三）薪酬成本的控制

1. 控制雇佣量

雇佣量是组织雇佣人数与他们的工时数量的乘积。所以控制雇佣量不仅是控制员工数量，也是控制工时数量。

2. 控制基本薪酬

控制基本薪酬，主要是控制基本薪酬加薪的规模（或幅度）、加薪的时间和员工的覆盖面。由于基本薪酬的增加主要是由于内部公平性要求、市场状况变动等因素的推动，因此还要对这些源头因素实行管理和调控。

3. 控制奖金

奖金的名目繁多，在控制奖金时除了控制它的支付规模、时间和覆盖面外，还要重点利用它的一次性支付性质来改善劳动力成本的可调节幅度。

4. 控制福利支出

组织的福利支出可以分为三类：与基本薪酬相联系的福利、与基本薪酬无联系的福利和福利管理费用。在控制福利支出时，要针对这三类福利的特性分别管理和控制。与基本薪酬相联系的福利随基本薪酬的变化而变化，当基本薪酬一定时其刚性较大。与基本薪酬无联系的福利属短期福利项目，数额较小，弹性较小。福利管理费用有较高的弹性可以利用。

5. 利用适当的薪酬技术手段

组织可以利用工作评价、薪酬调查、薪酬结构、薪酬宽带、计算机辅助管理、最高最低薪酬水平控制、成本分析、薪酬比例比较等薪酬技术手段，来促进或改善薪酬成本控制。

（四）薪酬调整

薪酬调整是指组织薪酬体系运行一段时间后，随着组织发展战略以及人力资源战略的变化，现行的薪酬体系可能不适应组织发展的需要，这时对组织薪酬管理做出系统的诊断，确定最新的薪酬策略，同时对薪酬体系做出调整的措施。薪酬调整是在组织战略调整过程中利益的再分配,是保持薪酬动态平衡、实现组织薪酬目标的重要手段。薪酬调整主要有两种。

(1) 根据市场薪酬水平的变化趋势、组织的发展状况、经营管理模式的调整以及战略重心的转移对现行薪酬体系进行调整。

(2) 根据职位变动、个人业绩、个人能力等对员工个人的薪酬水平进行调整。

从理论而言,薪酬调整是服务并促进组织战略的实现,但在现实操作中,由于很多组织在战略制定过程中很少甚至根本就没有考虑到人力资源因素对组织战略的影响,因此,薪酬调整常常出现这样的局面,即从理论分析而言薪酬调整方案是能够促进组织战略的,但在实际操作中,由于调整后的薪酬体系利益再分配极大程度上触及了某部分群体的利益,并且新的薪酬方案背后蕴含的价值观得不到员工的认同,结果往往是新的薪酬体系被群起而攻之,最终影响了组织业绩。

有专业人士分析认为,如果薪酬管理一成不变,必然导致薪酬管理静态化,使薪酬的管理与绩效管理、市场变化、物价指数变化和组织盈利能力变化脱节,最终导致组织薪酬在对员工的吸引、保留和激励方面表现乏力。

首先,一个员工的绩效表现是好是差,对组织的贡献是多是少,应直接反映到他的薪酬上面。不能"干多干少一个样",那样会严重影响员工的工作积极性。

其次,随着市场竞争的深化,人才的市场竞争也日益激烈。组织的薪酬只有在市场上具有足够的竞争力,才能留住既有的人才,并有足够的吸引力吸引外面的人才加盟。

再次,物价指数上升时,原定的薪酬水平的购买力降低,如不进行调整,实际上相当于降低员工的收入水平,长此以往,员工必会另谋出路。

最后,当组织盈利表现良好时,通过薪酬调整,将组织的经营成果与大家分享,员工才能保持高昂的士气。当组织营利欠佳时,也可以通过薪酬调整将组织营利欠佳的现状传达至每一位员工,由此激发员工的斗志,同心同德,共同奋斗,组织才可能获得转机。

也就是说,让薪酬动起来并不是让薪酬升起来,而是以一种动态的管理使之与组织管理的方方面面相适应,实现投入与产出的最佳结合。通过调整薪酬,让薪酬动起来,不仅能充分打造薪酬的外部竞争力,有效地吸引和保留人才,还能充分实现薪酬的内部公平和个体公平,有效激励员工。在当今这个时代,组织的薪酬管理"动态"应成为一种常态。

二、薪酬支付

薪酬支付,就是薪酬的具体发放办法,包括如何计发在制度工作时间内员工完成一定的工作量后应获得的报酬,或者在特殊情况下的薪酬如何支付等问题。

(一) 薪酬支付的项目

组织薪酬支付的项目内容主要包括以下几个方面。

工资支付项目。一般包括计时工资、计件工资、奖金、津贴和补贴、延长工作时间的工资报酬以及特殊情况下支付的工资。

员工福利支付项目。一般包括两部分：一部分是由组织缴纳、员工享受的法定福利，包括按国家法律规定缴纳的各项社会保险、住房公积金；另一部分是组织自主福利项目，包括各种组织补充保险和其他组织自主福利。

要素贡献支付项目。一般包括劳动分红收入、组织内部员工持股收入、按技术要素分配收入、经营者年薪收入、股票期权收入，以及由组织支付、员工享受的未列入工资总额的各种劳动报酬及其他劳动收入等。

（二）薪酬支付的方式

薪酬支付的方式可以分为以下几种。

1. 公开付酬与秘密付酬

公开付酬是指对员工付酬采取公开透明的方式。秘密付酬是指对员工支付多少薪酬采取保密的方式，并要求员工对薪酬保密。如有的组织采取发"红包"式的秘密付酬方式，以避免员工因互相攀比而产生不公平感。

2. 货币支付方式和实物支付方式

《中华人民共和国劳动法》第五十条明确规定："工资应当以货币形式按月支付给劳动者本人。"《工资支付暂行规定》第五条规定："工资应当以法定货币支付。不得以实物及有价证券替代货币支付。"工资之所以要以货币形式支付，主要原因有两个：一方面，在市场经济条件下，货币是价值尺度，它能准确衡量所有商品和劳务价值，能更好地反映劳动者个人实际支付劳动量与劳动报酬的关系，有利于体现按劳分配，也便于劳动者之间进行比较，有利于贯彻同工同酬原则；另一方面，在市场经济条件下，货币担负交换手段、支付手段的职能，在经济生活中起媒介作用，以货币作为支付形式有利于充分实现劳动者的消费欲望，保障劳动者的基本权利。同时，实行货币支付方式，有利于加强对用人单位收入分配的宏观调控和财务监督。

虽然实物支付不宜作为工资的支付方式，但它仍可以作为薪酬的一种支付方式，主要用于某些福利项目，如支付给劳动者的工作服、日常用品、清凉饮料等。由于组织文化的不同，采取实物方式比货币方式会显得更有人情味，有时能起到事半功倍的效果。比如有些公司专门为家属提供特别的福利，邀请家属参加联欢会活动，并给家属赠送公司特制的礼物。礼物的作用与货币的作用不可能相同。从工资支付的角度看，薪酬支付可分为货币支付方式和实物支付方式。从全面薪酬的角度看，可分为货币支付方式和非货币支付方式。

3. 即期支付方式和延期支付方式

所谓即期支付方式是指按照国家法律法规的规定，或按照用人单位与劳动者约定的日期支付工资。如月工资，至少每月支付一次，对于实行小时工资制和周工资制的人员，工资也可以按日或按周发放。对完成一次性临时劳动或某项具体工作的劳动者，用人单位应按有关协议或合同规定在其完成劳动任务后立即支付工资。用人单位不得克扣或者无故拖欠劳动者工资。

延期支付方式是相对于每月按时支付薪酬的方式而言的。员工按照员工持股和股票期权办法获得的股权收益往往不是采用即期支付方式，而是采用延期支付方式。如组织为员工建立的补充养老保险就是采取了比较典型的延期支付方式。这是一种长期激励措施，既考虑了员工的长远利益，也有利于吸引人才、留住人才。

（三）制定组织薪酬支付制度的原则

（1）要符合国家和地方政府制定的有关法律、法规。《中华人民共和国劳动法》和《中华人民共和国劳动合同法》有关工资支付的规定是组织制定内部工资支付制度的最重要依据。原劳动部（现人力资源和社会保障部）《工资支付暂行规定》和地方政府制定的有关规章也是组织确定内部工资支付制度的依据之一。

（2）要切实维护员工的切身利益，同时也要适当考虑维护组织和所有者的权益。确定组织工资支付制度的核心是保证员工在提供正常劳动的前提下或按国家有关法律法规规定及时足额得到应得的报酬。这是国家立法的主要目的和出发点，这一点必须体现在组织工资支付规定中。另一方面，制定组织内部工资支付制度也要考虑维护组织和所有者的权益，要将制定内部工资支付规定与贯彻按劳分配、体现效益优先等原则结合起来，调动员工劳动积极性，促进组织提高经济效益。

（3）要充分考虑本组织的生产经营特点，并尊重以往的惯例和地方习俗。组织的生产经营特点、组织方式、工时制度不同，具体的工资支付办法应有所区别。对以往延续已久的惯例做法可继续采用，同时，还要考虑本地区的习俗和员工的消费习惯（如在一些特殊节假日按惯例需提前支付工资报酬等）。

（4）要与国家的有关制度和组织内部的工资制度（工资模式）相衔接。国家的有关制度主要包括工时制度、休息休假制度、工伤医疗保险制度等。组织必须以上述制度为前提和基础制定本组织的工资支付制度。

读一读 & 想一想：A 公司应该如何进行薪酬体系调整？

 案例导入

某公司是初创期的高新技术组织，由于公司主营业务为技术方案的提供，老板要求公司的工资向技术人员倾斜。按照公司《薪酬管理办法》，每年公司对工作满一年的技术人员调薪，每年度调薪人员占全部人员的 15%。由于公司的薪酬调整没有具体的依据，通常领导都是拍脑袋，或者直接给老员工调薪。不少技术人员发现，在公司要想调薪、升职，是很困难的。每年都有一部分技术骨干员工，在没有获得调薪后主动离职。请结合案例,分析员工薪酬调整的主要依据应有哪些。

(来源:http://www.hrloo.com/rz/13536970.html,有改动)

 任务拓展

人工成本的构成

人工成本是指组织在一定时期内,在生产、经营和提供劳务活动中因使用劳动力而支付的所有直接费用和间接费用的总和。人工成本范围包括:职工工资总额、社会保险费用、职工福利费用、职工教育经费、劳动保护费用、职工住房费用和其他人工成本支出。其中,职工工资总额是人工成本的主要组成部分。

1. 职工工资总额

职工工资总额是指各单位在一定时期内,以货币形式直接支付给本单位全部职工的劳动报酬总额,包括计时工资、计件工资、奖金、津贴和补贴、加班加点工资、特殊情况下支付的工资。

2. 社会保险费用

社会保险费用是指国家通过立法强制实施并由组织承担的各项社会保险费用,包括养老保险、医疗保险、失业保险、工伤保险、生育保险和组织建立的补充养老保险、补充医疗保险等费用。此项人工成本费用只计算用人单位缴纳的部分,不含个人缴纳的部分,因为个人缴费已计算在工资总额以内。

3. 职工福利费用

职工福利费用是在工资以外按照国家规定由组织支付的费用,主要有职工的医疗卫生费、职工因工负伤赴外地就医的路费、职工生活困难补助、文体宣传费、集体福利事业补贴(包括集体生活福利设施,如职工食堂、托儿所、幼儿园、浴室、理发室、妇女卫生室等,以及文化福利设施,如文化宫、俱乐部、青少年宫、图书室、体育场、游泳池、职工之家、老年人活动中心等)、物业管理费、上下班交通补贴。

4. 职工教育费

职工教育费指组织为职工学习先进技术和提高文化水平而支付的费用,包括就业前培训、在职提高培训、转岗培训、派外培训、职业道德等方面的培训费用,以及组织自办大中专、职业技术院校等培训场所所发生的费用和职业技能鉴定费用。

5. 劳动保护费用

劳动保护费用指组织购买职工实际使用的劳动保护用品的费用。如工作服、保健品、清凉用品等。

6. 职工住房费用

职工住房费用指组织为改善职工居住条件而支付的费用,包括职工宿舍的折旧费(或为职工租用房屋的租金)、组织缴纳的住房公积金、实际支付给职工的住房补贴和住房困难补助,以及组织住房的维修费和管理费等。

7. 其他人工成本费用

其他人工成本费用包括工会经费、组织因招聘职工而实际花费的职工招聘费、咨询费、外聘人员劳务费,对职工的特殊奖励(如创造发明奖、科技进步奖等),支付实行租赁、承租经营企业的承租人、承包人的风险补偿费,解除劳动合同或终止劳动合同的补偿费用等。

(来源:根据互联网资料整理)

做一做:争夺奖金

项目自测

一、复习题

1. 薪酬的含义是什么?薪酬的作用有哪些?
2. 薪酬管理的主要原则是什么?
3. 影响薪酬设计的主要因素有哪些?
4. 薪酬体系设计的流程是什么?
5. 怎样进行薪酬成本控制?

二、案例分析题

1. 复杂的薪酬结构。

某旅游公司在制定薪酬体系的时候花费了很大的力气,并力图囊括所有能够影响薪酬的要素,员工的薪酬受岗位、学历、年龄、工作年限、职称、部门等多种因素影响,其中的任何一个因素发生变化都会影响员工的薪酬水平。大多数员工经常因不清楚自己当月实发工资的计算而打电话问人力资源部。

问题:你如何评价该旅游公司的薪酬方案及其实施效果?

2. 坦丁姆计算机公司的激励制度。

坦丁姆公司地处加州"硅谷"高科技地区,由詹姆士·特雷比格(James Treybig)于1970年创建。自创建以来,市场竞争激烈,但由于詹姆士本人的管理才能和丰富的实践经验,他创造了一套有效而独特的管理体系,使得公司在竞争中具有明显的优势,年销售额1980年为3亿多美元,1985年已达到10亿美元以上。

他为员工创造了极为良好的工作环境。在公司总部设有专门的橄榄球场地、游泳池、图书阅览室,还有供职工休息的花园和宁静的散步小道等。他规定每周五下午免费为员工提供啤酒,公司还定期举办各种酒会、宴会、员工生日庆祝会,同时还举办由女员工为裁判的男员工健美比赛等活动,并通过这些活动倾听员工对公司的各种意见和建议。除此之外,他还允许员工自行选择机动灵活的工作时间。

詹姆士很注意利用经济因素来激励员工,他定期在员工中拍卖本公司的股票,目前,几乎每个员工都拥有本公司的股票,这极大地激发了大家为公司努力工作的热情。

詹姆士还要求每个员工制定涉及公司文化、公司运作流程、期望能得到的培训的五年个人发展规划。这样,每个员工都可逐渐了解公司,并能将个人发展与公司发展紧密联系。为此,大家对公司有着强烈的感情和责任心。

詹姆士本人又是一位极为随和、喜欢以非正式的身份进行管理的领导者,他对管理人员、技术人员和工人都平等地采用上述一系列的措施。公司绝大多数人都赞成他的做法,能把自己的成长与公司的发展联系起来,并为此而感到满意和自豪。

当然,詹姆士也深深知道,要在人才竞争日趋激烈的环境下长期地留住这样一批倾心工作的员工不是一件容易的事情。公司在飞速地发展,也会出现一个更为正式而庞大的管理机构和员工队伍。在这种情况下,又应如何更有效地激励员工呢?这是他和公司的管理人员所共同关心的问题。

问题:
(1)坦丁姆计算机公司采用了哪些有效的激励方法?
(2)请剖析其激励报酬制度,分析其起作用的动因。

项目十　团结之术　劳动关系管理

 项目概述

现代企业管理制度和劳动用工制度不断改革和完善,新型的劳动关系管理制度也正在逐步确立。企业的劳动关系处理的好坏,直接影响到劳动者的切身利益、企业的自身发展及社会的稳定。因此,处理好企业劳动关系问题,已成了企业的一项迫在眉睫的工作。本项目将对劳动关系、劳动合同、社会保险、劳动争议的处理等进行介绍。人力资源工作者掌握了这些知识,才能建立和谐的劳动关系,增强企业的战斗力。

 项目目标

- 认知目标
  - 了解劳动关系的定义和劳动关系的要素;
  - 掌握劳动合同的订立时间、内容、形式;
  - 掌握劳动合同的履行、变更、解除等规定;
  - 掌握企业规章制度的法律规定;
  - 掌握企业劳动保护的规定;
  - 掌握社会保险;
  - 掌握劳动争议的处理。
- 技能目标
  - 试着签订一份劳动合同;
  - 有关劳动法律问题,能找到法律依据,处理好劳动关系。
- 情感目标
  - 掌握劳动合同订立的要求,能耐心、细致地与劳动者沟通;
  - 掌握劳动法律有关规定,妥善处理劳动关系。

任务一　厘定劳动关系

　任务故事

听一听：大学生小李的兼职

2014年7月8日，黄蓉通过杭州市西湖区人民法院起诉杭州市西湖区新东方烹饪学校。在应聘该企业的文案这一职位时，她多次被以"限招男性"为由拒绝，对于这种不问能力只问性别的歧视行为，她选择了向法院提起诉讼。几经辗转后，法院最终在当年8月13日决定受理本案，并于当年9月10日进行了公开审理。2014年11月12日，法院判决黄蓉胜诉，认定新东方烹饪学校就业性别歧视成立，并判决新东方赔偿黄蓉精神损害抚慰金2 000元。

（来源：https://wenku.baidu.com/view/22b00a8587c24028915fc3f0.html，有改动）

　知识讲坛

一、劳动关系的定义

广义的劳动关系是指劳动者与用人单位在实现劳动过程中建立的社会经济关系，包括用人单位和劳动者之间的劳动使用关系、劳动管理关系和劳动服务关系等。狭义的劳动关系是我国劳动法、劳动合同法和相关法律法规所规范的劳动关系，即用人单位和劳动者之间在生产活动过程中所形成的各种权利、义务关系。《中华人民共和国劳动合同法》（以下简称《劳动合同法》）规定，用人单位自用工之日起即与劳动者建立劳动关系。

二、劳动关系的要素

（一）劳动关系的主体

劳动关系的主体是指劳动关系的参与者，是劳动关系构成的基本要素，也是劳动关系研究的基本内容。劳动关系的主体包括两方：一方是用人单位，另一方是劳动者、以工会为主要形式的劳动者团体。

用人单位是指依法招用、管理劳动者，并和劳动者形成劳动关系、支付劳动报酬的劳动组织。按照《劳动合同法》规定，用人单位包括中华人民共和国境内的企业、个体经济组织、民办非企业单位等组织;国家机关、事业单位和社会团体等通过劳动合同与劳动者建立劳动关系的单位。

劳动者是指达到法定年龄,具有劳动能力,以从事某种社会劳动获得收入为主要生活来源,依据法律或合同的规定,在用人单位的管理下从事劳动并获取劳动报酬的自然人。

工会是职工自愿结合的工人阶级的群众性组织。维护职工合法权益是工会的基本职责。集体合同是由工会代表企业职工一方与用人单位订立的。工会应当帮助、指导劳动者与用人单位依法订立和履行劳动合同,并与用人单位建立集体协商机制,维护劳动者的合法权益。用人单位违反集体合同,侵犯职工劳动权益的,工会可以依法要求用人单位承担责任;因履行集体合同发生争议,经协商解决不成的,工会可以依法申请仲裁、提起诉讼。

(二)劳动关系的内容

劳动关系的内容是指劳动关系主体依法享有的权利和承担的义务,是劳动关系的基本要素,是联结劳动关系主体和客体的媒介,也是劳动关系的核心和实质。劳动关系的内容既包括法律规定的当事人的权利和义务,也包括当事人约定的权利和义务。

(三)劳动关系的客体

劳动关系的客体是指劳动关系主体权利义务共同指向的对象。当事人的权利义务必须共同指向同一对象才能形成劳动关系。劳动关系客体包括主体的劳动权利和劳动义务共同指向的事物,如劳动时间、劳动报酬、安全卫生、劳动纪律、福利保险、教育培训、劳动环境等。

三、劳动者就业原则

(一)平等就业原则

平等就业原则是指劳动者有平等地获得就业机会的权利,即在就业机会的获得方面,劳动者不因性别、年龄、种族等人的自然差别而受到歧视,就业机会面前一律平等。《中华人民共和国劳动法》(以下简称《劳动法》)第十三条规定:"妇女享有与男子平等的就业权利。在录用职工时,除国家规定的不适合妇女的工种或者岗位外,不得以性别为由拒绝录用妇女或者提高对妇女的录用标准。"

(二)自主择业原则

自主择业原则是指劳动者有自主选择职业的权利,包括是否从事职业劳动、从事何种职业劳动、何时从事职业劳动、选择哪一个单位工作等方面的权利。劳动者享有自主择业权是劳动者人格独立和意志自由的表现。劳动者自主择业,有利于人才合理流动,实现人尽其才,才尽其用,体现了民主、自由、平等原则。

(三)特殊就业群体就业保障原则

(1)残疾人就业保障。由于生理或心理上的缺陷,残疾人在就业时往往处于劣势,而国家有义务保障残疾人劳动的权利,这就需要为残疾人就业提供保障。为残疾人就业提供保障的主要措施包括:政府统筹安排、设立残疾人劳动服务机构,集中或分散安排残疾人就业等。

(2)退役军人就业保障。退役军人的身份具有特殊性,为了维护稳定,需要对其就业提供保障。国家对符合条件的退役军人进行政策性就业安置,以使其各得其所。

(3)少数民族人员的就业保障。国家采取扶持和帮助少数民族人员就业的特殊政策。民族区域自治地方的企事业单位在招收人员的时候,要优先招收少数民族人员;上级国家机关隶属的在民族自治地方的企事业单位在招收人员时,应当优先招收当地少数民族人员等。

(四)禁招未成年人原则

禁止用人单位招用未满十六周岁的未成年人。文艺、体育和特种工艺单位招用未满十六周岁的未成年人,必须依照国家有关规定,履行审批手续,并保障其接受义务教育的权利。

读一读 & 想一想:返聘人员上班路遇车祸,算工伤吗?

案例导入

员工未签合同被解除劳动关系,什么证据都没有怎么办?

2015年11月9日,陈登辉基于公司自其上班3个月来一直未发过工资,再次向公司提出了结算工资的请求。岂料,公司却一反常态,不仅未再让他等些日子,而且一口否认陈登辉是公司员工。既没有与公司签订书面劳动合同,也没有工资支付凭证的陈登辉感到很气愤,同时也很为难。由于公司没有职工工资发放花名册,也没有为他缴纳各项社会保险,陈登辉感慨:难道公司真可以无法无天,能让我说来就来,说走就走,而且一分钱也不给吗?

【案例解析】《关于确立劳动关系有关事项的通知》第一条规定:"用人单位招用劳动者未订立书面劳动合同,但同时具备下列情形的,劳动关系成立。(一)用人单位和劳动者符合法律、法规规定的主体资格;(二)用人单位依法制定的各项劳动规章制度适用于劳动者,劳动者受用人单位的劳动管理,从事用人单位安排的有报酬的劳动;(三)劳动者提供的劳动是用人单位业务的组成部分。"第二条则进一步指出,可以参照下列凭证:"工作证""服务证"等能够证明身份的证件,"登记表""报名表"等招用记录,考勤记录,证人证言等。因此,只要陈登辉找到其中任何一项证据,就可以证明劳动关系的存在,在其付出劳动的情况下就能够获得相应的报酬。

(来源:www.hrsee.com/? id=509,有改动)

项目十 团结之术 劳动关系管理

任务拓展

（1）请查找我国颁布的关于保护劳动者合法权益的法规。

（2）请询问身边已工作的朋友,他们对劳动法律法规的认识、看法。

任务二 进行劳动管理

任务故事

听一听：试用期不合格但怀孕了可被辞退吗？

辞职数次遭拒绝，员工怒捅部门经理

2014年10月7日上午,中山市三角镇联兴纺织印染有限公司内发生血案,该公司漂染部员工欧某拿剪刀捅死了部门经理方某,案发后欧某报警自首。据了解,案发前,欧某在一个月内曾多次向方某提出辞职,但都遭到对方拒绝。三角镇人社分局证实,2014年9月底,欧某曾向该局申请调解。根据这份2014年9月28日签订的劳动争议调解申请书,双方争议的事实为:欧某于2014年8月27日向单位申请辞职,至2014年9月27日经理仍不同意且没有批准。申请人要求:结清工资。

这是一起本来完全可以避免的悲剧。用人单位解除劳动合同必须具有法定理由,而劳动者辞职是不需要说明理由的,这是《劳动法》对劳动者的倾斜性保护。如果欧某在8月27日以书面形式通知公司,到了9月27日,不管经理是否批准,双方的劳动关系就视为解除了。《劳动合同法》第五十条规定:"用人单位应当在解除或者终止劳动合同时出具解除或者终止劳动合同的证明,并在十五日内为劳动者办理档案和社会保险关系转移手续。"第八十九条规定:"用人单位违反本法规定未向劳动者出具解除或者终止劳动合同的书面证明,由劳动行政部门责令改正;给劳动者造成损害的,应当承担赔偿责任。"所以说欧某完全可以依法维护自己的权益,而"冲动是魔鬼",有理变为犯罪,等待他的是法律的制裁。

（来源:https://wenku.baidu.com/view/22b00a8587c24028915fc3f0.html,有改动）

看一看：进行劳动管理

知识讲坛

为了保证企业良好的发展,维护劳动者的合法权益,企业通过劳动合同、劳动管理规章制度、劳动保护制度等管理劳动者。

一、劳动合同管理

(一)劳动合同概述

1. 劳动合同的含义

劳动合同是用人单位与劳动者之间为确立劳动关系并明确相互权利和义务所达成的协议。劳动合同是确定劳动关系的法律依据。

2. 劳动合同的特征

劳动合同是合同的一种,它具有合同的一般特征,即:合同是双方的法律行为;合同是当事人之间的协议,只有当事人在平等自愿、协商一致的基础上达成一致时,合同才成立;合同在平等、自愿、诚信、合法的基础上签订,才具有法律约束力。劳动合同除具有上述一般特征外,还有以下基本特征。

(1)劳动合同的主体是特定的。一方是用人单位;另一方是具有劳动权利能力和劳动行为能力的劳动者,或是以工会为主要形式的劳动者团体。

(2)劳动者和用人单位在履行劳动合同的过程中,存在着管理关系,即劳动者一方必须加入用人单位一方中去,成为该单位的一名职工,接受用人单位的管理并依法取得劳动报酬。

(3)劳动合同的性质决定了劳动合同的内容必须遵守国家的法律规定,如工资、保险、保护、安全生产等,当事人之间约定的条款不得违反法律规定。

(4)在特定条件下,劳动合同往往涉及第三人的物质利益,即劳动合同内容往往不仅限于当事人的权利和义务,有时还需涉及劳动者的直系亲属。如劳动者死亡后遗属待遇等。

3. 劳动合同的种类

劳动合同按照劳动期限不同分为固定期限劳动合同、无固定期限劳动合同和以完成一定工作任务为期限的劳动合同。

固定期限劳动合同是指用人单位与劳动者约定合同终止时间的劳动合同。用人单位与劳动者协商一致,可以订立固定期限劳动合同。

无固定期限劳动合同是指用人单位与劳动者约定无确定终止时间的劳动合同。这种合同适用于工作保密性强、技术复杂、工作又需要保持人员稳定的岗位。

以完成一定工作任务为期限的劳动合同是指用人单位与劳动者约定以某项工作的完成为合同期限的劳动合同。用人单位与劳动者协商一致,可以订立以完成一定工作任务为期限的劳动合同。

(二) 劳动合同的订立

1. 劳动合同订立前用人单位和劳动者应注意的问题

用人单位招用劳动者时,应当如实告知劳动者工作内容、工作条件、工作地点、职业危害、安全生产状况、劳动报酬,以及劳动者要求了解的其他情况;用人单位有权了解劳动者与劳动合同直接相关的基本情况,劳动者应当如实说明。

用人单位招用劳动者,不得要求劳动者提供担保或者以其他名义向劳动者收取财物,不得扣押劳动者的居民身份证或者其他证件。

2. 劳动合同订立的形式和时间

建立劳动关系,应当订立书面劳动合同。用人单位应当建立职工名册备查。以书面形式订立劳动合同严肃慎重、有据可查,一旦发生争议时,便于查清事实,分清是非;书面劳动合同能够加强合同当事人的责任感,促使合同所规定的各项义务能够全面履行;也有利于主管部门和劳动行政部门进行监督检查。

已建立劳动关系,未同时订立书面劳动合同的,应当自用工之日起 1 个月内订立书面劳动合同。用人单位与劳动者在用工前订立劳动合同的,劳动关系自用工之日起建立。

用人单位自用工之日起满 1 年不与劳动者订立书面劳动合同的,视为用人单位与劳动者已订立无固定期限劳动合同。用人单位自用工之日起超过 1 个月不满 1 年未与劳动者订立书面劳动合同的,应当向劳动者每月支付 2 倍的工资。用人单位违反《劳动合同法》规定不与劳动者订立无固定期限劳动合同的,自应当订立无固定期限劳动合同之日起向劳动者每月支付 2 倍的工资。

3. 劳动合同的内容

《劳动合同法》规定了劳动合同的必备条款以及用人单位与劳动者可以协商约定的事项。劳动合同的必备条款是指法律规定的劳动合同必须具备的内容。在法律规定了必备条款的情况下,如果劳动合同缺少此类条款,劳动合同就不能成立。《劳动合同法》规定,劳动合同应当具备以下条款:

(1) 用人单位的名称、住所和法定代表人或者主要负责人;
(2) 劳动者的姓名、住址和居民身份证或者其他有效身份证件号码;
(3) 劳动合同期限;
(4) 工作内容和工作地点;
(5) 工作时间和休息休假;
(6) 劳动报酬;
(7) 社会保险;
(8) 劳动保护、劳动条件和职业危害防护;
(9) 法律、法规规定应当纳入劳动合同的其他事项。

劳动合同除以上规定的必备条款外,用人单位与劳动者可以协商约定试用期、培训、保守秘密、补充保险和福利待遇等其他事项。

劳动合同示范文本如下。

> 甲方(用人单位)：
> 住所：
> 法定代表人(或负责人)：
> 乙方(劳动者)：
> 身份证号码：
> 住址：
> 甲乙双方在平等自愿的基础上,按照《中华人民共和国劳动合同法》等法律规定,就甲方招用乙方一事,经协商一致达成本合同条款,供双方遵照执行：
> 第一条 劳动合同期限：
> 1. 本劳动合同为(选择其中一项并填写完整)：
> A.有固定期限劳动合同： 年 月 日至 年 月 日。
> B.无固定期限劳动合同,自 年 月 日起。
> C.以完成工作为期限。
> 2. 本合同包含 个月的试用期(自 年 月 日至 年 月 日)。
> 第二条 工作地点： 省(自治区、直辖市) 市(县) 路 号。
> 第三条 工作内容：
> 1. 乙方同意在甲方 部门(或岗位)担任职务,乙方具体工作内容按照甲方的岗位职责要求执行。
> 2. 若乙方不胜任该工作,甲方可调整乙方的岗位并按调整后的岗位确定乙方的薪资待遇;如乙方不同意调整,甲方可以提前30日通知乙方解除劳动合同,经济补偿金按照国家规定发放。
> 3. 在工作过程中,因乙方存在严重过失或者故意造成甲方损失的,甲方有权向乙方追偿。
> 第四条 工作时间和休息休假：
> 1. 工作时间:标准工时制,甲方保证乙方每天工作不超过8小时,每周工作不超过40小时。具体工作时间由甲方根据生产经营需要安排,乙方应当服从。
> 2. 休息休假:甲方按照国家的规定安排乙方的休息休假。
> 第五条 劳动报酬：
> 1. 乙方月工资标准为人民币 元,其中试用期内工资为人民币 元;(若实行计件工资的按照以下标准计算工资：)
> 2. 因生产经营需要,甲方安排乙方延长工作时间或者在休息日或法定休假日工作的,甲方按国家规定的标准发放加班费。
> 3. 甲方保证按月发放工资,具体发放日期为 。
> 第六条 社会保险：
> 1. 甲方按照国家的规定为乙方办理各项社会保险,缴纳社会保险费;

2. 依法应由乙方个人负担的社会保险费,甲方从乙方应得工资中扣缴,乙方不得有异议。

第七条 劳动保护、劳动条件和职业危害防护:

甲方为乙方提供劳动所必需的工具和场所,以及其他劳动条件;保证工作场所符合国家规定的安全生产条件,并依法采取安全防范措施,预防职业病。

第八条 甲方依法制定和完善各项规章制度,乙方应当严格遵守。

第九条 乙方应当保守工作期间知悉的甲方的各种商业秘密、知识产权、公司机密等任何不宜对外公开的事项,否则造成甲方损失的,应当承担赔偿责任。

第十条 乙方承诺在签订本协议时,未与其他任何单位保持劳动关系或者签订竞业限制协议。否则,给其他单位造成损失的,由乙方单独承担责任,与甲方无关。

第十一条 劳动合同解除或终止:

1. 若乙方需解除劳动合同,应当提前30日以书面的形式通知甲方,书面通知以送达甲方　　　(具体部门、职务)为准。

2. 有关解除或终止劳动合同的事项,按照《劳动合同法》等法律、法规有关规定执行。

3. 在解除或者终止劳动合同时,乙方应当将正在负责的工作事项以及甲方交付乙方使用的财物与甲方指定的工作人员进行交接。因乙方原因未办理交接造成甲方损失的,由乙方赔偿。

4. 因解除或者终止劳动合同,乙方依法应获得经济补偿金,但乙方未与甲方办理工作交接前,甲方暂不支付经济补偿金。

第十二条 因履行本合同发生的争议,双方本着合理合法、互谅互让的原则协商处理;协商不成的,任何一方可依法向劳动争议仲裁委员会申请仲裁。

第十三条 本合同未约定的事项,按照法律、法规、行政规章以及地方性法规等规定执行。

第十四条 本合同自双方签字或盖章后生效,一式两份,双方各执一份,本合同的任何条款的变更,应当以书面形式经双方签字或者盖章确认。

甲方(盖章)　　　　　　　　乙方(签字)

签约代表(签字)

日期:　年　月　日　　　　　日期:　年　月　日

(三)劳动合同的效力

1. 劳动合同的生效

一般情况下,劳动合同依法成立,即用人单位与劳动者协商一致,并经用人单位与劳动者在劳动合同文本上签字或者盖章生效。劳动合同文本应当由用人单位和劳动者各执一份。

2. 无效劳动合同

有效劳动合同的条件是：主体合法，内容合法，体例形式符合要求，文字明确、清楚。违反上述条件的一项或多项，将出现劳动合同无效或部分无效的后果。无效劳动合同从订立时起，就不受国家法律承认和保护，不具备法律效力。

（1）下列劳动合同无效或者部分无效：

①以欺诈、胁迫的手段或者乘人之危，使对方在违背真实意思的情况下订立或者变更劳动合同的。如某单位招聘事项要求应聘者有本科毕业文凭且工作满5年，应聘者因不符合要求，假造文凭，欺骗用人单位。

②用人单位免除自己的法定责任、排除劳动者权利的。如用人单位规定，劳动者在工作期间发生人身伤亡，用人单位概不负责，这样的条款是无效条款。

③违反法律、行政法规强制性规定的。如用人单位聘用童工，规定女职工入职后不允许生孩子等。

（2）劳动合同无效的后果有以下几种：

①对劳动合同的无效或者部分无效有争议的，由劳动争议仲裁机构或者人民法院确认。劳动合同被确认无效后，正在履行的应停止履行，尚未履行的不再履行。

②劳动合同部分无效，不影响其他部分效力的，其他部分仍然有效。

③劳动合同被确认无效，劳动者已付出劳动的，用人单位应当向劳动者支付劳动报酬。劳动报酬的数额，参照本单位相同或者相近岗位劳动者的劳动报酬确定。

④劳动合同被确认无效，给对方造成损害的，有过错的一方应当承担赔偿责任。

（四）劳动合同的履行

根据《劳动合同法》的规定，我国劳动合同的履行必须遵循以下原则。

1. 全面履行的原则

劳动合同依法订立即具有法律约束力，用人单位与劳动者应当按照劳动合同的约定，全面履行各自的义务，以实现劳动合同双方当事人订立劳动合同时的预期目的。

2. 实际履行的原则

合同双方当事人要按照合同规定的标的履行自己的义务和实现自己的权利，不得以其他标的或方式来代替。

3. 合法履行的原则

劳动合同双方当事人在履行劳动合同过程中，必须遵守法律法规，不得有违法行为。如：用人单位应当按照劳动合同约定和国家规定及时足额支付劳动报酬；用人单位应当严格执行劳动定额标准，不得强迫或者变相强迫劳动者加班。用人单位安排加班的，应当按照国家有关规定向劳动者支付加班费。

4. 继续履行的原则

用人单位变更名称、法定代表人、主要负责人或者投资人等事项，不影响劳动合同的履行。用人单位发生合并或者分立等情况,原劳动合同继续有效,劳动合同由承继其权利和义务的用人单位继续履行。

(五) 劳动合同的变更

劳动合同的变更,是指劳动合同依法订立后,在合同尚未履行或者尚未完全履行之前,经用人单位和劳动者双方当事人协商一致,对劳动合同内容做部分修改、补充或者删减的法律行为。变更劳动合同应当采用书面形式。变更后的劳动合同文本由用人单位和劳动者各执一份。

(六) 劳动合同的解除

劳动合同的解除,是指劳动合同依法订立后,由于合同双方或者单方的法律行为导致提前消灭劳动关系的法律行为。

1. 协商解除劳动合同

用人单位与劳动者协商一致且不违背国家利益和社会公共利益的情况下,可以解除劳动合同。

2. 用人单位单方解除劳动合同

为了防止用人单位滥用解除劳动合同的权利,《劳动合同法》规定在下列三种情况下,用人单位才可单方解除劳动合同。

1) 劳动者有过错或不符合录用条件,用人单位有权解除合同

劳动者有下列情形之一的,用人单位可以解除劳动合同:

(1) 在试用期间被证明不符合录用条件的;

(2) 严重违反用人单位的规章制度的;

(3) 严重失职,营私舞弊,给用人单位造成重大损害的;

(4) 劳动者同时与其他用人单位建立劳动关系,对完成本单位的工作任务造成严重影响,或者经用人单位提出,拒不改正的;

(5) 因以欺诈、胁迫的手段或者乘人之危,使对方在违背真实意思的情况下订立或者变更劳动合同,致使劳动合同无效的;

(6) 被依法追究刑事责任的。

2) 劳动者无过错,用人单位预告解除合同

有下列情形之一的,用人单位提前30日以书面形式通知劳动者本人或者额外支付劳动者1个月工资后,可以解除劳动合同:

(1) 劳动者患病或者非因工负伤,在规定的医疗期满后不能从事原工作,也不能从事由用人单位另行安排的工作的;

(2) 劳动者不能胜任工作,经过培训或者调整工作岗位,仍不能胜任工作的;

(3) 劳动合同订立时所依据的客观情况发生重大变化,致使劳动合同无法履行,经用人单位与劳动者协商,未能就变更劳动合同内容达成协议的。

3) 经济性裁员

有下列情形之一,需要裁减人员20人以上或者裁减不足20人但占企业职工总

数10%以上的,用人单位提前30日向工会或者全体职工说明情况,听取工会或者职工的意见后,裁减人员方案经向劳动行政部门报告,可以裁减人员:

(1) 依照企业破产法规定进行重整的;

(2) 生产经营发生严重困难的;

(3) 企业转产、重大技术革新或者经营方式调整,经变更劳动合同后,仍需裁减人员的;

(4) 其他因劳动合同订立时所依据的客观经济情况发生重大变化,致使劳动合同无法履行的。

裁减人员时,应当优先留用下列人员:

(1) 与本单位订立较长期限的固定期限劳动合同的;

(2) 与本单位订立无固定期限劳动合同的;

(3) 家庭无其他就业人员,有需要扶养的老人或者未成年人的。

用人单位依照以上规定裁减人员,在6个月内重新招用人员的,应当通知被裁减的人员,并在同等条件下优先招用被裁减的人员。

为保护一些特定群体劳动者的合法权益,法律规定劳动者有下列情形之一的,用人单位不得依照《劳动合同法》第四十条、第四十一条的规定解除劳动合同:

(1) 从事接触职业病危害作业的劳动者未进行离岗前职业健康检查,或者疑似职业病病人在诊断或者医学观察期间的;

(2) 在本单位患职业病或者因工负伤并被确认丧失或者部分丧失劳动能力的;

(3) 患病或者非因工负伤,在规定的医疗期内的;

(4) 女职工在孕期、产期、哺乳期的;

(5) 在本单位连续工作满15年,且距法定退休年龄不足5年的;

(6) 法律、行政法规规定的其他情形。

用人单位单方解除劳动合同,应当事先将理由通知工会。用人单位违反法律、行政法规规定或者劳动合同约定的,工会有权要求用人单位纠正。用人单位应当研究工会的意见,并将处理结果书面通知工会。

3. 劳动者单方解除劳动合同

1) 劳动者预告解除劳动合同

劳动者提前30日以书面形式通知用人单位,可以解除劳动合同。劳动者在试用期内提前3日通知用人单位,可以解除劳动合同。

2) 劳动者随时解除劳动合同

如果出现了法定的事由,劳动者无须向用人单位预告,就可通知用人单位解除劳动合同。用人单位有下列情形之一的,劳动者可以解除劳动合同:

(1) 未按照劳动合同约定提供劳动保护或者劳动条件的;

(2) 未及时足额支付劳动报酬的;

(3) 未依法为劳动者缴纳社会保险费的;

(4) 用人单位的规章制度违反法律、法规的规定,损害劳动者权益的;

(5)因《劳动合同法》第二十六条第一款规定的情形致使劳动合同无效的;
(6)法律、行政法规规定劳动者可以解除劳动合同的其他情形。
3)劳动者立即解除劳动合同
用人单位以暴力、威胁或者非法限制人身自由的手段强迫劳动者劳动的,或者用人单位违章指挥、强令冒险作业危及劳动者人身安全的,劳动者可以立即解除劳动合同,不需事先告知用人单位。

(七)劳动合同的终止
劳动合同终止是指劳动合同的法律效力依法被消灭,劳动者与用人单位之间原有的权利义务不再存在。
1)劳动合同终止的情形
有下列情形之一的,劳动合同终止:
(1)劳动合同期满的;
(2)劳动者开始依法享受基本养老保险待遇的;
(3)劳动者死亡,或者被人民法院宣告死亡或者宣告失踪的;
(4)用人单位被依法宣告破产的;
(5)用人单位被吊销营业执照、责令关闭、撤销或者用人单位决定提前解散的;
(6)法律、行政法规规定的其他情形。
劳动合同终止,原有的权利义务不再存在,并不是说劳动合同终止之前发生的权利义务关系消灭,而是说合同终止之后,双方不再执行原劳动合同中约定的事项。如用人单位在合同终止前拖欠劳动者工资的,劳动合同终止后劳动者仍可依法请求法律救济。
2)解除或者终止劳动合同的处理
(1)用人单位违反法律规定解除或者终止劳动合同,劳动者要求继续履行劳动合同的,用人单位应当继续履行;劳动者不要求继续履行劳动合同或者劳动合同已经不能继续履行的,用人单位应当依法支付赔偿金。
(2)用人单位应当在解除或者终止劳动合同时出具解除或者终止劳动合同的证明,并在15日内为劳动者办理档案和社会保险关系转移手续。
(3)劳动者应当按照双方约定,办理工作交接。用人单位应当依法向劳动者支付经济补偿的,在办结工作交接时支付。

(八)经济补偿
经济补偿是用人单位解除或终止劳动合同时,给予劳动者的一次性货币补偿。经济补偿的目的在于从经济方面制约用人单位的解雇行为,对失去工作的劳动者给予经济上的补偿,并解决劳动合同短期化问题。

1. 经济补偿的范围
有下列情形之一的,用人单位应当向劳动者支付经济补偿:
(1)劳动者依照《劳动合同法》第三十八条规定解除劳动合同的;

(2) 用人单位依照《劳动合同法》第三十六条规定向劳动者提出解除劳动合同并与劳动者协商一致解除劳动合同的;

(3) 用人单位依照《劳动合同法》第四十条规定解除劳动合同的;

(4) 用人单位依照《劳动合同法》第四十一条第一款规定解除劳动合同的;

(5) 除用人单位维持或者提高劳动合同约定条件续订劳动合同,劳动者不同意续订的情形外,依照《劳动合同法》第四十四条第一项规定终止固定期限劳动合同的;

(6) 依照《劳动合同法》第四十四条第四项、第五项规定终止劳动合同的;

(7) 法律、行政法规规定的其他情形。

2. 经济补偿的计算

经济补偿按劳动者在用人单位工作的年限,每满1年支付1个月工资的标准向劳动者支付。6个月以上不满1年的,按1年计算;不满6个月的,向劳动者支付半个月工资的经济补偿。

劳动者月工资高于用人单位所在直辖市、设区的市级人民政府公布的本地区上年度职工月平均工资3倍的,向其支付经济补偿的标准按职工月平均工资3倍的数额支付,向其支付经济补偿的年限最高不超过12年。

这里所称月工资是指劳动者在劳动合同解除或者终止前12个月的平均工资。经济补偿的月工资按照劳动者应得工资计算,包括计时工资或者计件工资以及奖金、津贴和补贴等货币性收入。劳动者在劳动合同解除或者终止前12个月的平均工资低于当地最低工资标准的,按照当地最低工资标准计算。劳动者工作不满12个月的,按照实际工作的月数计算平均工资。

(九) 试用期

试用期是指用人单位对新招收的职工的思想品德、劳动态度、实际工作能力、身体情况等进行进一步考察的时间期限。《劳动法》规定,劳动合同可以约定试用期,但最长不得超过6个月。

1. 试用期期限的规定

劳动合同期限3个月以上不满1年的,试用期不得超过1个月;劳动合同期限1年以上不满3年的,试用期不得超过2个月;3年以上固定期限和无固定期限的劳动合同,试用期不得超过6个月。

同一用人单位与同一劳动者只能约定一次试用期。以完成一定工作任务为期限的劳动合同或者劳动合同期限不满3个月的,不得约定试用期。试用期包含在劳动合同期限内。劳动合同仅约定试用期的,试用期不成立,该期限为劳动合同期限。

2. 试用期的工资

劳动者在试用期的工资不得低于本单位相同岗位最低档工资或者劳动合同约定工资的80%,并不得低于用人单位所在地的最低工资标准。

3. 试用期解除劳动合同的规定

在试用期中,除劳动者有《劳动合同法》第三十九条和第四十条第一项、第二项规定的情形外,用人单位不得解除劳动合同。用人单位在试用期解除劳动合同的,应当向劳动者说明理由。

劳动者在试用期内提前3日通知用人单位,可以解除劳动合同。

二、劳务派遣

(一)劳务派遣的概念

劳务派遣是指劳务派遣单位与劳动者订立劳动合同后,由派遣单位与实际用工单位通过签订劳务派遣协议,将劳动者派遣到用工单位工作,用工单位实际使用劳动者,用工单位向劳务派遣单位支付管理费、劳动者工资、社会保险费等而形成的关系。劳务派遣单位称为用人单位,接受以劳务派遣形式用工的单位称为用工单位。

用工单位只能在临时性、辅助性或者替代性的工作岗位上使用被派遣劳动者。临时性工作岗位是指存续时间不超过6个月的岗位。辅助性工作岗位是指为主营业务岗位提供服务的非主营业务岗位。替代性工作岗位是指在用工单位的劳动者因脱产学习、休假等原因无法工作的一定期间内,可以由其他劳动者替代工作的岗位。

(二)劳务派遣协议

用人单位派遣劳动者应当与用工单位订立劳务派遣协议。劳务派遣协议应当约定派遣岗位和人员数量、派遣期限、劳动报酬和社会保险费的数额与支付方式以及违反协议的责任。

用工单位应当根据工作岗位的实际需要与劳务派遣单位确定派遣期限,不得将连续用工期限分割订立数个短期劳务派遣协议。

(三)劳务派遣单位与劳动者的劳动合同

1. 劳动合同期限

劳务派遣单位应当与被派遣劳动者订立2年以上的固定期限劳动合同。

2. 合同内容

劳务派遣单位与被派遣劳动者订立的劳动合同,除应当载明《劳动合同法》规定劳动合同的必备条款和约定条款外,还应当载明被派遣劳动者的用工单位以及派遣期限、工作岗位等情况。

3. 合同形式

用人单位应当与被派遣劳动者订立书面劳动合同。

(四)被派遣劳动者权益

1. 依法与派遣单位解除劳动合同

被派遣劳动者可以依法与派遣单位解除劳动合同。

2. 工资福利待遇

(1)被派遣劳动者享有与用工单位的劳动者同工同酬的权利。用工单位无同类岗位劳动者的,参照用工单位所在地相同或者相近岗位劳动者的劳动报酬确定。

(2) 劳务派遣单位跨地区派遣劳动者的,被派遣劳动者享有的劳动报酬和劳动条件,按照用工单位所在地的标准执行。

3. 被派遣劳动者的政治权利

被派遣劳动者有权在劳务派遣单位或者用工单位依法参加或者组织工会,维护自身的合法权益。

(五) 用人单位应当履行的义务

(1) 用人单位应当履行用人单位对劳动者的义务。

(2) 用人单位应当将劳务派遣协议的内容告知被派遣劳动者。

(3) 用人单位应当向被派遣劳动者按月支付劳动报酬;被派遣劳动者在无工作期间,用人单位应当按照所在地人民政府规定的最低工资标准,向其按月支付报酬。用人单位不得克扣用工单位按照劳务派遣协议支付给被派遣劳动者的劳动报酬。

(4) 用人单位不得向被派遣劳动者收取费用。

(5) 用人单位不得设立劳务派遣单位向本单位或者所属单位派遣劳动者。

(六) 用工单位应当履行的义务

(1) 执行国家劳动标准,提供相应的劳动条件和劳动保护。

(2) 告知被派遣劳动者其工作要求和劳动报酬。

(3) 支付加班费、绩效奖金,提供与工作岗位相关的福利待遇。

(4) 对在岗被派遣劳动者进行工作岗位所必需的培训。

(5) 连续用工的,实行正常的工资调整机制。

(6) 不得将连续用工期限分割订立数个短期劳务派遣协议。

(7) 不得将被派遣劳动者再派遣到其他用人单位。

(8) 不得向被派遣劳动者收取费用。

三、集体合同

(一) 集体合同的订立和内容

企业职工一方与用人单位通过平等协商,可以就劳动报酬、工作时间、休息休假、劳动安全卫生、保险福利等事项订立集体合同。集体合同草案应当提交职工代表大会或者全体职工讨论通过。

集体合同由工会代表企业职工一方与用人单位订立;尚未建立工会的用人单位,由上级工会指导劳动者推举的代表与用人单位订立。

(二) 集体合同的报送和生效

集体合同订立后,应当报送劳动行政部门;劳动行政部门自收到集体合同文本之日起15日内未提出异议的,集体合同即行生效。

依法订立的集体合同对用人单位和劳动者具有约束力。行业性、区域性集体合同对当地本行业、本区域的用人单位和劳动者具有约束力。

（三）集体合同中劳动报酬、劳动条件等标准

集体合同中劳动报酬和劳动条件等标准不得低于当地人民政府规定的最低标准；用人单位与劳动者订立的劳动合同中劳动报酬和劳动条件等标准不得低于集体合同规定的标准。

（四）集体合同争议的处理

用人单位违反集体合同，侵犯职工劳动权益的，工会可以依法要求用人单位承担责任；因履行集体合同发生争议，经协商解决不成的，工会可以依法申请仲裁、提起诉讼。

四、规章制度

（一）用人单位应当依法建立和完善劳动规章制度

用人单位的规章制度是用人单位制定的组织劳动过程和进行劳动管理的规则和制度的总和，也称为内部劳动规则，是企业内部的"法律"。用人单位应当依法建立和完善劳动规章制度，保障劳动者享有劳动权利、履行劳动义务。用人单位的规章制度直接涉及劳动者切身利益，其内容包括劳动报酬、工作时间、休息休假、劳动安全卫生、保险福利、职工培训、劳动纪律以及劳动定额等。规章制度应当体现权利与义务一致、奖励与惩罚结合，不得违反法律规定。否则，规章制度无效。

（二）规章制度制定、修改程序

规章制度制定、修改程序关键是要保证制定、修改出来的规章制度内容具有民主性和科学性。制定、修改规章制度或者重大事项时应经过的程序如下：

（1）应当经职工代表大会或者全体职工讨论，提出方案和意见，与工会或者职工代表平等协商确定。

（2）规章制度应当公示，或者告知劳动者。规章制度是劳动合同的一部分，要让劳动者遵守执行，应当让劳动者知道。

（3）在规章制度和重大事项决定实施过程中，工会或者职工认为用人单位的规章制度不适当的，有权向用人单位提出，通过协商做出修改完善。

五、劳动保护

劳动保护是指用人单位为了防止劳动过程中的安全事故，采取各种措施来保障劳动者的生命安全和健康。

（一）用人单位提供相应的劳动条件

用人单位为使劳动者顺利完成劳动合同约定的工作任务，为劳动者提供必要的物质和技术条件，如必要的劳动工具、机械设备、工作场地、劳动经费、辅助人员、技术资料、工具书以及其他一些必不可少的物质、技术条件和其他工作条件。用人单位应当为劳动者创造符合国家职业卫生标准和卫生要求的工作环境和条件,并采取措施保障劳动者获得职业卫生保护。用人单位与劳动者订立劳动合同时,应当将工作过程中可能产生的职业病危害及其后果、职业病防护措施和待遇等如实告知劳动者,并在劳动合同中写明,不得隐瞒或者欺骗。

(二)用人单位建立健全的劳动保护制度

用人单位应当建立健全的劳动保护制度,并严格执行,以保护劳动者的生命健康。主要包括:①安全生产责任制度;②安全技术措施计划管理制度;③安全生产教育制度;④安全生产检查制度;⑤重大事故隐患管理制度;⑥安全卫生认证制度;⑦伤亡事故报告和处理制度;⑧个人劳动安全卫生防护用品管理制度;⑨劳动者健康检查制度。

(三)劳动者的权利

用人单位强令劳动者违章冒险作业,其管理人员明知违反国家安全卫生规程,对劳动者生命安全或者身体健康具有危险性,仍然违章指挥,强令劳动者违反有关操作规程冒险作业时,劳动者可以不服从其指挥或者命令,并有权拒绝执行,不视为违反劳动合同。

用人单位如果没有达到国家规定的安全卫生技术标准要求,职工有权提出异议,并要求用人单位改正、改进。对于危害生命安全和身体健康的劳动条件,劳动者有权对用人单位提出批评,并可以向有关主管部门检举和控告。

读一读 & 想一想:部门撤销,员工不去新岗位,能否解雇?

案例导入

这样的劳动合同是否有效?

胡某于 2015 年 2 月 1 日进入某科技公司担任销售部高级客户经理,劳动合同期限至 2018 年 1 月 31 日,约定试用期为 3 个月。试用期满后,胡某的销售业绩一直未能达标。2015 年 7 月 1 日,应公司要求,胡某与单位签署了《个人业绩改进计划》,该计划中公司给予胡某 3 个月的观察期,胡某承诺 2015 年 7 月至 9 月期间其本人每月的销售业绩不低于 5 万元,如未能完成该销售业绩,胡某需自行提出辞职。后胡某未能完成该销售业绩。2015 年 9 月 30 日,某科技公司以胡某履行其自行离职的约定为由,要求胡某离职并收回了办公电脑、考勤卡等。胡某依照公司要求办理了离职手续,但不认为是自行离职。后胡某提出仲裁申请,要求公司支付其违法解除劳动合同赔偿金。

【案例解析】 仲裁委员会审理后认为,本案实质上是某科技公司与胡某约定了解除劳动合同条件,但该约定不符合法律规定,故公司要求胡某离职的行为构成违法解除,支持了胡某的仲裁请求。

按照《劳动合同法》第四十条第二项的规定,劳动者不能胜任工作,经过培训或者调整工作岗位,仍不能胜任工作的,用人单位提前30日以书面形式通知劳动者本人或者额外支付劳动者1个月工资后,才可以解除劳动合同。某科技公司与胡某的约定,实际上是在胡某不胜任时,单位可以立即解除劳动合同,且可以不支付解除劳动合同经济补偿金。该约定不符合《劳动合同法》的相关规定,以这种方式解除劳动合同属于违反《劳动合同法》,构成违法解除劳动合同。

(来源:www.360doc.com/content/16/1105/10/26673313_604076428.shtml,有改动)

劳务派遣的劳动合同关系管理

某软件开发公司A因业务发展需要,需要招聘安卓工程师10人。因项目的交付期短,所以公司人力资源部通过和劳务派遣公司合作,在2周内,保证了10名软件工程师到位。其中,有3名软件工程师在项目工作中表现极差,工作无法按时完成,还经常旷工。公司跟劳务派遣公司反映情况,要求替换这3名软件工程师。后来,这3名软件工程师被劳务派遣公司辞退。该3名软件工程师要求A公司进行经济补偿。他们的要求是否合理?能否得到仲裁委员会的支持?

【案例解析】 本案例中,3名软件工程师的要求是不合理的,他们的要求不会得到劳动仲裁委员会的支持。本案例关键是要厘清三方之间的关系。派遣人员的劳动合同是与派遣公司签订的。劳务派遣人员的工作管理由A公司负责,但他们与A公司并没有直接的劳动关系。因此,派遣人员应与劳务派遣公司协商解决劳动合同解除的补偿问题。

(来源:https://wenku.baidu.com/view/f6392bdb77232f60ddcca1de.html,有改动)

 任务拓展

王某于2014年2月被某公司录用为公司员工,合同期限为5年。按合同规定,王某工作地点在北京某地。2015年8月,公司以单位需要为由,调整王某到上海某地工作,王某不同意,遂产生争议。

1.公司能擅自调整王某的工作地点吗?请根据《劳动合同法》有关规定予以说明。

2.请进一步掌握劳动合同变更的有关法律规定。

3.如果你是人力资源工作者,请总结劳动合同变更应注意的问题。

做一做:试拟订一个劳动合同

任务三 制定社会保险

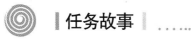 任务故事

听一听:协商离职后发现怀孕了还能要工资赔偿吗?

东莞最大鞋厂少缴社保,上千员工大罢工

2014年4月14日,广东东莞最大鞋厂裕元鞋厂上千员工罢工,员工们拉起红色横幅,上面写着"还我社保,还我住房公积金"等字眼。东莞裕元鞋厂是广东东莞最大的鞋厂,是阿迪达斯、耐克等多个世界名牌运动鞋的最大的生产基地,为全球30多家著名品牌鞋类产品公司进行代工。这次停工维权缘于裕元鞋厂未足额为工人购买社保。按照东莞社保局的规定,工人的社保应包括工伤、养老、医疗、失业及生育保险,企业需缴纳员工总收入的11%,员工个人承担8%,而一些员工前不久查了自己的社保缴费记录,发现工厂只帮他们缴纳了他们自己应该缴纳的部分,但没有缴纳企业应该缴纳的那一部分。因而部分工人陆续请假去社保局查询自己的社保缴费情况,纷纷发现裕元鞋厂缴纳的社保额度不足,缴费的标准很混乱。

(来源:https://wenku.baidu.com/view/ccb85e3733d4b14e84246810.html,有改动)

 知识讲坛

一、社会保险概述

社会保险是政府通过立法强制实施,由劳动者、劳动者所在的工作单位以及国家三方面共同筹资,帮助劳动者及其亲属在遭遇年老、疾病、工伤、生育、失业等风险时,防止收入的中断、减少或丧失,以保障其基本生活需求的社会保障制度。社会保险由国家成立的专门性机构进行基金的筹集、管理及发放,不以营利为目的。社会保险一般包括基本医疗保险、基本养老保险、失业保险、工伤保险和生育保险。社会保险体现了国家和社会对劳动者提供基本生活保障的责任。社会保险的特点如下。

(1)社会共济。社会保险在全社会范围内统一筹集资金,建立保险基金,实行互助共济,集合多数人的力量来均衡分担少数人遭遇的社会风险。

(2)责任分担。社会风险应由全体社会成员共同承担,个人、用人单位、国家都应承担社会保险责任。

(3)国家干预和主导。社会保险具有强制性,通过立法强制单位和个人参加,政

府参与组织社会保险的组织和运作。

二、基本养老保险

基本养老保险制度,是指依法缴费达到法定期限并且个人达到法定退休年龄后,国家和社会提供物质帮助以保证因年老而退出劳动领域者稳定、可靠的生活来源的社会保险制度,其目标是实现"老有所养"。

(一)职工基本养老保险的缴纳

我国职工基本养老保险基金主要由用人单位和个人缴费组成,此外国家和统筹地区政府也给予一定的补贴。职工应当参加基本养老保险,由用人单位和职工共同缴纳基本养老保险费。

职工基本养老保险实行社会统筹与个人账户相结合。职工基本养老保险基金和待遇分为两部分:一部分是用人单位缴纳的基本养老保险费,记入基本养老统筹基金,用于支付职工退休时社会统筹部分养老金,统筹基金用于均衡用人单位的负担;另一部分是个人缴纳的基本养老保险费,记入个人账户,用于负担退休后个人账户养老金的支付,体现个人责任。

用人单位应当按照国家规定的本单位职工工资总额的比例缴纳基本养老保险费,记入基本养老保险统筹基金。用人单位缴纳基本养老保险费的比例,一般不超过单位工资总额的20%,具体比例由省、自治区、直辖市人民政府确定。职工个人按照本人缴费工资的8%缴费,记入个人账户。个人账户不得提前支取,记账利率不得低于银行定期存款利率,免征利息税。个人死亡的,个人账户余额可以继承。

(二)职工基本养老保险的领取

职工基本养老金根据个人累计缴费年限、缴费工资、当地职工平均工资、个人账户金额、城镇人口平均预期寿命等因素确定。

参加基本养老保险的个人,达到法定退休年龄时累计缴费满15年的,按月领取基本养老金。参加基本养老保险的个人,达到法定退休年龄时累计缴费不足15年的,可以缴费至满15年,按月领取基本养老金;也可以转入新型农村社会养老保险或者城镇居民社会养老保险,按照国务院规定享受相应的养老保险待遇。参加基本养老保险的个人,因病或者非因工死亡的,其遗属可以领取丧葬补助金和抚恤金;在未达到法定退休年龄时因病或者非因工致残完全丧失劳动能力的,可以领取病残津贴。所需资金从基本养老保险基金中支付。

国家建立基本养老金正常调整机制。根据职工平均工资增长、物价上涨情况,适时提高基本养老保险待遇水平。个人跨统筹地区就业的,其基本养老保险关系随本人转移,缴费年限累计计算。个人达到法定退休年龄时,基本养老金分段计算、统一支付。具体办法由国务院规定。

三、基本医疗保险

基本医疗保险制度，是指按照国家规定缴纳一定比例的医疗保险费，在参保人因患病和意外伤害而产生医疗费用后，由医疗保险基金支付其一定医疗费用的社会保险制度，其目标是实现"病有所医"。

（一）职工基本医疗保险的缴费规定

职工应当参加职工基本医疗保险，由用人单位和职工按照国家规定共同缴纳基本医疗保险费。用人单位缴费比例控制在职工工资总额的6%左右，职工缴费比例一般为本人工资收入的2%。

职工个人缴纳的基本医疗保险费，全部记入个人账户；用人单位缴纳的基本医疗保险费分为两部分，一部分用于建立统筹基金，一部分划入个人账户。

（二）职工基本医疗保险的缴纳年限

参加职工基本医疗保险的个人，达到法定退休年龄时累计缴费达到国家规定年限的，退休后不再缴纳基本医疗保险费，按照国家规定享受基本医疗保险待遇；未达到国家规定年限的，可以缴费至国家规定年限。个人跨统筹地区就业的，其基本医疗保险关系随本人转移，缴费年限累计计算。

（三）职工基本医疗保险待遇的规定

职工基本医疗保险的统筹基金和个人账户按照各自的支付范围，分别核算，不得互相挤占。

（1）个人账户，用于支付门诊费用、住院费用中个人自付部分以及在定点药店购物费用。

（2）统筹基金，用于支付住院医疗和部分门诊大病费用。统筹基金支付有起付标准和最高支付限额，起付标准原则上控制在当地职工年平均工资的10%左右，最高支付限额原则上控制在当地职工年平均工资的4倍左右。起付标准以下的医疗费用，从个人账户中支付或由个人自付。起付标准以上、最高支付限额以下的医疗费用，主要从统筹基金中支付。

（四）职工基本医疗保险基金支付制度的规定

符合基本医疗保险药品目录、诊疗项目、医疗服务设施标准以及急诊、抢救的医疗费用，按照国家规定从基本医疗保险基金中支付。参保人员医疗费用中应当由基本医疗保险基金支付的部分，由社会保险经办机构与医疗机构、药品经营单位直接结算。

四、工伤保险

工伤保险是指由用人单位缴纳工伤保险费，在劳动者因工作原因遭受意外伤害或者职业病，从而造成死亡、暂时或者永久丧失劳动能力时，给予职工及其相关人员工伤保险待遇的一项社会保险制度。工伤保险是为了保障因工作遭受事故伤害或者患职业病的职工获得医疗救治和经济补偿,也是为了促进工伤预防和职业康复,同时分散用人单位的工伤风险。

(一) 工伤保险费的负担

用人单位应当按照本单位职工工资总额,根据社会保险经办机构确定的费率缴纳工伤保险费。用人单位应当按时缴纳工伤保险费。职工个人不缴纳工伤保险费。职工在受到工伤事故伤害时由工伤保险基金为其支付相应的工伤保险待遇。职工所在用人单位未依法缴纳工伤保险费,发生工伤事故的,由用人单位支付工伤保险待遇。用人单位不支付的,从工伤保险基金中先行支付。从工伤保险基金中先行支付的工伤保险待遇应当由用人单位偿还。用人单位不偿还的,社会保险经办机构可以依照规定追偿。

用人单位和职工应当遵守有关安全生产和职业病防治的法律法规,执行安全卫生规程和标准,预防工伤事故发生,避免和减少职业病危害。职工发生工伤时,用人单位应当采取措施使工伤职工得到及时救治。

(二) 工伤的认定

职工因工作原因受到事故伤害或者患职业病,且经工伤认定的,享受工伤保险待遇;其中,经劳动能力鉴定丧失劳动能力的,享受伤残待遇。工伤认定和劳动能力鉴定应当简捷、方便。

1. 认定为工伤的情形

职工有下列情形之一的,应当认定为工伤:

(1) 在工作时间和工作场所内,因工作原因受到事故伤害的;

(2) 工作时间前后在工作场所内,从事与工作有关的预备性或者收尾性工作受到事故伤害的;

(3) 在工作时间和工作场所内,因履行工作职责受到暴力等意外伤害的;

(4) 患职业病的;

(5) 因工外出期间,由于工作原因受到伤害或者发生事故下落不明的;

(6) 在上下班途中,受到非本人主要责任的交通事故或者城市轨道交通、客运轮渡、火车事故伤害的;

(7) 法律、行政法规规定应当认定为工伤的其他情形。

2. 视同工伤的情形

职工有下列情形之一的,视同工伤:

(1) 在工作时间和工作岗位,突发疾病死亡或者在 48 小时之内经抢救无效死亡的;

(2) 在抢险救灾等维护国家利益、公共利益活动中受到伤害的;

(3) 职工原在军队服役,因战、因公负伤致残,已取得革命伤残军人证,到用人单位后旧伤复发的。

3. 不认定为工伤的情形

职工因下列情形之一导致本人在工作中伤亡的,不认定为工伤:

(1) 故意犯罪;

(2) 醉酒或者吸毒;

(3) 自残或者自杀;

(4) 法律、行政法规规定的其他情形。

(三) 工伤的申请程序

职工发生事故伤害或者按照职业病防治法规定被诊断、鉴定为职业病,所在单位应当自事故伤害发生之日或者被诊断、鉴定为职业病之日起 30 日内,向统筹地区社会保险行政部门提出工伤认定申请。遇有特殊情况,经报社会保险行政部门同意,申请时限可以适当延长。

用人单位未按规定提出工伤认定申请的,工伤职工或者其近亲属、工会组织在事故伤害发生之日或者被诊断、鉴定为职业病之日起 1 年内,可以直接向用人单位所在地统筹地区社会保险行政部门提出工伤认定申请。

用人单位未在规定的时限内提交工伤认定申请,在此期间发生符合法律规定的工伤待遇等有关费用由该用人单位负担。

(四) 停止享受工伤保险待遇的情形

工伤职工有下列情形之一的,停止享受工伤保险待遇:

(1) 丧失享受待遇条件的;

(2) 拒不接受劳动能力鉴定的;

(3) 拒绝治疗的。

(五) 伤残津贴和基本养老保险待遇的衔接

工伤职工符合领取基本养老金条件的,停发伤残津贴,享受基本养老保险待遇。基本养老保险待遇低于伤残津贴的,从工伤保险基金中补足差额。

(六) 第三人原因造成工伤的处理

由于第三人的原因造成工伤,第三人不支付工伤医疗费用或者无法确定第三人的,由工伤保险基金先行支付。工伤保险基金先行支付后,有权向第三人追偿。

(七) 未参保单位职工发生工伤时的处理

职工所在用人单位未依法缴纳工伤保险费,发生工伤事故的,由用人单位支付工伤保险待遇。用人单位不支付的,从工伤保险基金中先行支付。

从工伤保险基金中先行支付的工伤保险待遇应当由用人单位偿还。用人单位不偿还的,社会保险经办机构可以依照《中华人民共和国社会保险法》第六十三条的规定追偿。

五、失业保险

失业保险制度,是指国家为因失业而暂时失去工资收入的社会成员提供物质帮助,以保障失业人员的基本生活,维持劳动力的再生产,为失业人员重新就业创造条件的一项社会保险制度。

(一) 失业保险基金的构成

职工应当参加失业保险,由用人单位和职工按照国家规定共同缴纳失业保险费。城镇企业事业单位按照本单位工资总额的 2% 缴纳失业保险费,职工按照本人工资的 1% 缴纳失业保险费。失业保险基金由下列各项构成:①城镇企业事业单位及其职工缴纳的失业保险费;②失业保险基金的利息;③财政补贴;④依法纳入失业保险基金的其他资金。

(二) 失业人员领取失业保险金的条件

(1) 失业前所在单位和本人已经缴纳失业保险费满 1 年的;
(2) 非因本人意愿中断就业的;
(3) 已经进行失业登记,并有求职要求的。

(三) 失业人员领取失业保险金的期限和标准

失业人员失业前所在单位和本人累计缴费满 1 年而不足 5 年的,领取失业保险金的期限最长为 12 个月;累计缴费满 5 年不足 10 年的,领取失业保险金的期限最长为 18 个月;累计缴费 10 年以上的,领取失业保险金的期限最长为 24 个月。重新就业后,再次失业的,缴费时间重新计算,领取失业保险金的期限与前次失业应当领取而尚未领取的失业保险金的期限合并计算,最长不超过 24 个月。

失业保险金的标准,由省、自治区、直辖市人民政府确定,不得低于城市居民最低生活保障标准。

(四) 失业人员申领失业保险金的程序

用人单位应当及时为失业人员出具终止或者解除劳动关系的证明,并将失业人员的名单自终止或者解除劳动关系之日起 15 日内告知社会保险经办机构。

失业人员应当持本单位为其出具的终止或者解除劳动关系的证明,及时到指定的公共就业服务机构办理失业登记。

失业人员凭失业登记证明和个人身份证明,到社会保险经办机构办理领取失业保险金的手续。失业保险金领取期限自办理失业登记之日起计算。

(五) 失业期间的基本医疗保险待遇

失业人员在领取失业保险金期间,参加职工基本医疗保险,享受基本医疗保险待遇。失业人员应当缴纳的基本医疗保险费从失业保险基金中支付,个人不缴纳基本医疗保险费。

(六) 在领取失业保险金期间死亡时的待遇

失业人员在领取失业保险金期间死亡的,参照当地对在职职工死亡的规定,向其遗属发给一次性丧葬补助金和抚恤金。所需资金从失业保险基金中支付。

个人死亡同时符合领取基本养老保险丧葬补助金、工伤保险丧葬补助金和失业保险丧葬补助金条件的,其遗属只能选择领取其中的一项。

（七）停止领取失业保险金的情形

失业人员在领取失业保险金期间有下列情形之一的,停止领取失业保险金,并同时停止享受其他失业保险待遇：

(1) 重新就业的；

(2) 应征服兵役的；

(3) 移居境外的；

(4) 享受基本养老保险待遇的；

(5) 无正当理由,拒不接受当地人民政府指定部门或者机构介绍的适当工作或者提供的培训的。

六、生育保险

生育保险制度,是指由用人单位缴纳保险费,其职工或者职工未就业配偶按照国家规定享受生育保险待遇的一项社会保险制度。

（一）生育保险费的缴纳

职工应当参加生育保险,由用人单位按照国家规定缴纳生育保险费,职工不缴纳生育保险费。生育保险由企业按照其工资总额的一定比例向社会保险经办机构缴纳生育保险费,建立生育保险基金。用人单位已经缴纳生育保险费的,其职工享受生育保险待遇；职工未就业配偶按照国家规定享受生育医疗保险待遇。所需资金从生育保险基金中支付。

（二）生育保险待遇的内容

生育保险待遇包括生育医疗费用和生育津贴。

(1) 生育医疗费用,包括女职工因怀孕、生育发生的检查费、接生费、手术费、住院费、药费和计划生育手术费。

(2) 生育津贴,是指根据国家法律、法规规定对职业妇女因生育而离开工作岗位期间,给予的生活费用。在实行生育保险社会统筹的地区,由生育保险基金按本单位上年度职工月平均工资的标准支付,支付期限一般与产假期限相一致,不少于98天。

读一读 & 想一想：试用期同样要签合同、缴社保费

| 案例导入 |

员工上班途中的工伤问题

公司一位林姓员工于2013年3月在上班途中搭乘摩托车发生交通事故,肇事车辆逃逸,造成林某左足骨折,交通事故认定书没有明确是谁的过错责任。林某申请工伤认定,但公司认为其上班路线不符合认定工伤的情形(林某申请了居住员工宿舍,却擅自离宿回家,更改上下班路线),进行了行政复议,行政复议裁决以林某虽然申请了居住宿舍,但公司不能侵犯员工的居住选择权为由,认定林某属于工伤。随即林某申请劳动仲裁,劳动仲裁裁决,要求公司支付林某全部的工伤赔偿,现公司准备申请撤销劳动仲裁。请问:①此案例能否认定为工伤?②交通事故所致的工伤是否可以和交通事故民事赔偿双重得益?由第三方造成员工的伤害,却要公司来全部埋单?③劳动仲裁撤销的成功率有多大?

【案例解析】

第一个问题:此案例应该认定为工伤。

员工在上下班路上,由于对方车辆逃逸,导致交通事故责任无法认定是交通类工伤事故的一种特殊情形,按《工伤保险条例》及相关解释,此类情况应认定为工伤。

上下班路上交通事故类案例认定为工伤的要点:①上下班的合理时间和合理路线;②遭遇交通事故;③非本人主要责任。

《工伤保险条例》第十四条第(六)项指出,职工有下列情形之一的,应当认定为工伤:在上下班途中,受到非本人主要责任的交通事故或者城市轨道交通、客运轮渡、火车事故伤害的。《人力资源社会保障部关于执行〈工伤保险条例〉若干问题的意见》第二条:《工伤保险条例》第十四条第(六)项规定的"非本人主要责任"的认定,应当以有关机关出具的法律文书或者人民法院的生效裁决为依据。

第二个问题:企业应承担的责任。

很显然,本案例认定为工伤,则企业应承担工伤理赔责任。

上下班途中因交通事故(员工系非主要责任人)发生的工伤是因用人单位以外的第三人侵权造成职工人身损害,同时又构成一类特殊的工伤类别,涉及的工伤保险与人身损害赔偿存在法律竞合关系,职工除可向第三人申请侵权赔偿外,还可申请工伤保险赔偿。侵权赔偿责任属于民法范畴,工伤保险补偿属于社会法范畴,两者并行不悖。

关于工伤保险赔偿与第三人侵权赔偿的关系。由于劳动关系以外的第三人侵权造成劳动者人身损害,同时构成工伤的,劳动者一方面可依《中华人民共和国侵权责任法》向加害人请求损害赔偿,另一方面可依工伤保险的规定请求保险给付,二者之间为"部分兼得、部分补充"的关系。即如果劳动者已获得侵权赔偿,用人单位承担的工伤保险责任中应扣除第三人已支付的医疗费、护理费、营养费、交通费、住院伙食补助费、残疾辅助器具费和丧葬费等实际发生费用。用人单位先行支付工伤保险赔偿的,可以在第三人应当承担的赔偿责任范围内向第三人追偿。

第三个问题:就本案而言,如交通事故责任认定书认定涉事员工的责任为无法认定,则工伤认定没有瑕疵,劳动仲裁撤销的可能性为零。

(来源:www.hrsee.com/?id=84,有改动)

任务拓展

王某于2013年春节过后,和同村老乡一起进城务工,经老乡介绍进入一家餐饮行业的 A 公司从事服务员工作,双方约定基本薪酬为3500元。因王某系农村户口,A 公司要求王某提供相关身份证明,由公司为其在本城缴纳综合社会保险。王某的老乡告诉王某,若由企业为其缴纳综合社会保险,会每个月从王某应得工资中扣除一部分钱,急于通过打工补贴家用的王某对此无疑是不愿意的。次日,王某向 A 公司提出,自愿放弃综合社会保险的缴纳,并愿意与公司签订协议书,说明是自己自动放弃综合社会保险。A 公司考虑到若不为王某缴纳综合社会保险可以节约企业的人力成本支出,遂同意与之订立双方协议。协议约定,王某自愿放弃公司为其办理综合社会保险,公司为保证王某诸项社会保险的相关权益,为其购买含生育、医疗、意外在内的商业保险,每月由公司代为缴纳商业保险费。

1. A 公司与王某基于"自愿"和"友好协商"签订的双方协议是否有效?
2. 能否依据该协议免除社会保险缴纳义务?
3. 商业保险能否替代社会保险?

任务四　处理劳动争议

 任务故事

听一听:中午下班后骑电动车去吃饭摔伤算不算工伤?

沃尔玛常德店关门"解散"之说引争议

2014年3月5日,沃尔玛(湖南)百货有限公司常德水星楼分店负责人向全体员工宣布,因该店经营效益不佳,决定于同年3月19日关店,同时为员工提供转岗安置和领取相关经济补偿终止劳动合同两种安置方案。对于安置方案,沃尔玛常德水星楼分店工会和部分员工提出疑问,认为店方未履行提前30天通知全体员工或工会的法定义务,事先也未就安置方案和员工或工会进行沟通,系违法解除劳动合同,双方形成劳动纠纷。同年4月25日,沃尔玛常德水星楼分店69名员工和分店工会分别向常德市劳动争议仲裁委员会提起劳动争议仲裁申请,要求确认被告终止劳动合同的决定违法,并判决被告支付违法终止劳动合同补偿金2倍的赔偿金。常德市劳动争议仲裁委员会于2014年6月25日发出裁决书,驳回劳方全部仲裁请求。但仍有

6名员工不服仲裁结果,并向法院提起诉讼。同年7月21日,常德市武陵区人民法院驳回了劳方的诉讼请求。

双方争议的焦点之一,是店方终止劳动关系是否有法律依据。值得注意的是,沃尔玛向政府部门提出的文件,明确申明是依据"提前解散"的法律规定闭店,向员工宣布终止劳动合同的理由也是"提前解散"。所以沃尔玛关闭门店,并不适用《劳动合同法》第四十一条关于"经济性裁员"的规定,应适用《劳动合同法》第四十四条关于公司"提前解散"的规定。因此无须按"经济性裁员"规定提前一个月告知,也不能接受按工资的两倍来支付赔偿的要求。但是也有人认为,"提前解散"条款只限于独立法人,但常德分店作为沃尔玛的分支机构,并非独立法人,并不适用该条款。即便沃尔玛公司关闭常德门店的行为符合《劳动合同法》"提前解散"条款,那么,在公司解散前,还应清算并将账目和物资封存,而沃尔玛直接转移资产,也有违现行法律规定。但是无论如何,该店原员工在沃尔玛水星楼分店滞留并阻拦店方撤运货物,是"不理智"的行为。

(来源:https://wenku.baidu.com/view/22b00a8587c24028915fc3f0.html,有改动)

看一看:处理劳动争议

知识讲坛

构建和发展和谐稳定的劳动关系是用人单位的价值目标,为了寻求用人单位和劳动者之间的利益平衡,处理好劳动争议,法律做出了明确的规定。

一、劳动争议的概念

劳动争议是指劳动关系当事人即劳动者与用人单位之间就劳动合同的订立、变更、履行、解除、终止、工作时间、社会福利、培训等所发生的纠纷。劳动争议实质是劳动关系当事人之间利益矛盾、利益冲突的表现。劳动争议与其他社会关系纠纷相比,具有下列特征。

(一)劳动争议的当事人是特定的

劳动争议是劳动关系当事人之间的争议。劳动关系当事人,一方为劳动者、以工会为主要形式的劳动者团体,另一方为用人单位。不具有劳动关系主体身份者之间所发生的争议,不属于劳动纠纷。如果争议不是发生在劳动关系双方当事人之间,即使争议内容涉及劳动问题,也不构成劳动争议。如,劳动者之间在劳动过程中发生的争议,用人单位之间因劳动力流动发生的争议,劳动者或用人单位与劳动行政部门在劳动行政管理中发生的争议等,都不属于劳动争议。

（二）劳动争议的内容是特定的

劳动争议的内容涉及劳动权利和劳动义务，是为实现劳动关系而产生的争议。劳动权利和劳动义务的内容非常广泛，包括就业、工资、工时、劳动保护、劳动保险、劳动福利、职业培训、民主管理、奖励惩罚等。

（三）劳动争议有特定的表现形式

劳动争议既可以表现为非对抗性矛盾，也可以表现为对抗性矛盾，而且，两者在一定条件下可以相互转化。

二、劳动争议的种类

在用人单位内部，员工与企业因劳动问题发生争议的现象时有发生。劳动争议大致可分为以下几类：

(1) 因确认劳动关系发生的争议；
(2) 因订立、履行、变更、解除和终止劳动合同发生的争议；
(3) 因除名、辞退和辞职、离职发生的争议；
(4) 因工作时间、休息休假、社会保险、福利、培训以及劳动保护发生的争议；
(5) 因劳动报酬、工伤医疗费、经济补偿或者赔偿金等发生的争议；
(6) 法律、法规规定的其他劳动争议。

三、劳动争议处理的原则

(1) 依法处理劳动争议原则。在处理劳动争议过程中，劳动争议处理机构和劳动争议当事人，必须在查清事实的基础上依法协商，依法解决劳动争议。依法处理争议，就要依据法律规定的程序要求和权利、义务要求去解决争议，另外还可以依据依法签订的集体合同、劳动合同，以及依法制定并经职工代表大会或职工大会讨论通过的企业规章制度。

(2) 当事人在适用法律上一律平等原则。劳动争议双方当事人虽然在其劳动关系中，存在行政上的隶属关系，但其法律地位是平等的，所以坚持公平公正原则是处理劳动争议的重要原则。

(3) 着重调解劳动争议原则。着重调解是处理劳动争议的基本手段，并且贯穿于劳动争议处理的始终。无论是调解、仲裁还是审判，都要贯彻先调解原则，能够达成调解协议的，首先要达成调解协议。调解的前提是双方自愿，自愿达成的协议必须合法。

(4) 及时处理劳动争议的原则。首先，劳动争议发生后，当事人应当及时协商或及时申请调解以至申请仲裁，避免超过仲裁申请时效，丧失申请仲裁的权利。其次，劳动争议处理机构在受理案件后，应当在法定结案期限内，尽快处理完毕。最后，对处理结果，当事人不履行协议或决定的，要及时采取申请强制执行等措施，以保证案件的顺利处理和处理结果的最终落实。

四、劳动争议处理机构和方法

(一) 和解

发生劳动争议,劳动者可以与用人单位协商,劳动者也可以要求所在企业工会参与或协助其与企业进行协商。工会也可主动参与劳动争议的协商处理,维护劳动者合法权益。劳动者可以委托其他组织或者个人作为其代表进行协商。

(二) 调解

发生劳动争议,当事人不愿协商、协商不成或者达成和解协议后不履行的,可以向调解组织申请调解。当事人可以到下列调解组织申请调解:

(1) 企业劳动争议调解委员会;
(2) 依法设立的基层人民调解组织;
(3) 在乡镇、街道设立的具有劳动争议调解职能的组织。

企业劳动争议调解委员会由职工代表和企业代表组成。职工代表由工会成员担任或者由全体职工推举产生,企业代表由企业负责人指定。企业劳动争议调解委员会主任由工会成员或者双方推举的人员担任。

当事人申请劳动争议调解可以书面申请,也可以口头申请。口头申请的,调解组织应当当场记录申请人基本情况,申请调解的争议事项、理由和时间。

调解劳动争议,应当充分听取双方当事人对事实和理由的陈述,耐心疏导,帮助其达成协议。经调解达成协议的,应当制作调解协议书。调解协议书由双方当事人签名或者盖章,经调解员签名并加盖调解组织印章后生效,对双方当事人具有约束力,当事人应当履行。自劳动争议调解组织收到调解申请之日起15日内未达成调解协议的,当事人可以依法申请仲裁。

和解、调解并非法律规定处理劳动争议的必经程序,然而对于解决劳动争议起着很大的作用,尤其是对于希望仍在原单位工作的职工,通过调解解决劳动争议当属首选步骤。

(三) 仲裁

经调解未达成协议,或者达成调解协议后,一方当事人在协议约定期限内不履行调解协议的,另一方当事人可以依法申请仲裁;当事人也可以不经过和解、调解,直接向劳动争议仲裁委员会申请仲裁。

劳动争议仲裁委员会由劳动行政部门代表、工会代表和企业方面代表组成。劳动争议仲裁委员会组成人员应当是单数。劳动争议仲裁委员会负责管辖本区域内发生的劳动争议。当事人应当从知道或者应当知道其权利被侵害之日起1年内向劳动争议仲裁委员会提出书面申请。

仲裁庭裁决劳动争议案件,应当自劳动争议仲裁委员会受理仲裁申请之日起45日内结束。案情复杂需要延期的,经劳动争议仲裁委员会主任批准,可以延期并书面通知当事人,但是延长期限不得超过15日。仲裁庭在作出裁决前,应当先行调解。

调解达成协议的,仲裁庭应当制作调解书。调解书经双方当事人签收后,发生法律效力。仲裁委员会不予受理或者逾期未作出仲裁裁决的,当事人可以就该劳动争议事项向人民法院提起诉讼。

当事人对发生法律效力的调解书、裁决书,应当依照规定的期限履行。一方当事人逾期不履行的,另一方当事人可以依照民事诉讼法的有关规定向人民法院申请执行。受理申请的人民法院应当依法执行。

当事人对劳动争议案件的仲裁裁决不服的,可以自收到仲裁裁决书之日起 15 日内向人民法院提起诉讼;期满不起诉的,裁决书发生法律效力。

劳动争议仲裁不收费。劳动争议仲裁委员会的经费由财政予以保障。

（四）诉讼

仲裁程序是劳动争议案件的前置程序,未经仲裁,案件不能进入诉讼程序。

劳动诉讼,是指人民法院对当事人不服劳动争议仲裁机构的裁决或决定而起诉的劳动争议案件,依照法定程序进行审理和判决,并对当事人具有强制执行力的一种劳动争议处理方式。

实行劳动争议诉讼制度,从根本上将劳动争议处理工作纳入了法制轨道,以法律的强制性保证了劳动争议的彻底解决。同时,这一制度也初步形成了对劳动争议仲裁委员会的司法监督机制,对提高仲裁质量十分有利。此外,还较好地保护了当事人的诉讼权,给予不服仲裁裁决的当事人以求助于司法的权利。

劳动争议的诉讼,是解决劳动争议的最终程序。人民法院审理劳动争议案件适用《中华人民共和国民事诉讼法》所规定的诉讼程序。

读一读 & 想一想:劳动合同签还是不签?

 案例导入

实习合同怎能代替劳动合同?

武汉某大学人力资源专业大三学生黄某 11 月份去武汉某地产公司应聘面试,被该公司录取。但是,该公司人力资源经理告诉黄某,由于她还没有拿毕业证,公司不会与其签订劳动合同,也不会购买五险一金。听到这里,黄某心里就有想法了,公司这样做到底对不对?合不合法呢?

【案例解析】 由于黄某还需要等到明年六月份才能拿到毕业证,因此黄某还是学生身份,不是劳动法中所规定的劳动者的身份,黄某去该公司上班,只能算是实习工作。关于实习,劳动部(现人力资源和社会保障部)《关于贯彻执行〈中华人民共和国劳动法〉若干问题的意见》第 12 条规定:在校生利用业余时间勤工助学,不视为就业,未建立劳动关系,可以不签订劳动合同。但是黄某应与该公司签订实习协议。

学生在实习期间,虽身处实习单位,但目的是把课堂所学的理论与实践相结合,增强实际运用能力,属课堂教学的延伸,其身份仍然是学生,仍为学校所管理,是在执行学校的安排。用人单位仅仅是根据学校要求,提供实习场所、环境、条件。学生并不具有法律意义上的劳动者身份,与实习单位并无劳动关系,不受劳动法规调整,不适用工伤保险条例。

学生在实习中发生事故遭受伤害,应按一般人身侵权损害赔偿处理,即根据学校、实习单位、加害人、实习学生自己等四方是否有过错,来决定民事赔偿责任的承担。有实习合同的,可循学校与企业之间签订的实习合同协商赔偿事宜,也就是说,依据合同约定的权利与义务并在区分责任的前提下进行赔偿,达成赔偿协议;无实习合同又协商不了的,可向人民法院提起民事诉讼救济。

(来源:www.hrsee.com/?id=253,有改动)

任务拓展

同学分为两组,分别扮演用人单位和劳动者角色,在发生劳动争议的情况下,双方如何妥善处理?

项目自测

一、复习题

1. 劳动关系的概念是什么?劳动关系的要素是什么?
2. 劳动合同的法定条款、约定条款应当包括哪些内容?
3. 用人单位单方解除劳动合同、劳动者单方解除劳动合同、不得解除劳动合同的条件分别是什么?
4. 什么是集体合同?
5. 社会保险的种类有哪些?
6. 劳动争议处理的方法有哪些?

二、案例分析题

1. 2014年6月16日,宋某向公司人事部门出具保证书,上载:"本人将于2014年7月23日至8月5日期间,因私去意大利旅游。本人已申请上述期间的带薪休假并已获得部门领导批准。请人力资源部协助办理签证所需的工作和收入证明。"后公司人事部门为宋某开具了在职证明。同年7月21日,宋某向上级江某提出探亲休假获得批准,探亲休假的时间为2014年7月28日至8月4日。同年7月28日,宋某从上海离境赴意大利,于同年8月4日从意大利返回上海。

2014年9月29日,公司向宋某发出解除劳动合同通知函,载明:"经查实,你在任职期间内,有利用工作时间从事私人业务、违反诚实和职业道德、损害公司利益等行为,违反《员工手册》第77条、第88条之规定,现公司决定按《员工手册》第92条的规定,立即与你解除劳动合同。"

另附:

宋某入职签收的《员工手册》,第77条"诚实和职业道德"项下载明:员工均应遵守诚实和遵守职业道德的原则,而不得出于任何目的或以任何理由从事任何虚假、隐瞒、欺骗性的行为,包括但不限于提供虚假信息。第88条"一类违纪"项下载明:违反第77条关于诚实和职业道德的行为,以及无正当理由,在一年内缺勤或旷工累计达两天的,均视为"一类违纪行为"。第92条载明:员工如发生一类违纪行为,公司可根据违纪行为的情形立即解除劳动合同。《薪资福利手册》规定:探亲假必须使用于往返于原住地与调出地之间,调动在一年(含)以上的员工享有每年一次10天的探亲休假。

问题:

(1) 公司能否与宋某解除劳动合同?

(2) 如果你是公司的HR,对待员工休假,要注意哪些问题?

2. 2012年8月24日,诺基亚通信系统技术(北京)有限公司的万先生因岳母去世,回湖南老家处理丧事,于同年8月28日返回北京。万先生在休假前曾通过电子邮件向公司说明了其要休假,并要求相关人员告知需如何办理请假手续,但相关人员并未明确答复,公司的员工手册对此亦未明确说明。2012年9月5日,公司以万先生"连续旷工3天以上"为由,做出与其解除劳动合同的决定。

问题:公司能否解除和万先生的劳动合同?法律依据是什么?

3. 秦某2007年3月到深圳某饮料公司应聘文员工作,公司要求其签订为期一年的劳动合同,其合同中有如下约定:"公司有权根据经营情况调整秦某的工作岗位,秦某应予以配合,否则视为严重违纪,公司有权立即辞退。"秦某因为求工作心切,并未过多地研究合同内容,仅简单地看了薪酬待遇等条款后便匆匆签约。

2007年10月份,公司因业务扩展,决定安排3名员工到惠州销售部驻点工作,主要从事产品推销工作,原福利待遇不变。其中被派驻员工中包括秦某。当月,公司便就前述派驻决定向相关员工下发了到岗通知。秦某收到该通知后立即找上级主管反映情况,称因自己近期将举办婚礼,且已在深圳买房居住,故如长期在惠州驻点工作将十分不便,希望公司能变更派驻人员。公司对秦某的要求未予理睬,坚持要求秦某按期到派驻点报到,否则将对其按严重违纪处理。双方未能对此协商一致,就此产生争议。

问题:公司能否辞退秦某?法律依据是什么?

附录 企业人力资源管理师报考指南

人力资源管理师指获得国家职业资格证书,从事人力资源规划、招聘与配置、培训与开发、绩效管理、薪酬福利管理、劳动关系管理、人力资源法务等工作的管理人员。人力资源管理师共设四个等级,分别为:四级企业人力资源管理师(国家职业资格中级)、三级企业人力资源管理师(国家职业资格高级)、二级企业人力资源管理师(国家职业资格技师)、一级企业人力资源管理师(国家职业资格高级技师)。

中文名:人力资源管理师
外文名:Human Resources Professional,HRP
类别:国家职业资格证书
分级:四级
申报条件:

企业人力资源管理师调整后的申报条件分别如下。

(一)四级企业人力资源管理师(具备以下条件之一者)

(1)连续从事本职业工作1年以上。

(2)经本职业四级企业人力资源管理师正规培训达规定标准学时数,并取得结业证书。

(二)三级企业人力资源管理师(具备以下条件之一者)

(1)取得大学专科学历证书后,连续从事本职业工作3年以上。

(2)取得大学本科学历证书后,连续从事本职业工作1年以上。

(3)具有硕士研究生及以上学历证书。

(4)取得本职业四级企业人力资源管理师职业资格证书后,连续从事本职业工作4年以上。

(5)取得本职业四级企业人力资源管理师职业资格证书后,连续从事本职业工作3年以上,经本职业三级企业人力资源管理师正规培训达规定标准学时数,并取得结业证书。

(6)连续从事本职业工作6年以上。

(三)二级企业人力资源管理师(具备以下条件之一者)

(1)取得大学本科学历证书后,连续从事本职业工作5年以上。

(2)取得硕士研究生及以上学历证书后,连续从事本职业工作2年以上。

(3)具有大学本科学历证书,取得本职业三级企业人力资源管理师职业资格证书后,连续从事本职业工作4年以上。

(4) 具有大学本科学历证书,取得本职业三级企业人力资源管理师职业资格证书后,连续从事本职业工作3年以上,经本职业二级企业人力资源管理师正规培训达规定标准学时数,并取得结业证书。

(5) 连续从事本职业工作13年以上。

(6) 取得本职业三级企业人力资源管理师职业资格证书后,连续从事本职业工作5年以上。

(7) 取得本职业三级企业人力资源管理师职业资格证书后,连续从事本职业工作4年以上,经本职业二级企业人力资源管理师正规培训达规定标准学时数,并取得结业证书。

(四) 一级企业人力资源管理师(具备以下条件之一者)

(1) 具有学士学位(含同等学力),从事本职业工作9年以上,经一级企业人力资源管理师正规培训达规定标准学时数,并取得毕(结)业证书者。

(2) 具有硕士学位(含同等学力),从事本职业工作6年以上,经一级企业人力资源管理师正规培训达规定标准学时数,并取得毕(结)业证书者。

(3) 具有博士学位(含同等学力),从事本职业工作3年以上,经一级企业人力资源管理师正规培训达规定标准学时数,并取得毕(结)业证书者。

(4) 取得二级企业人力资源管理师职业资格证书后,从事本职业工作3年以上,经一级企业人力资源管理师正规培训达规定标准学时数,并取得毕(结)业证书者。

考试题型:

人力资源管理师考试分为"理论知识"和"技能操作"两张试卷。"理论知识"的题型是单项、多项选择题;而"技能操作"考核的题型包括计算分析题、案例分析题和方案设计等。考试内容涉及企业人力资源规划、招聘与配置、培训与开发、绩效管理、薪酬福利管理、劳动关系管理等六部分以及相关的基础知识。

在日常工作中,人才测评、绩效评估和薪资激励制度是人力资源管理模式的核心,而人力资源管理工作中实际遇到的问题以及解决问题的能力,在"技能操作"这张试卷中表现得更为明显。例如,要求为一个刚毕业的大学生设计未来五年的职业生涯;思考对待一个工作能力强但人际关系差的员工,人力资源部经理如何扮演自己的角色来帮助他协调工作;还有可能给出一个案例,要求指出案例的成功之处和不足之处。这些题目在书中都没有现成的答案,只有凭自己的分析,结合工作实际以及对人力资源管理知识的理解来回答。

"理论知识"也是考察考生在人力资源管理中的应变能力和沟通能力等必备素质,因此需要死记硬背的东西并不多,关键是理解观点和概念,并做出正确的判断,这不是临考突击一下就能解决的。这些题目均需要占用大量的时间阅读,几乎没有思考的时间。对于离开"考场"多年的人来说提高阅读和答题速度是很重要的。

考试内容：

人力资源管理师考试内容——理论知识：

人力资源管理师根据不同的等级设有不同的考试科目，三级和四级的考试科目有理论知识和技能操作，一级和二级的考试科目有理论知识、技能操作和论文答辩，主要考察考生的职业道德基本知识、人力资源管理基础知识和行业相关法律常识。

人力资源管理师考试内容——专业能力：

作为专业人力资源管理师，需要具备相应的专业技能，人力资源管理师考试主要考察考生的人力资源规划、招聘与配置、培训与开发、绩效管理、薪酬管理和劳动关系管理能力。

考试时间：

每年上半年和下半年各举行一次。

具体安排是：

上半年的考试在5月的第三个周末（一般是周日）；

下半年的考试在11月的倒数第二个周末（一般为周日）。

考试形式：

分为理论知识考试和专业能力考核，采用闭卷考试的方式，实行百分制，成绩皆达60分及以上者为合格。人力资源管理师、高级人力资源管理师还需进行综合评审。

参 考 文 献

[1] 雷蒙德·A.诺伊,约翰·R.霍伦贝克,巴里·格哈特,等.人力资源管理基础[M].雷丽华,译.北京:中国人民大学出版社,2005.
[2] 罗伯特·L.马西斯,约翰·H·杰克逊.人力资源管理[M].10版.孟丁,译.北京:北京大学出版社,2006.
[3] 劳伦斯·S.克雷曼.人力资源管理——获取竞争优势的工具[M].北京:机械工业出版社,1999.
[4] 靳娟.人力资源管理概论[M].北京:机械工业出版社,2007.
[5] 刘安鑫.人力资源管理实务[M].北京:北京理工大学出版社,2006.
[6] 萧鸣政.工作分析的方法与技术[M].2版.北京:中国人民大学出版社,2006.
[7] 祝士苓.工作分析与组织设计[M].北京:中国劳动社会保障出版社,2007.
[8] 姚月娟.工作分析与应用[M].4版.大连:东北财经大学出版社,2017.
[9] 杨政燕.人力资源规划:设计与操作手册[M].北京:中国纺织出版社,2007.
[10] 中国就业培训技术指导中心.企业人力资源管理师:常用法律手册[M].2版.北京:中国劳动社会保障出版社,2007.
[11] 人力资源社会保障部人事考试中心.人力资源管理:专业知识与实务(中级)2016[M].北京:中国人事出版社,2016.
[12] 贺清君.招聘管理:从入门到精通[M].北京:清华大学出版社,2015.
[13] 赵永乐,王培君.人力资源管理概论[M].上海:上海交通大学出版社,2007.
[14] 张钊,朱苊予.人员素质与能力测评[M].2版.北京:电子工业出版社,2009.
[15] 张艳萍,刘艳红.人员素质与能力测评[M].北京:电子工业出版社,2017.
[16] 肖鸣政,Mark Cook.人员素质测评[M].2版.北京:高等教育出版社,2007.
[17] 李亚慧,等.人力资源管理——理论、方法、工具、实务[M].北京:人民邮电出版社,2014.
[18] 王益明.人员素质测评[M].济南:山东人民出版社,2004.
[19] 王树印.人力资源管理[M].北京:北京邮电大学出版社,2012.
[20] 赵慧娟.大学生职业生涯规划[M].北京:北京大学出版社,2014.
[21] 卫茹静.大学生入门教育与职业生涯规划(旅游管理类)[M].上海:上海交通大学出版社,2012.
[22] 董克用.人力资源管理概论[M].4版.北京:中国人民大学出版社,2015.
[23] 中国就业培训技术指导中心.企业人力资源管理师(基础知识)[M].3版.北京:中国劳动社会保障出版社,2014.
[24] 窦胜功,卢纪华,周玉良.人力资源管理与开发[M].2版.北京:清华大学出版社,2008.
[25] 李严锋,麦凯.薪酬管理[M].大连:东北财经大学出版社,2002.

[26] 翁天真.薪酬管理师培训教程[M].北京:中国劳动社会保障出版社,2006.

[27] 李国臣.探讨人力资源管理与劳动关系调整[J].人力资源管理,2014(2).

[28] 曾湘泉,唐鑛.战略劳动关系管理:内容、挑战及展望[J].中国劳动关系学院学报,2011(4).

[29] 曾军.劳动关系管理在企业人力资源管理中的具体工作内容[J].管理观察,2009(8).